W0390577

DICTIONNAIRE VISUEL

JUNIOR

Édition originale : © 1989 Éditions Québec/Amérique Inc.

Tous droits réservés.
Toute reproduction, par quelque procédé que ce soit, des illustrations et de la nomenclature contenues dans le présent ouvrage et qui sont la propriété de l'Éditeur, est strictement interdite.

Édition française : © 1989, Librairie Larousse, Paris
(pour la diffusion dans tous les pays francophones sauf le Canada)

Dépôt légal : octobre 1989
N°. série éditeur : 15340
Imprimé et relié au Canada (printed and bound in Canada)
652250 – octobre 1989

ISBN : 2-03-652250-5

Ce livre a été entièrement réalisé sur ordinateur Macintosh de Apple Computer Inc.

Vente interdite au Canada.

JEAN-CLAUDE CORBEIL
ARIANE ARCHAMBAULT

DICTIONNAIRE VISUEL JUNIOR

Direction infographique:
François Fortin

Directeur artistique:
Jean-Louis Martin

Infographistes:
Jacques Perrault,
Benoît Bourdeau,
Anne Tremblay

Vérification des données:
Anik Lapointe

Larousse

COMMENT TROUVER
3 PARCOURS S

1

À PARTIR DE LA LISTE DES THÈMES ET SUJETS
La liste des thèmes et sujets (voir pages 6 et 7) énumère tous les centres d'intérêt du dictionnaire, avec la mention des pages où tu trouveras les images correspondantes.

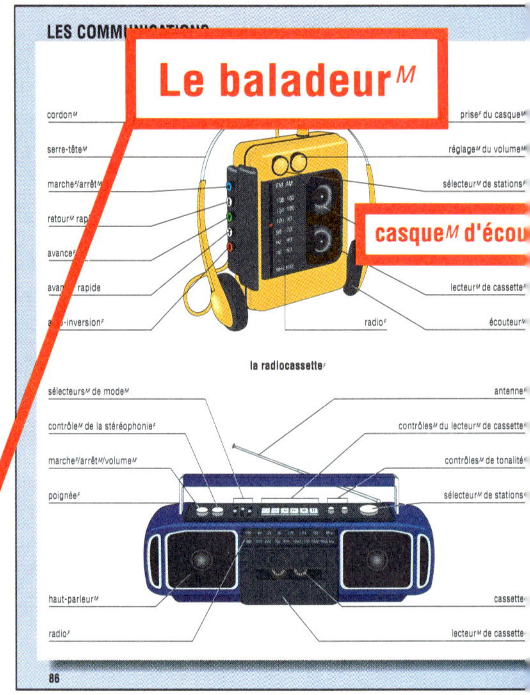

QUE TU CHERCHES.

T POSSIBLES:

2

PARTIR DE L'IMAGE

s images en couleurs (de la page 9 à 152) ontrent le monde, la nature, le corps humain, s objets familiers, et précisent les mots ur nommer chaque chose et ses parties. s lettres *M* et *F* indiquent le genre.

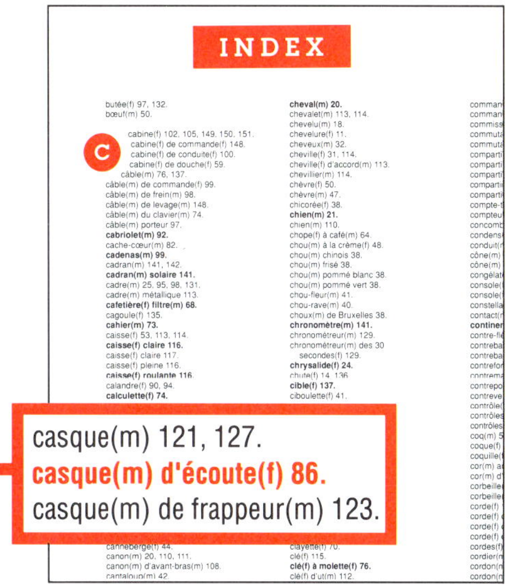

3

À PARTIR DU MOT

Dans l'index (de la page 153 à 159), tu retrouveras tous les mots du dictionnaire, avec l'indication de l'image où ils figurent, ce qui permet de vérifier leur usage.

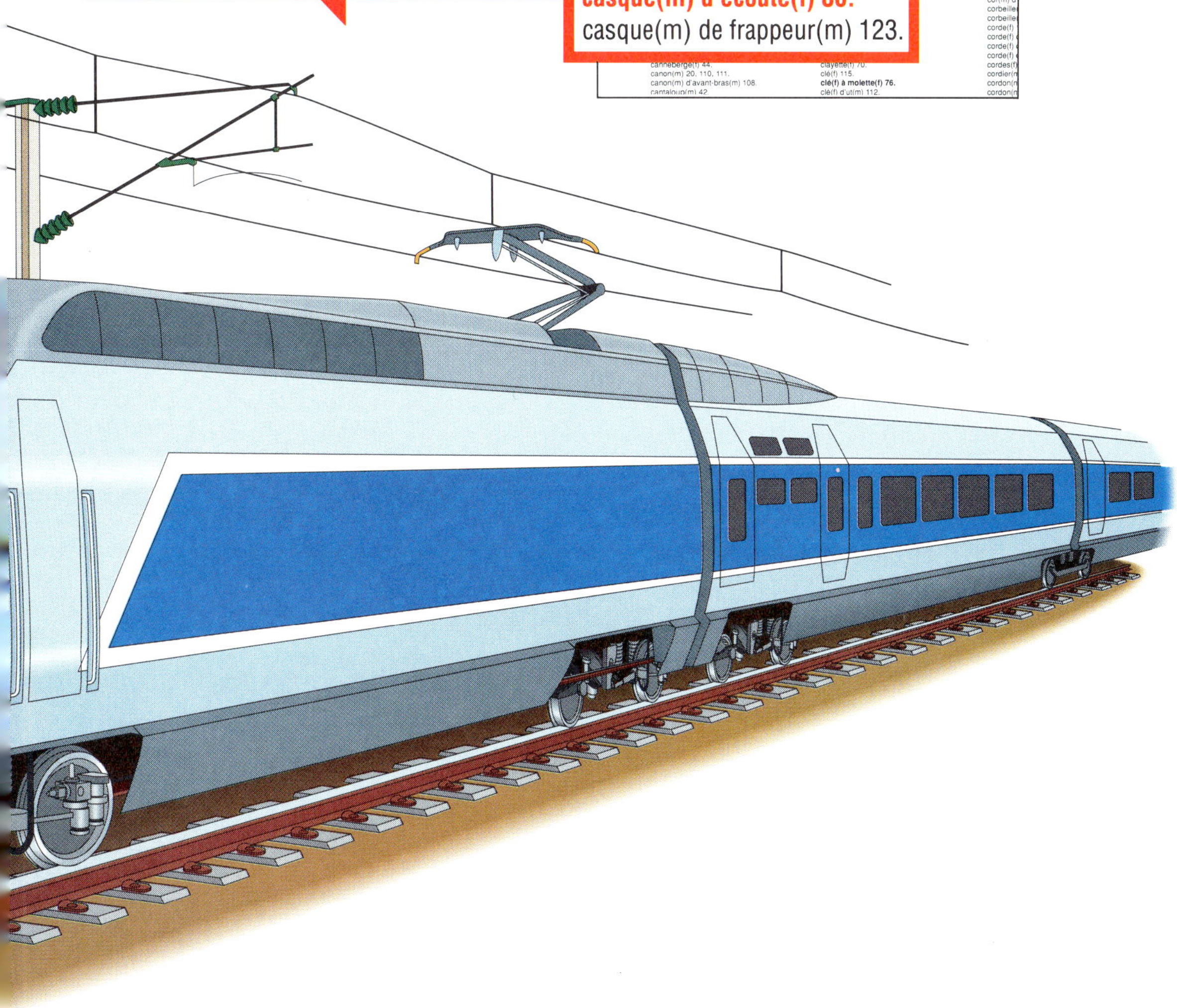

THÈMES ET SUJETS

APPAREILS DE MESURE

La mesure du temps........................141
La mesure de la masse.....................142
La mesure de la température............143
La mesure de la longueur................143
La mesure de la distance.................143

APPAREILS DE VISION

Les jumelles....................................144
Le microscope binoculaire..............144
La lunette astronomique..................145
Le télescope....................................145

ARCHITECTURE

Les maisons traditionnelles...............54
Le château fort.................................55

ARMES

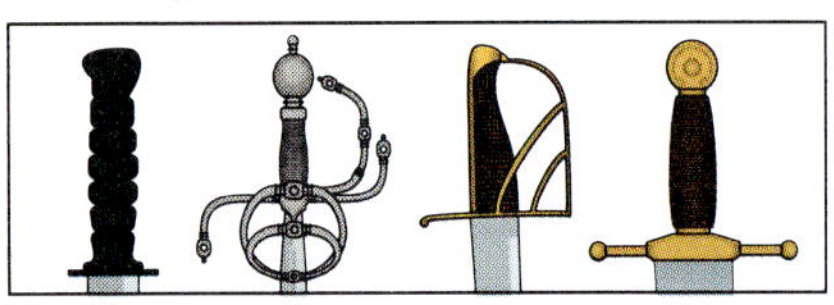

L'armure..108
L'arbalète.......................................109
Les armes blanches........................109
Le pistolet......................................110
Le revolver.....................................110
Le char d'assaut.............................111

BRICOLAGE

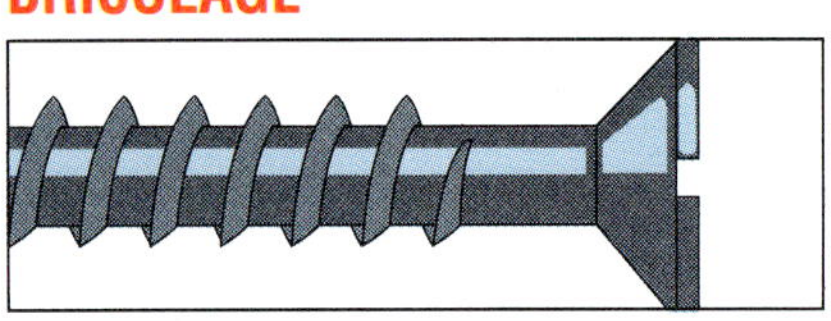

La menuiserie...................................75
L'outillage...76
La peinture.......................................77

CIEL

Les planètes du système solaire..........9
Les phases de la Lune.......................10
Le Soleil..10
La comète...11
Les étoiles...11

COMMUNICATIONS

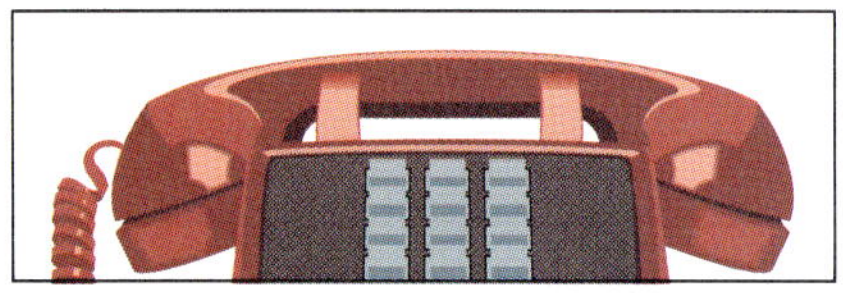

Le téléphone....................................85
Le baladeur......................................86
La radiocassette...............................86
L'appareil photographique.................87
Le projecteur de diapositives.............87
Le magnétoscope.............................88
Le téléviseur....................................88
La caméra vidéo..............................89
La chaîne stéréo..............................89

CORPS HUMAIN

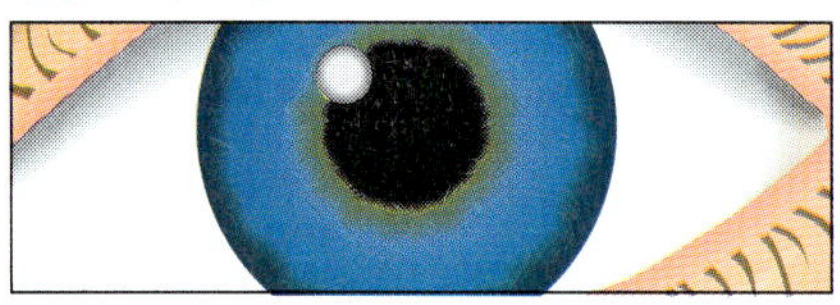

Le corps...31
Le squelette......................................33
La bouche et les dents.......................34
L'œil...35
L'oreille..35
La main...36
Le nez...36

ÉCOLE

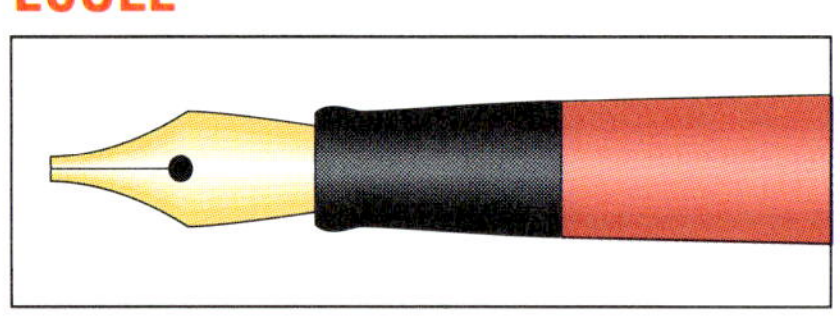

Les surfaces, volumes et couleurs.....71
Les fournitures scolaires...................72
La calculette.....................................74
Le micro-ordinateur..........................74

ENGINS ET MACHINES

Les véhicules d'incendie..................146
La manutention................................148
Le bouteur.......................................149
La chargeuse-pelleteuse..................150
Le camion-benne.............................151
La pelle hydraulique.........................151

FERME

La ferme...49
Les animaux de la ferme.....................50

JARDINAGE

Le jardin d'agrément.........................51
L'outillage...52

MAISON

L'extérieur d'une maison....................56
La porte et la fenêtre..........................57
L'escalier..58
La salle de bains.................................59
La chaise et la table............................60
Les fauteuils......................................61
Le lit et la literie.................................62
Les luminaires....................................63
La vaisselle..64
Le couvert...65
Les ustensiles de cuisine....................66
La batterie de cuisine.........................67
Les appareils électroménagers..........68
La cuisinière électrique.......................69
Le réfrigérateur..................................70

THÈMES ET SUJETS

MUSIQUE

La notation musicale....................... 112
Le piano droit................................ 113
La guitare classique........................ 114
Le violon.. 114
Le saxophone.................................. 115
La trompette................................... 115
La batterie...................................... 116
La guitare électrique....................... 116
L'orchestre..................................... 117

NOURRITURE

Le pain... 37
Les légumes.................................... 38
Les fruits.. 43
Les noix.. 46
Les fromages................................... 47
Les desserts.................................... 48

RÈGNE ANIMAL

Le cheval... 20
Le chat.. 21
Le chien.. 21
L'oiseau.. 22
Le papillon....................................... 24
L'abeille et la ruche........................... 25
L'escargot.. 26
Le homard.. 26
La grenouille.................................... 27
Le poisson.. 27
Le serpent.. 28
La tortue.. 28
Les animaux sauvages....................... 29

RÈGNE VÉGÉTAL

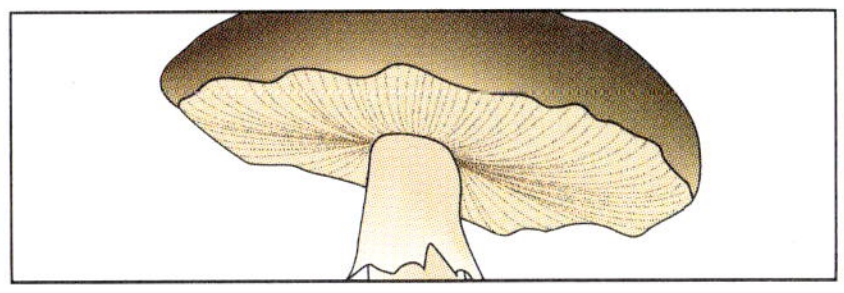

La plante... 16
La feuille... 17
La fleur.. 17
L'arbre.. 18
Les champignons.............................. 19

SPORTS

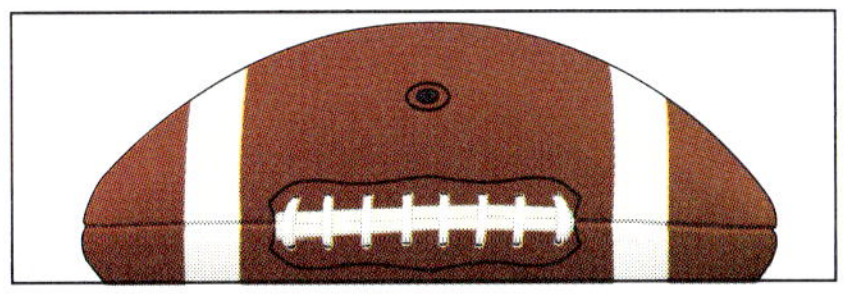

Le football....................................... 118
Le rugby.. 119
Le football américain........................ 120
Le base-ball..................................... 122
Le cricket.. 124
Le hockey sur gazon......................... 125
Le hockey sur glace.......................... 126
Le patinage...................................... 128
Le basket-ball.................................. 129
Le tennis... 130
Le ski alpin...................................... 132
Le ski de fond.................................. 133
La natation...................................... 134
Le plongeon..................................... 134
La plongée sous-marine................... 135
La planche à voile............................ 136
L'arc... 137
La fléchette et la cible..................... 137
Le camping...................................... 138
Les jeux... 140

SYMBOLES

Les symboles d'usage courant......... 152
Les symboles routiers...................... 152

TERRE

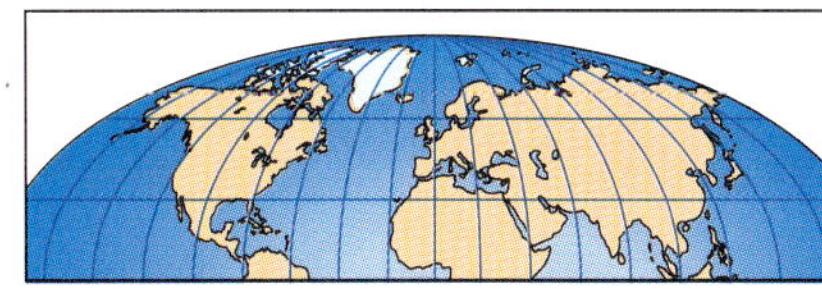

Les continents.................................. 12
Le littoral.. 13
Le volcan... 13
La grotte.. 14
La montagne.................................... 14
Le temps.. 15

TRANSPORTS

Transport routier
L'automobile.................................... 90
La caravane...................................... 93
Le train routier................................. 94
La moto.. 95
La station-service............................. 96
Les ponts... 97
La bicyclette..................................... 98
Transport ferroviaire
La locomotive.................................. 100
Le T.G.V.. 100
Les types de wagons........................ 101
Transport maritime
Le paquebot.................................... 102
Le sous-marin.................................. 103
Transport aérien
L'avion long-courrier........................ 104
L'hélicoptère.................................... 105
Transport spatial
La fusée.. 106
La navette spatiale........................... 107

VÊTEMENTS

La chaussure de sport...................... 78
Les vêtements d'homme.................... 79
Les tricots et pulls............................ 81
Les vêtements de femme.................. 82
Les vêtements d'enfant..................... 83
Les objets personnels....................... 84

les planètes*F* du système*M* solaire

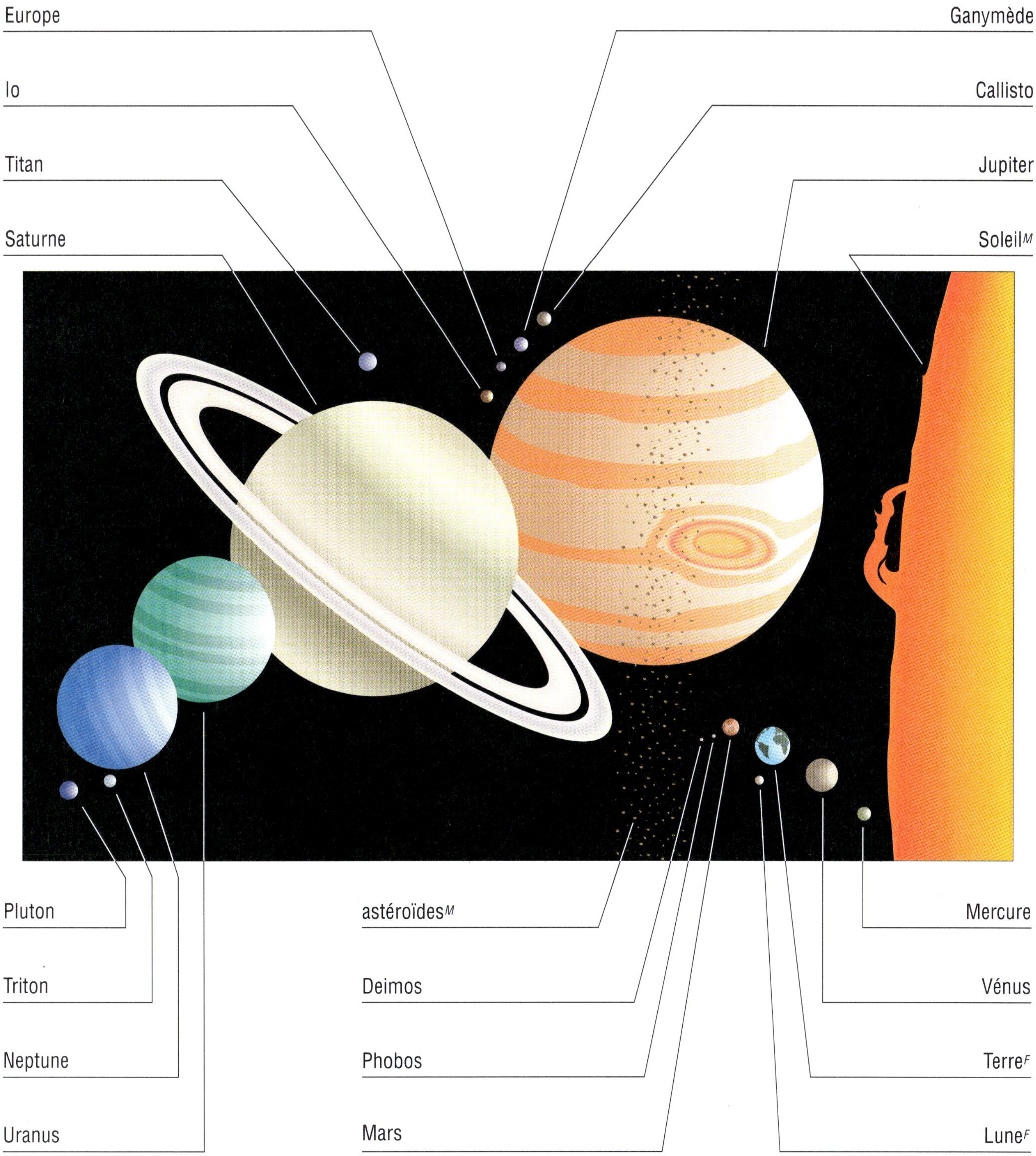

le Soleil[M]

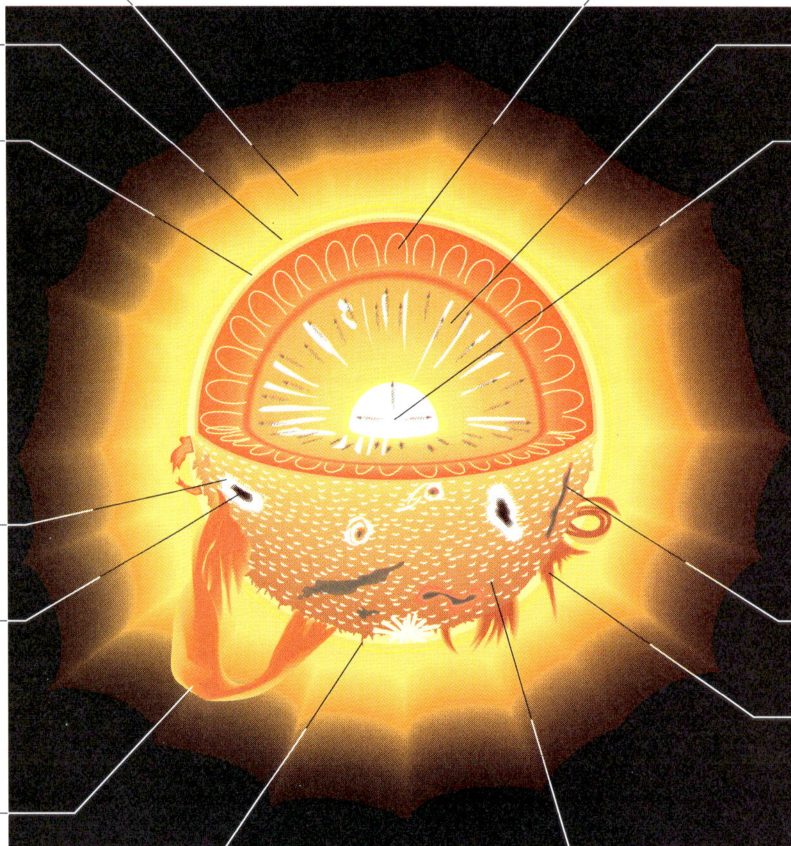

les phases[F] de la Lune[F]

la comète[F]

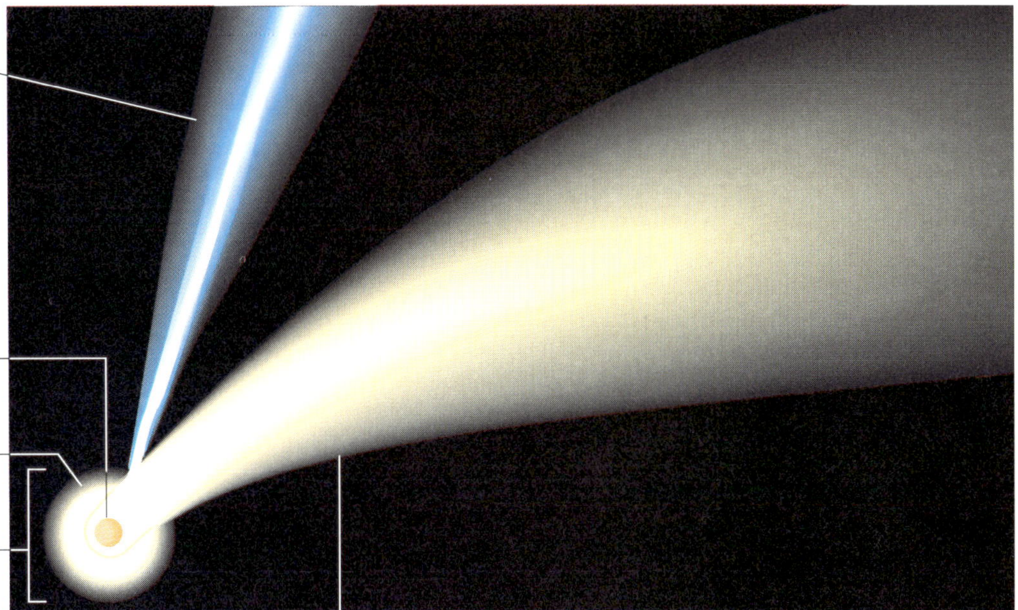

les étoiles[F]

LA TERRE

les continents[M]

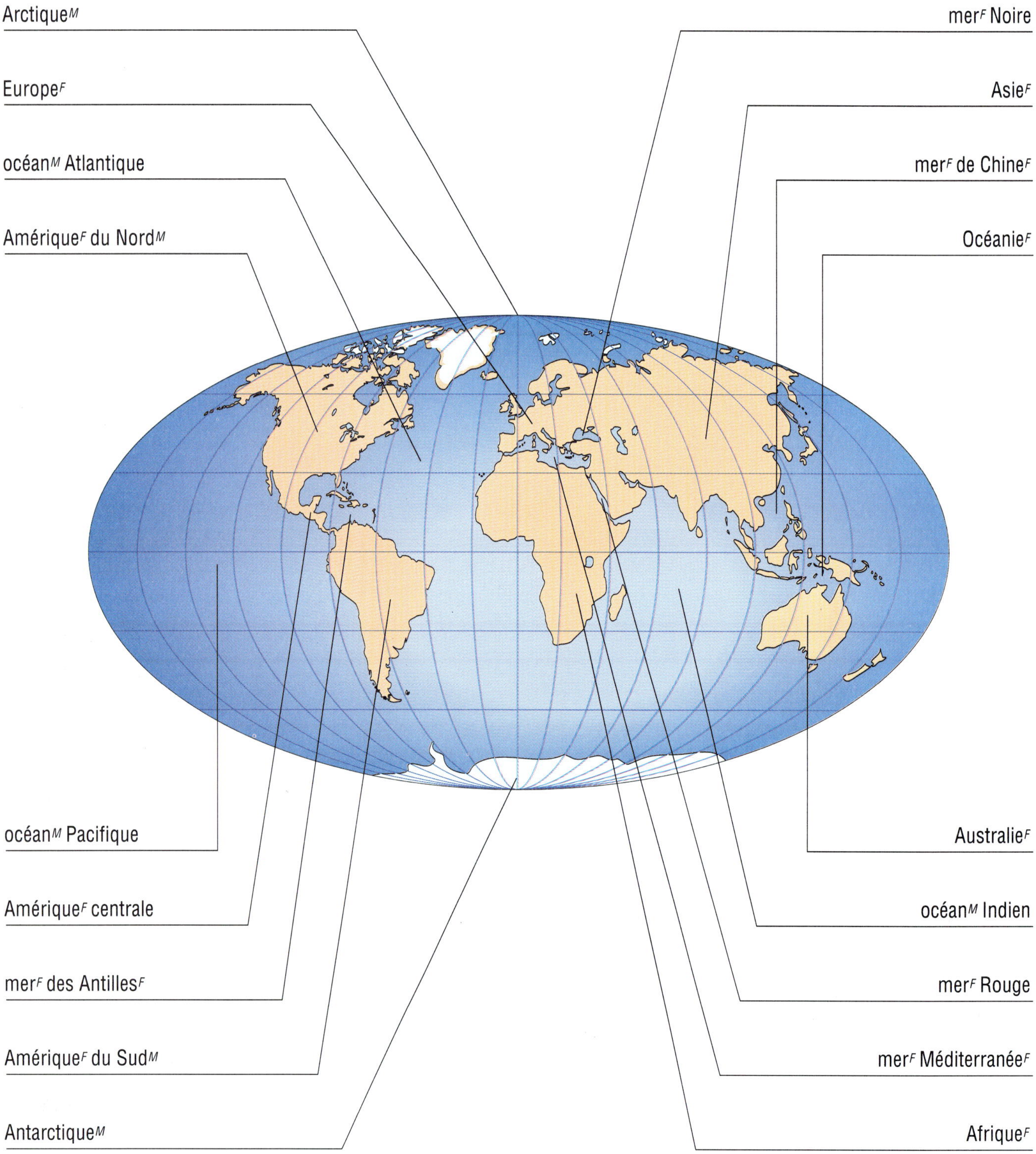

le volcan^{M}

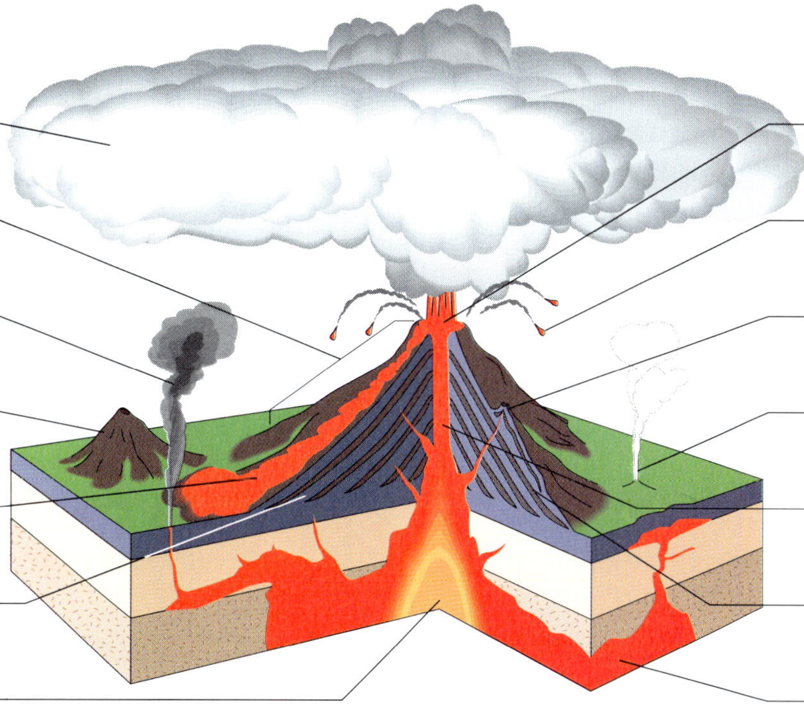

le littoral^{M}

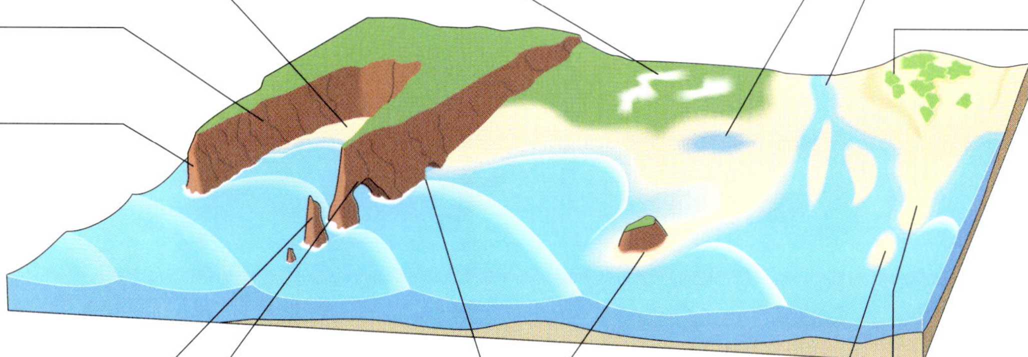

la montagne F

la grotte F

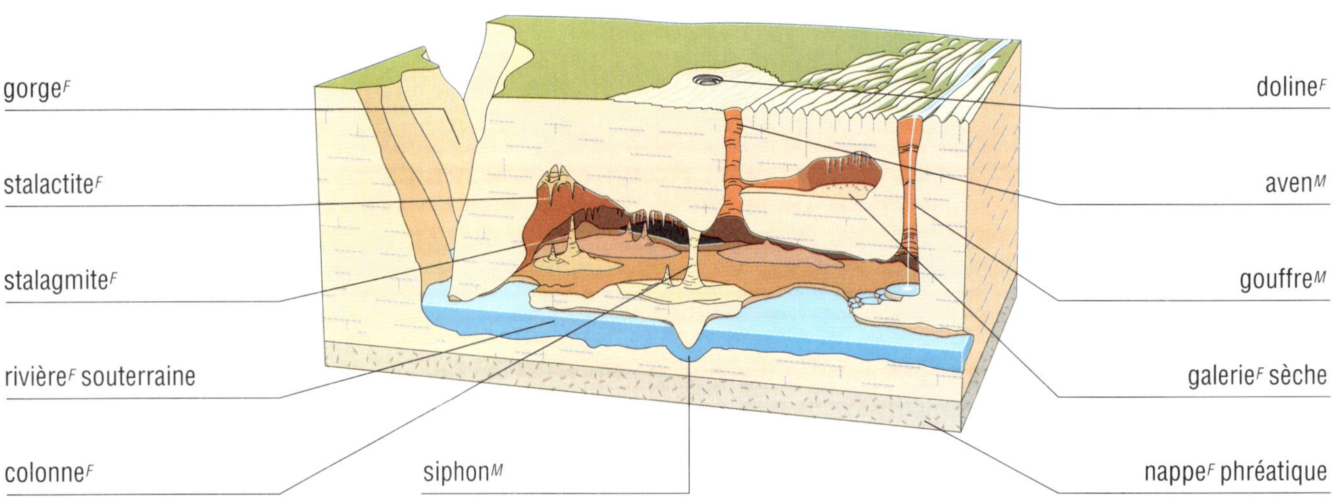

le temps[M]

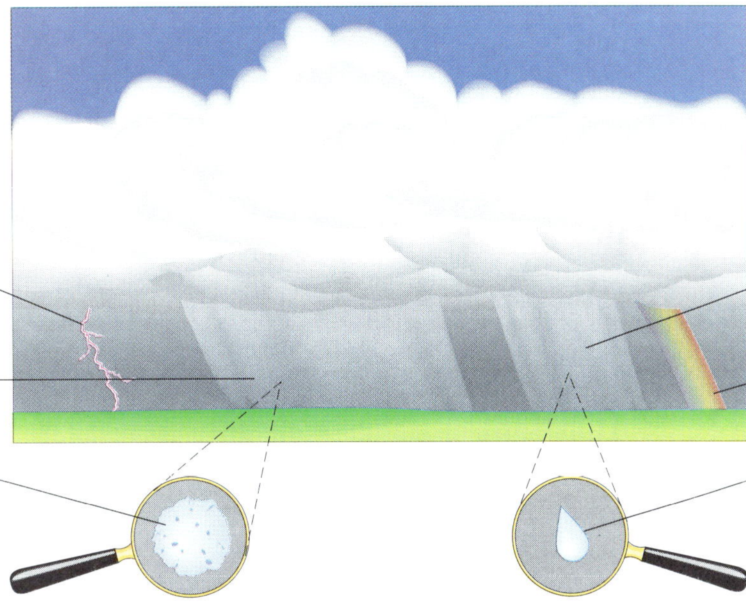
éclair[M]
grêle[F]
grêlon[M]
pluie[F]
arc-en-ciel[M]
goutte[F] de pluie[F]

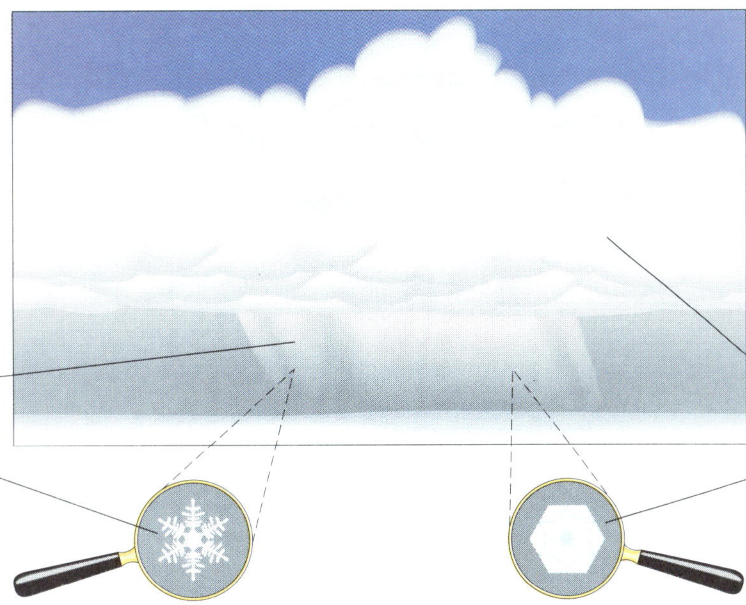
neige[F]
cristaux[M] de neige[F]
nuage[M]
cristaux[M] de neige[F]

rosée[F]
brume[F]
brouillard[M]

les parties[F] d'une plante[F]

la tige[F]

la racine[F]

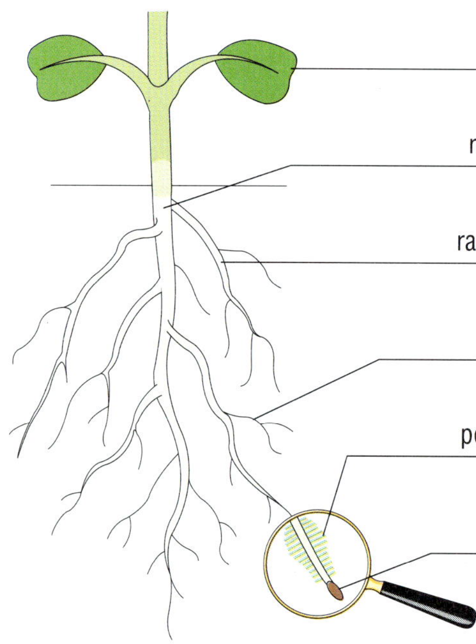

les parties[F] d'une feuille[F]

les parties[F] d'une fleur[F]

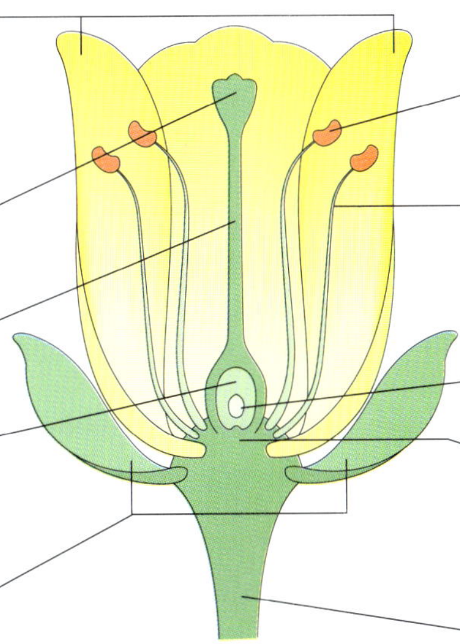

les parties[F] d'un arbre[M]

coupe[F] du tronc[M]

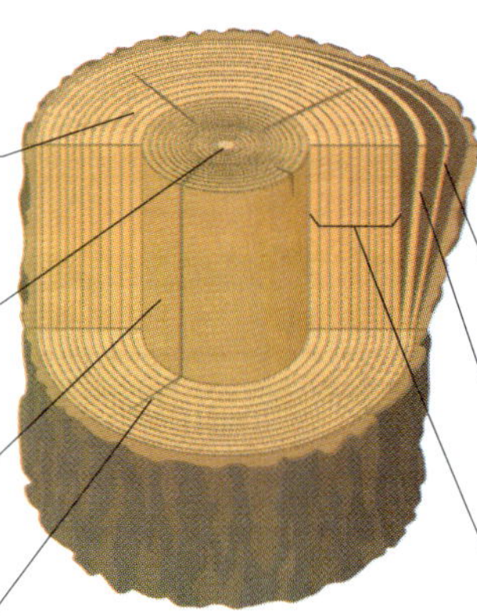

la souche[F]

les parties[F] d'un champignon[M]

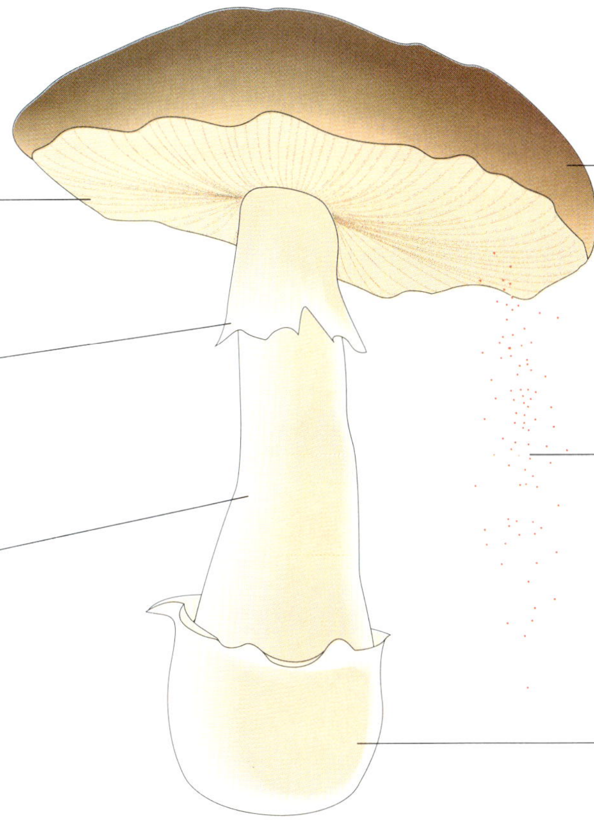

champignon[M] comestible

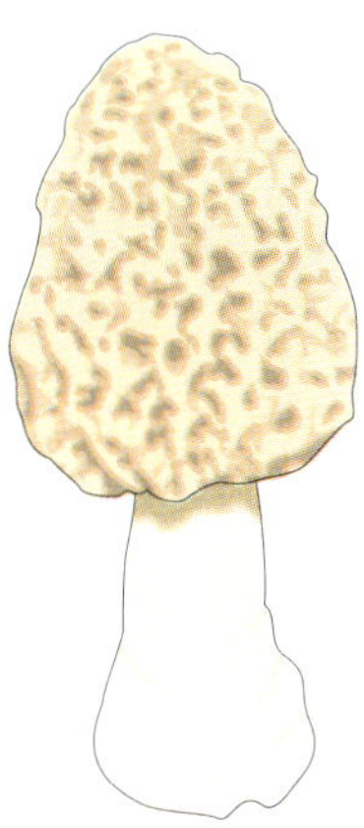

morille[F]

champignon[M] vénéneux

amanite[F] tue-mouches

champignon[M] mortel

amanite[F] vireuse

le cheval M

garrot M
crinière F
chanfrein M
naseau M
bout M du nez M
lèvre F
encolure F
épaule F
poitrail M
bras M
coude M
genou M
châtaigne F
fanon M
ventre M
dos M
reins M
flanc M
croupe F
cuisse F
queue F
jambe F
jarret M
canon M
sabot M
paturon M

le chien

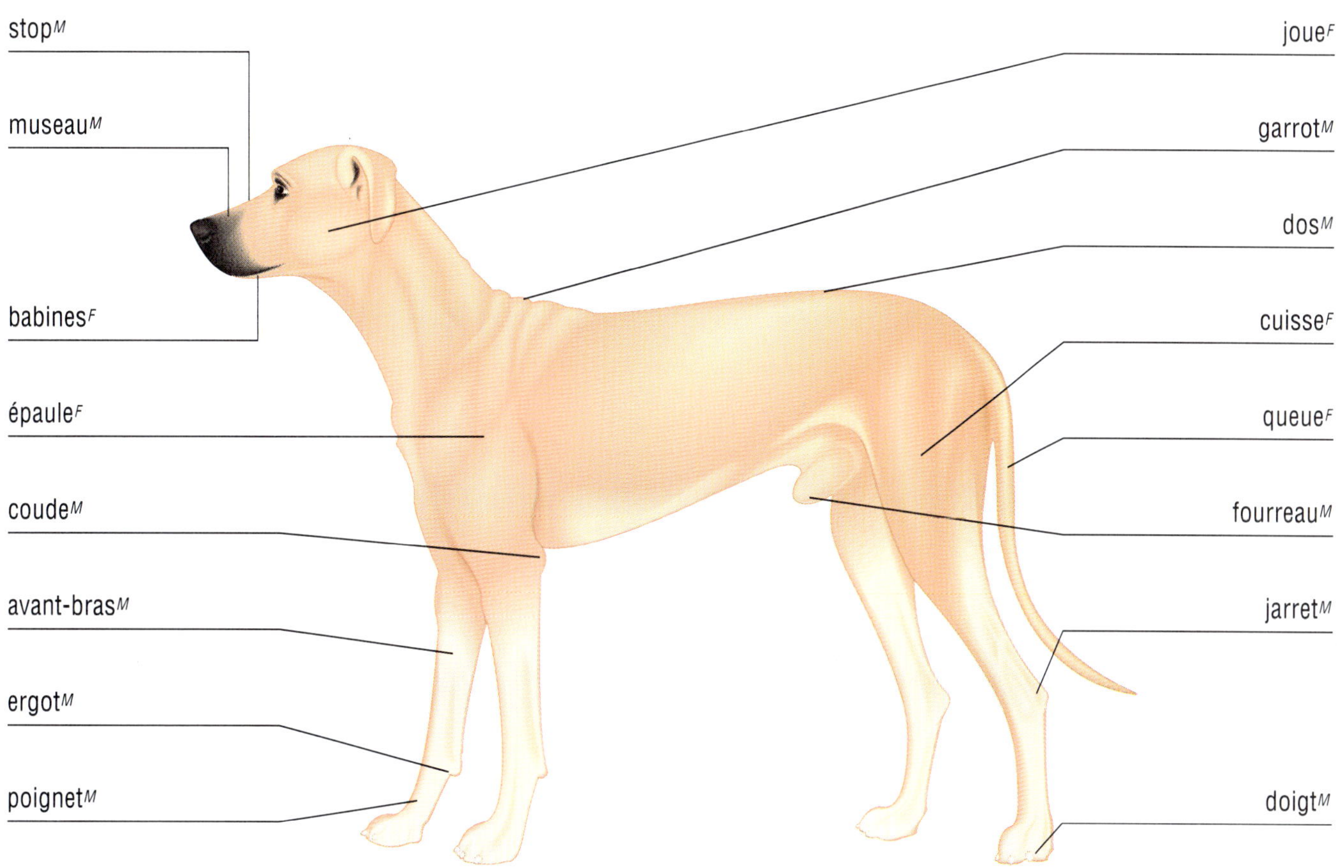

le chat

la têteF

la patteF avant

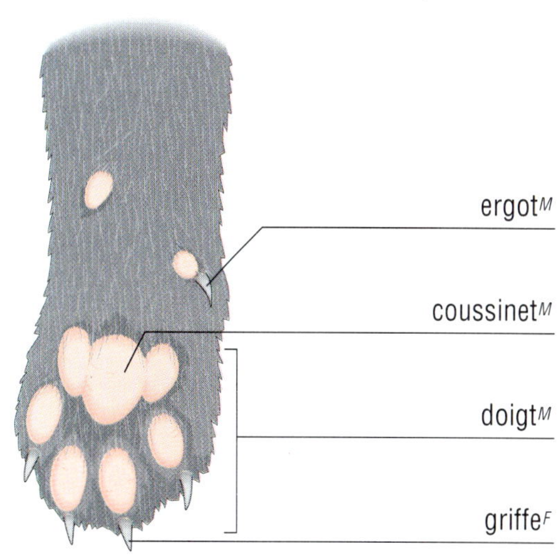

l'oiseau M

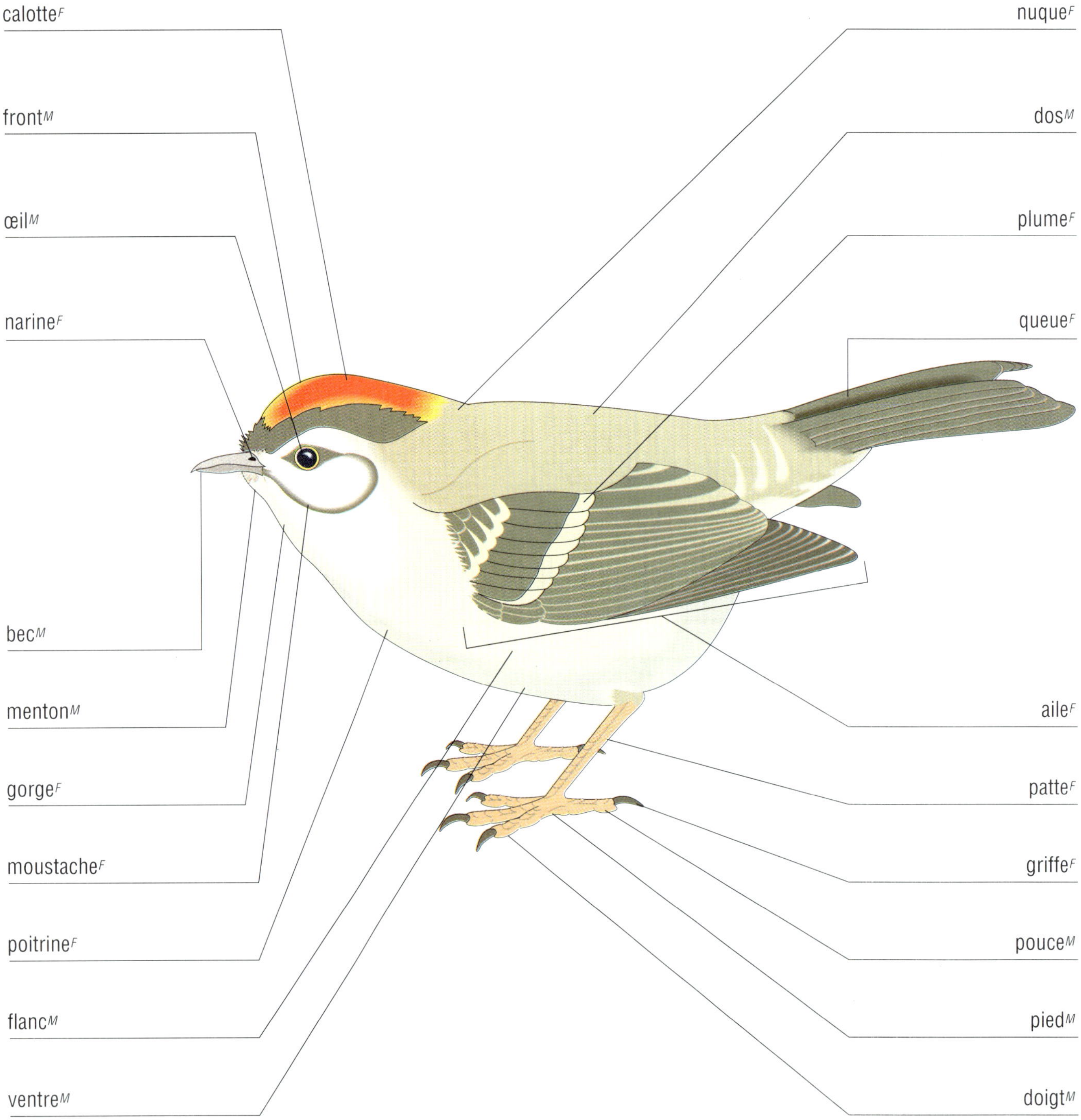
calotte F
front M
œil M
narine F
bec M
menton M
gorge F
moustache F
poitrine F
flanc M
ventre M
nuque F
dos M
plume F
queue F
aile F
patte F
griffe F
pouce M
pied M
doigt M

principaux types^{M} de becs^{M}

oiseau^{M} aquatique

oiseau^{M} de proie^{F}

oiseau^{M} insectivore

oiseau^{M} granivore

oiseau^{M} échassier^{M}

principaux types^{M} de pattes^{F}

oiseau^{M} aquatique

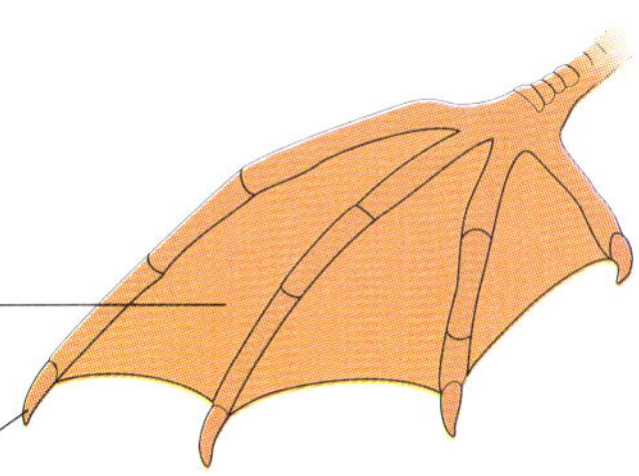

oiseau^{M} aquatique

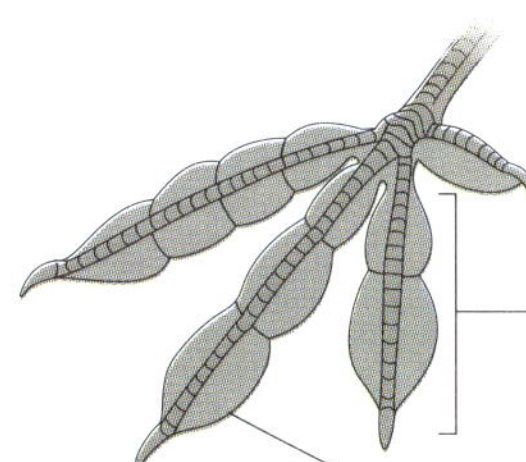

oiseau^{M} percheur

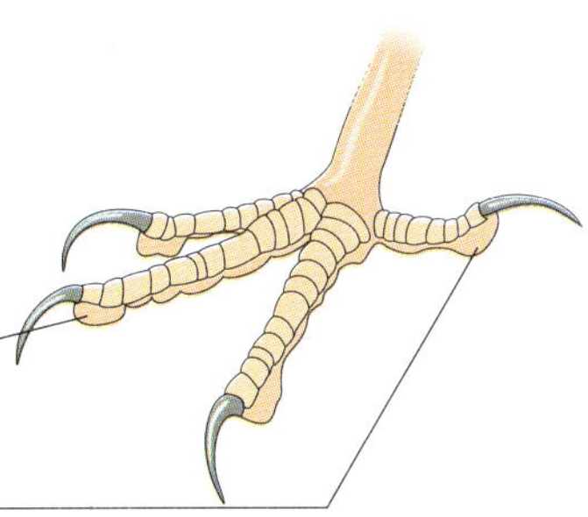

oiseau^{M} de proie^{F}

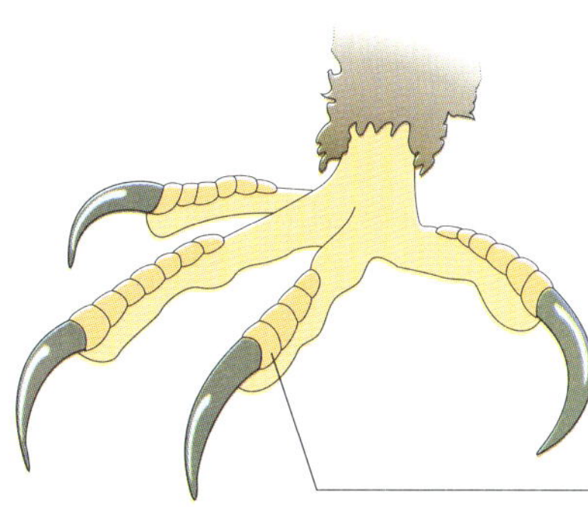

le papillon[M]

la chenille[F]

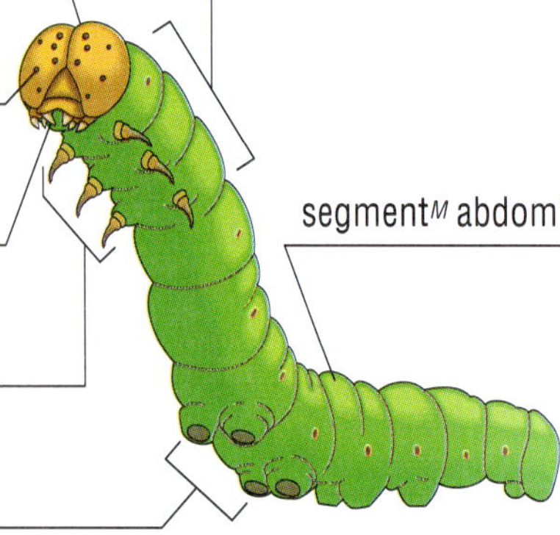

la chrysalide[F]

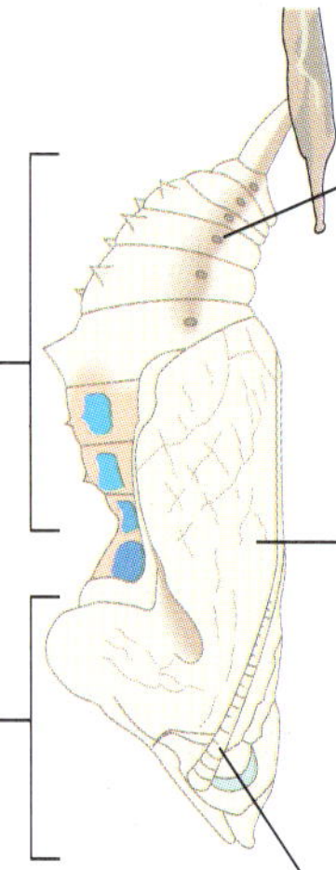

le papillon[M]

l'abeille F

la ruche F

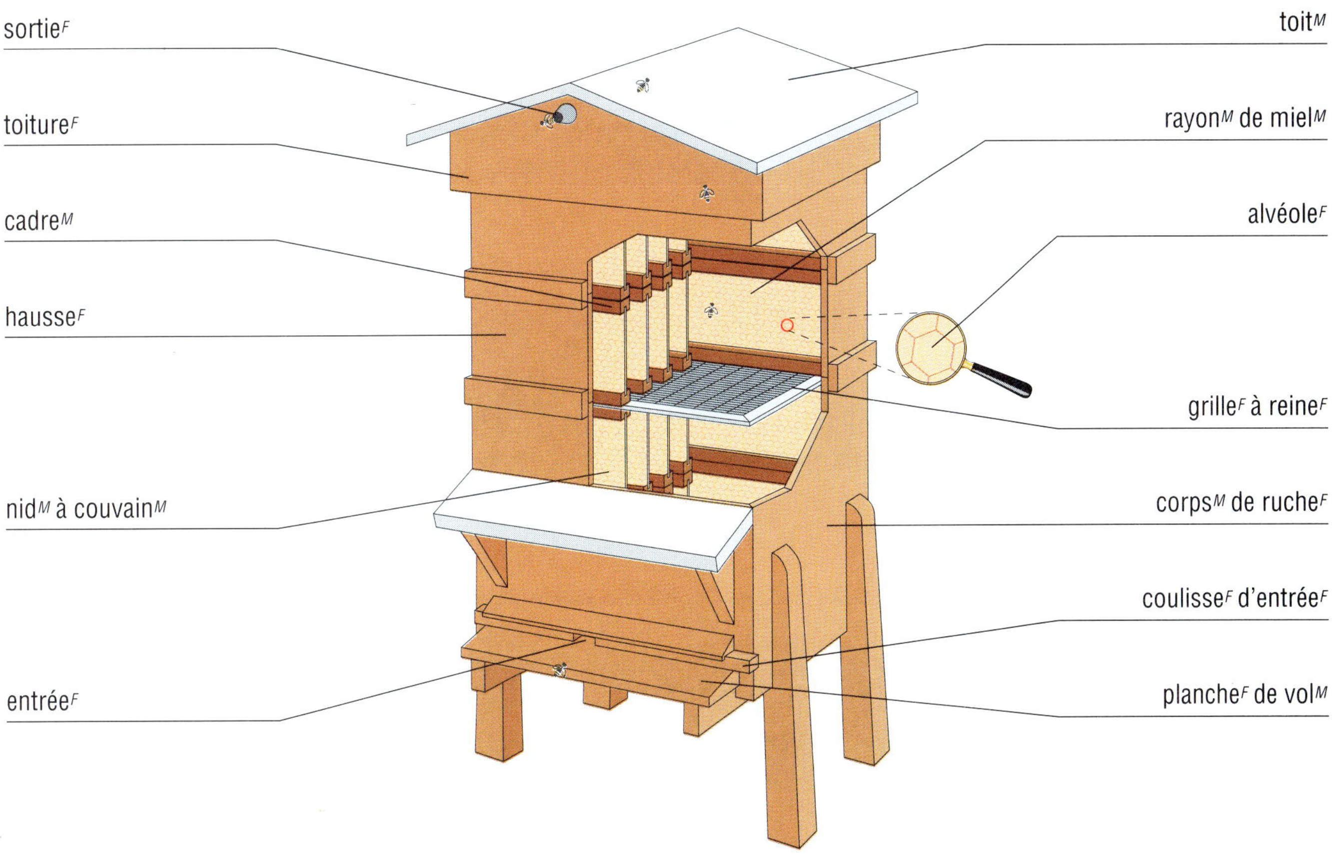

le gastéropode[M] : l'escargot[M]

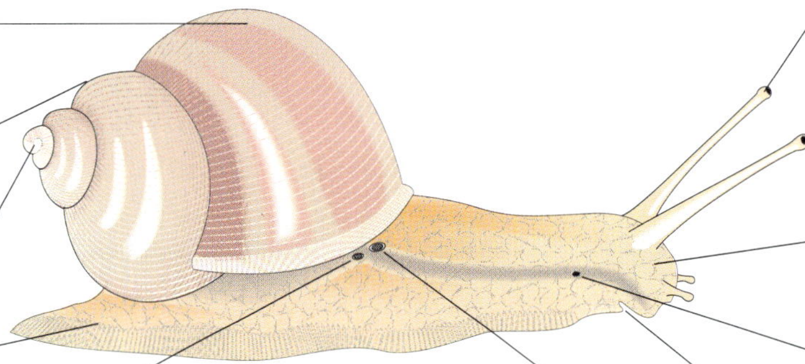

le crustacé[M] : le homard[M]

les batraciens*M* : la grenouille*F*

le poisson*M*

la tortue^F

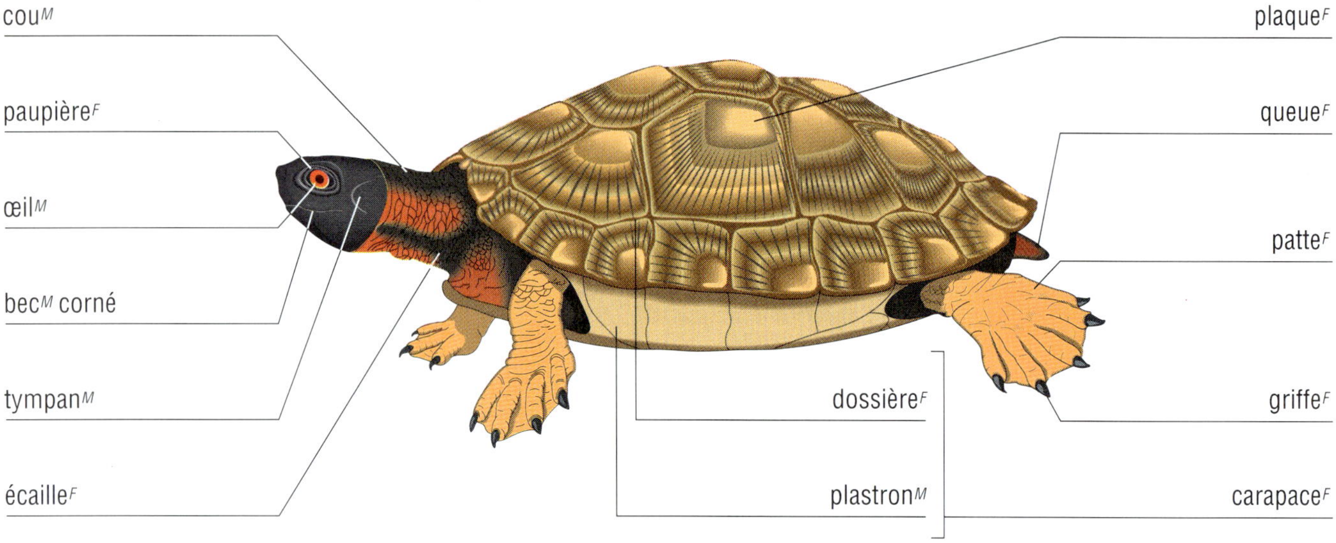

le serpent^M venimeux

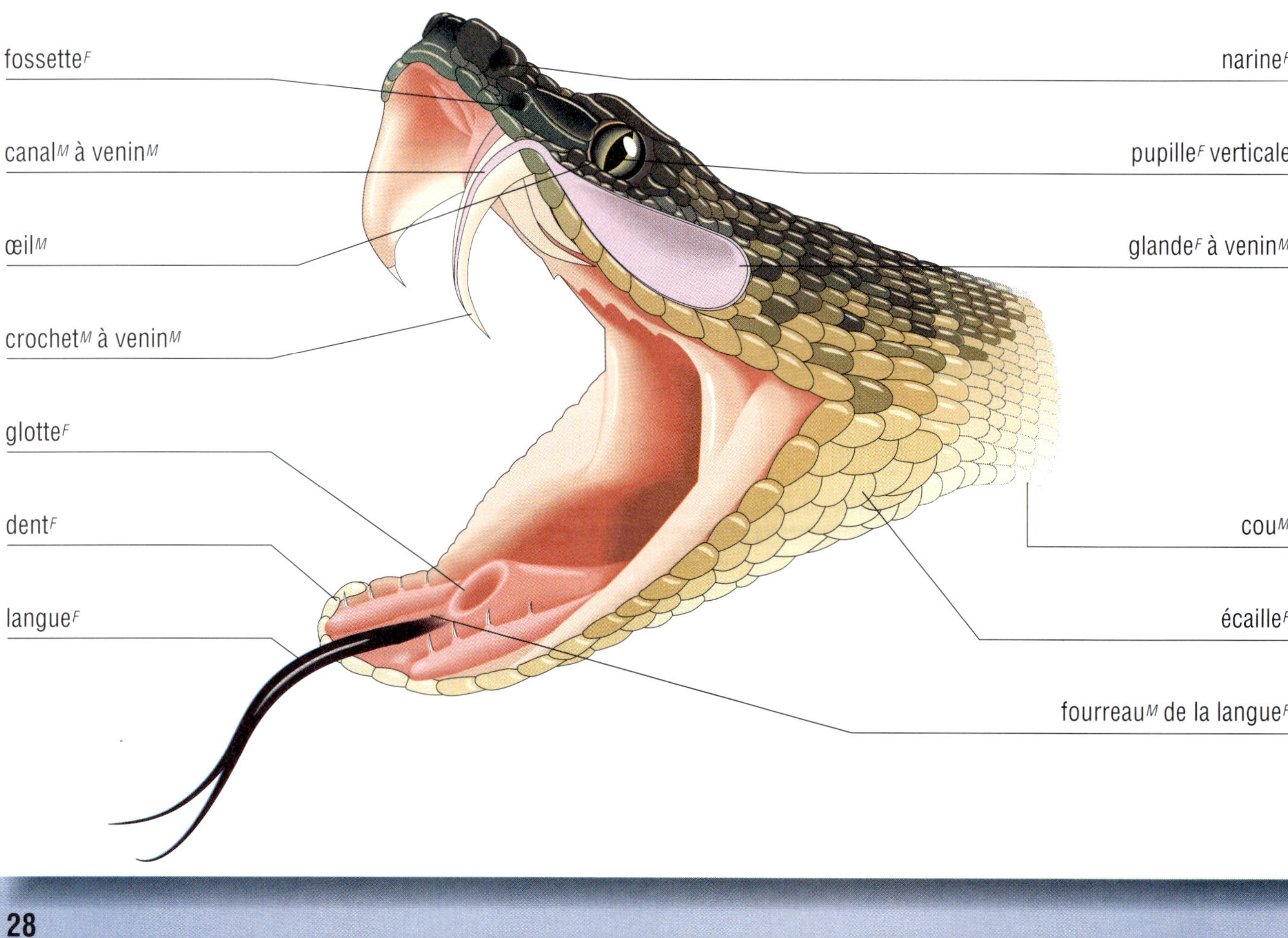

animaux*M* sauvages

lion*M*

rhinocéros*M*

zèbre*M*

crocodile*M*

éléphant*M*

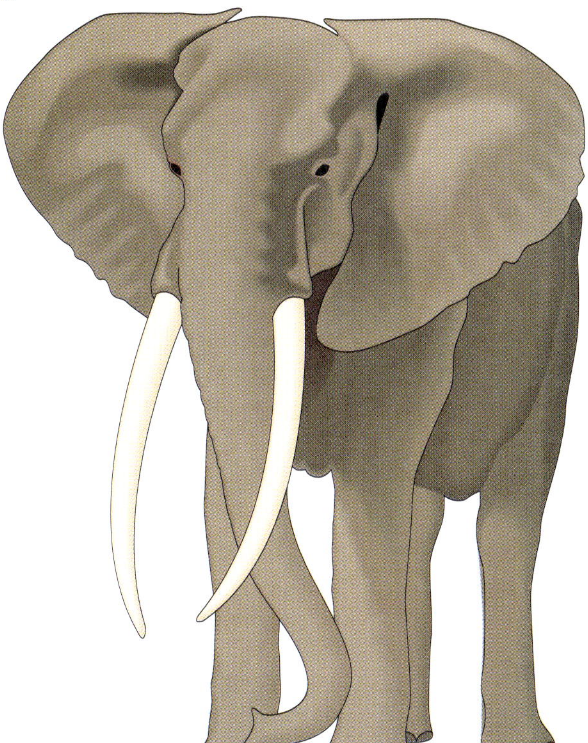

girafe*F*

animaux*M* sauvages

autruche*F*

phoque*M*

kangourou*M*

ours*M* polaire

chameau*M*

cerf*M* de Virginie*F*

le corps^M, vu de face^F

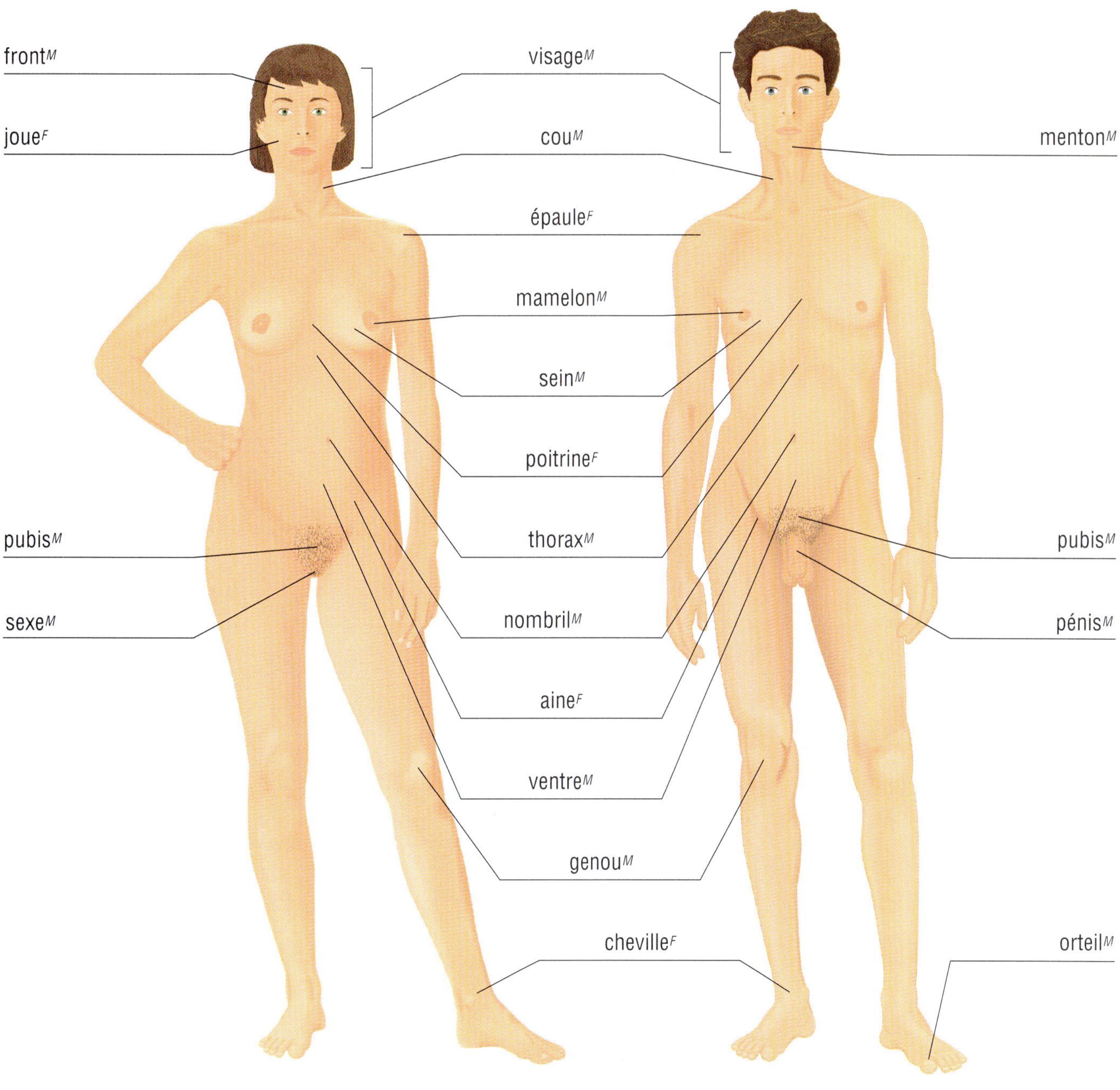

le corps^{M}, vu de dos^{M}

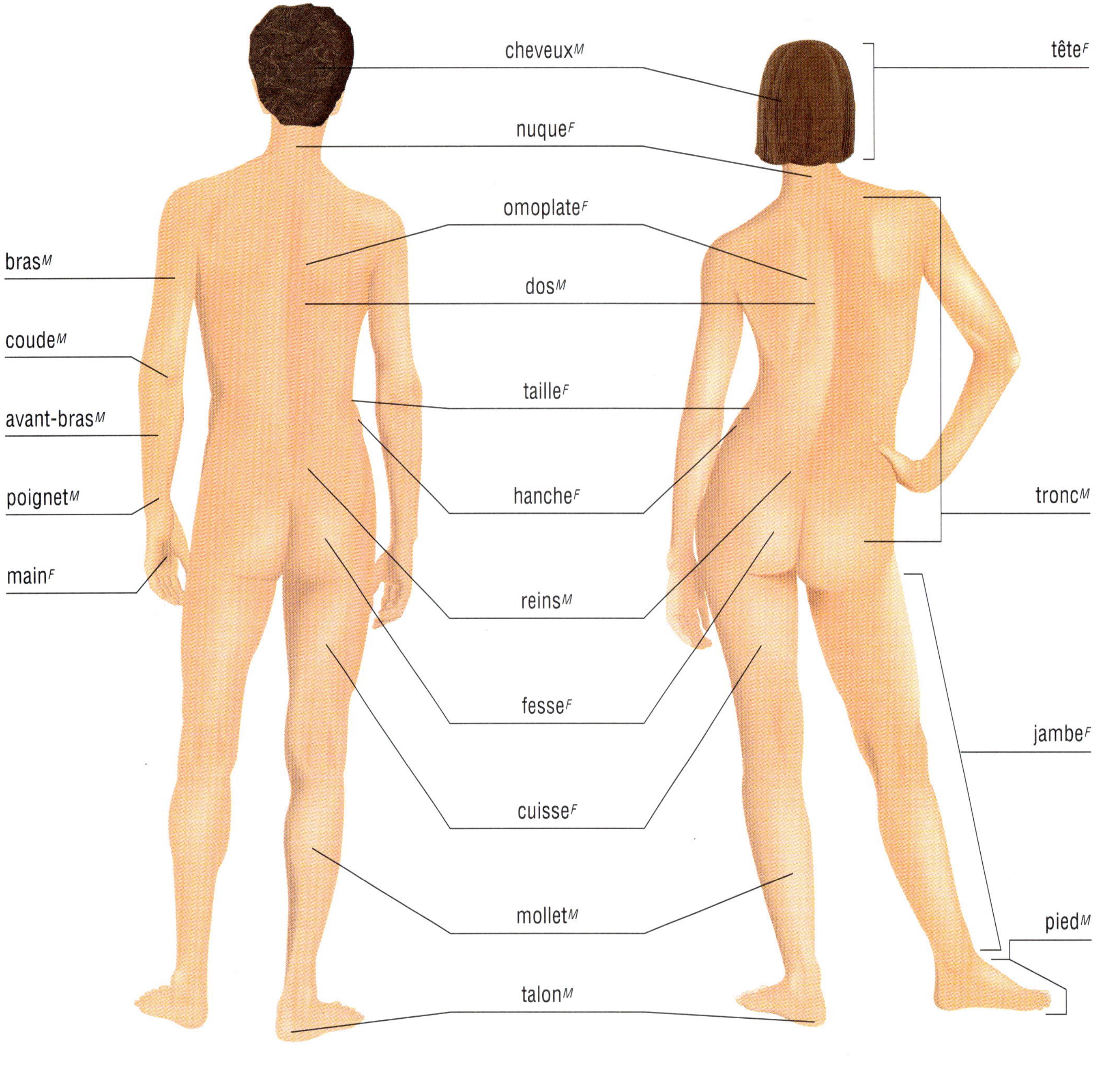

le squelette*M*

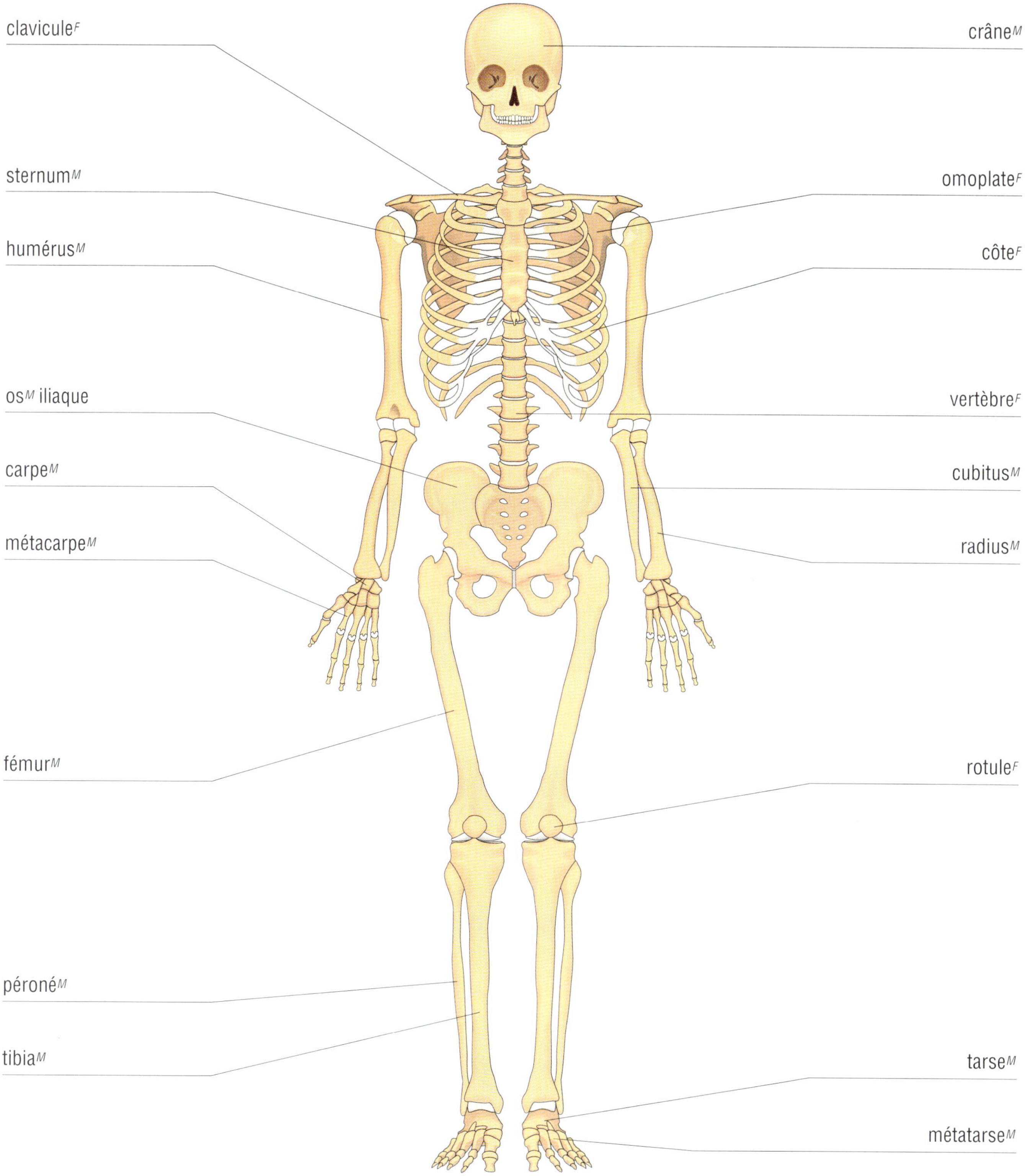

la dentureF humaine

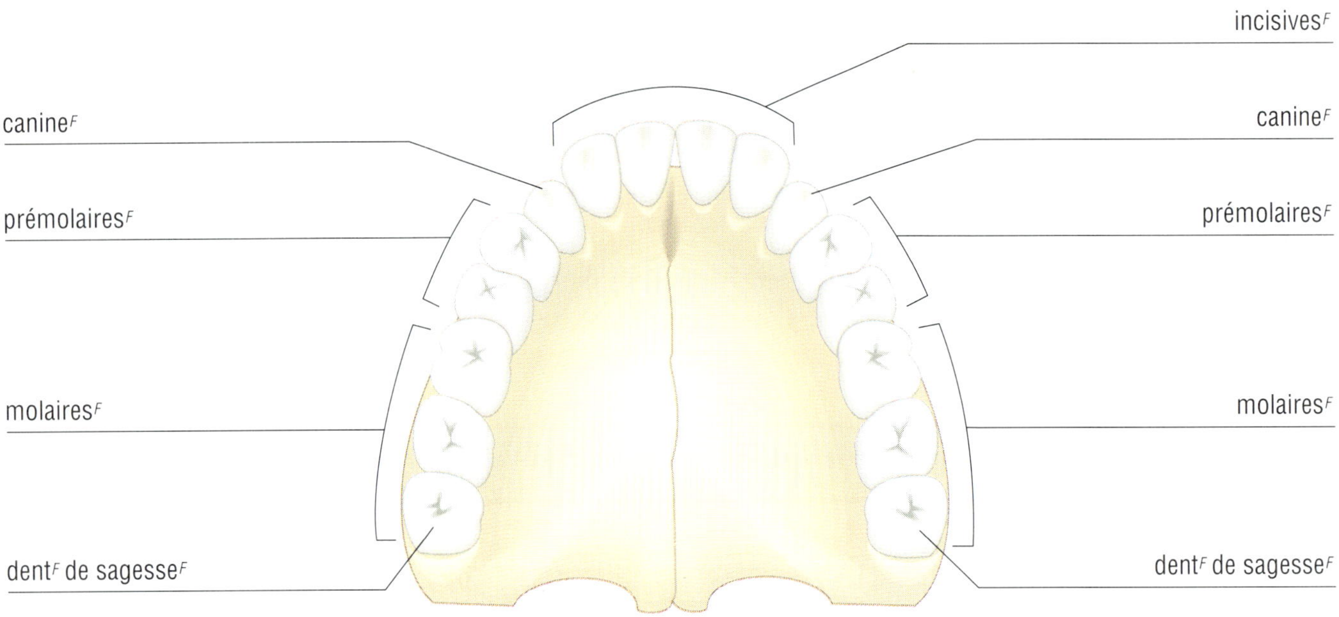

le sensM du goûtM : la boucheF

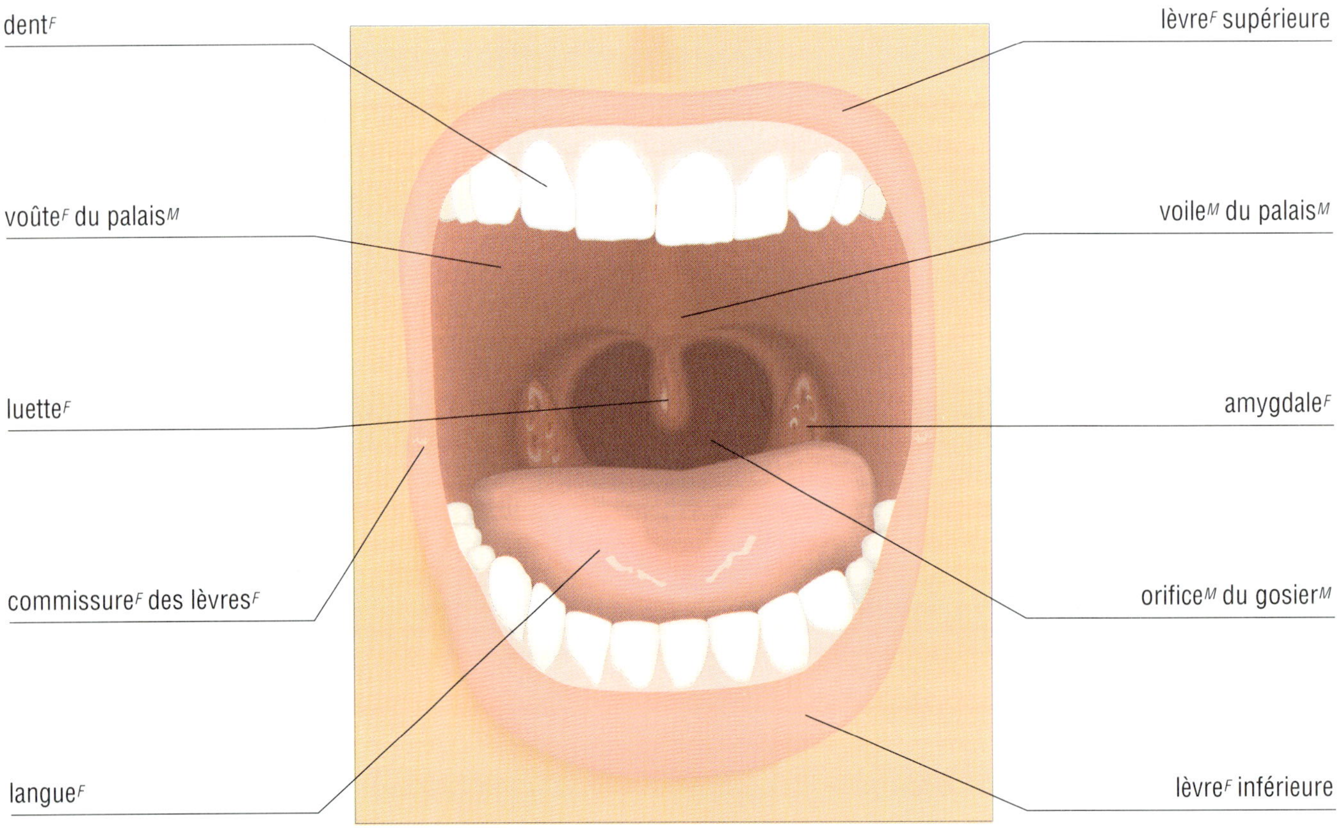

le sens*M* de la vue*F*: l'œil*M*

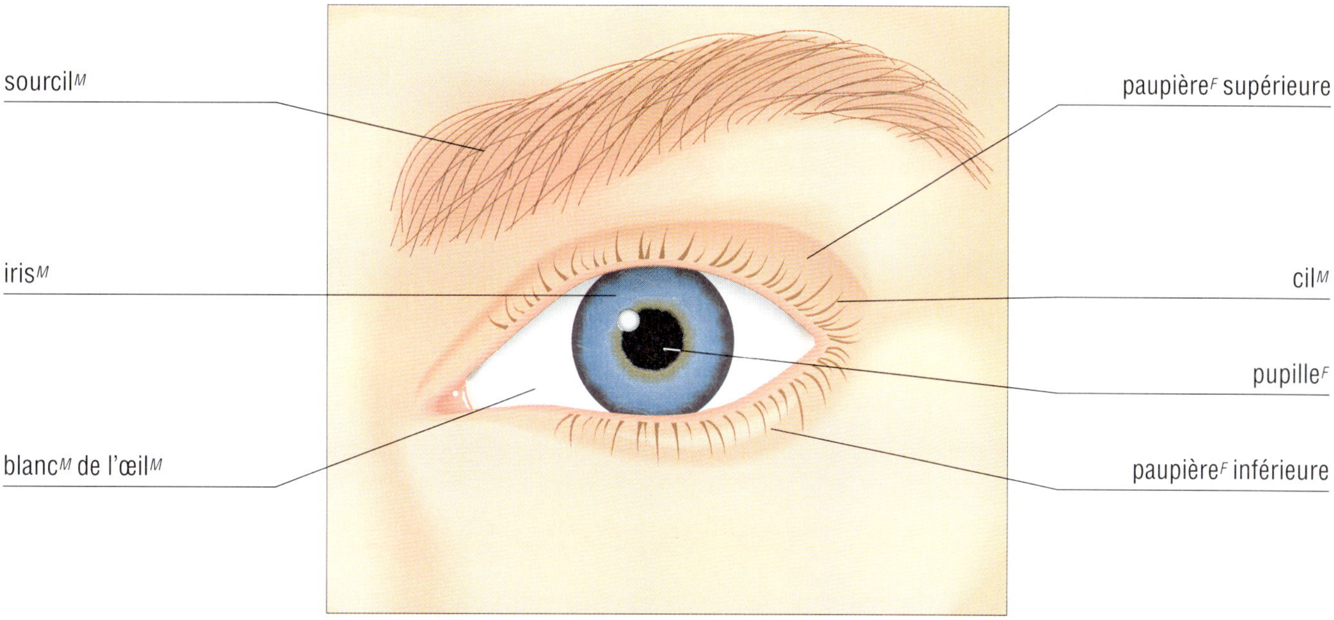

le sens*M* de l'ouïe*F*: l'oreille*F*

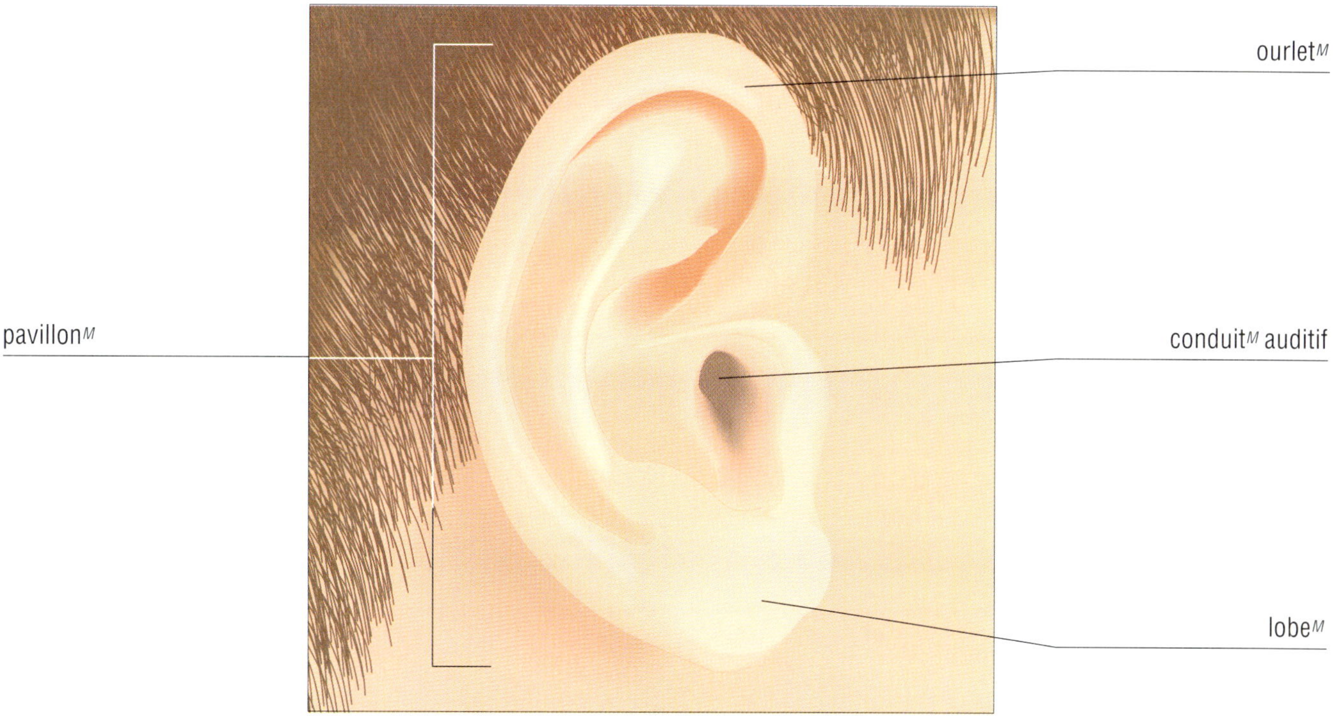

le sens[M] de l'odorat[M] : le nez[M]

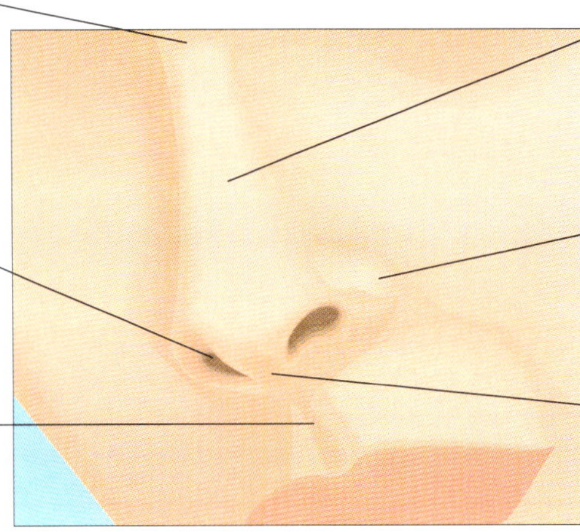

le sens[M] du toucher[M] : la main[F]

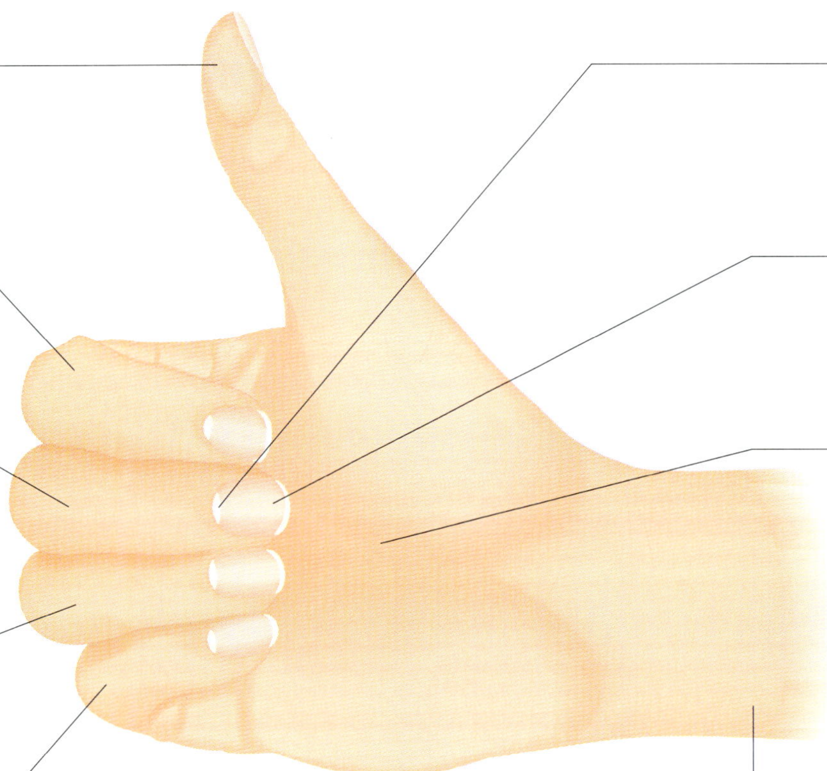

le pain*M*

baguette*F* parisienne
baguette*F* épi*M*
pain*M* parisien
pain*M* grec
pain*M* noir russe
pain*M* bâtard*M*
pain*M* de seigle*M* danois
pain*M* irlandais
pain*M* *pumpernickel*
pain*M* au lait*M*
pain*M* de seigle*M* allemand
pain*M* de mie*F*
pain*M* *tchallah* juif
pain*M* *chapati* indien
pain*M* pita*M*
pain*M* de campagne*F*
pain*M* complet
pain*M* de blé*M* entier
pain*M* de maïs*M* américain
pain*M* de seigle*M* noir
pain*M* *naan* indien
pain*M* blanc
pain*M* de seigle*M*/graines*F* de carvi*M*
cracker*M* scandinave
cracker*M* de seigle*M*
pain*M* azyme
croissant*M*
pain*M* pita*M*/graines*F* de sésame*M*

les légumes*M* feuilles*F*

les légumes[M] tiges[F]

fenouil[M]

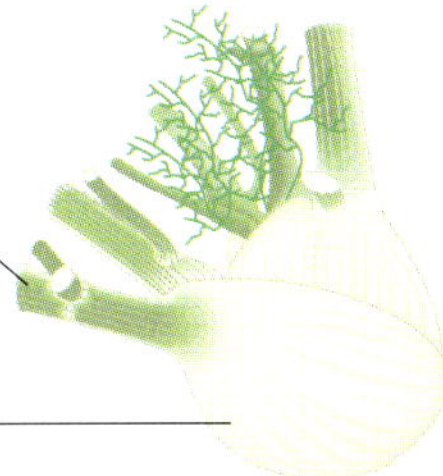

asperge[F]

céleri[M]

bette[F] à carde[F]

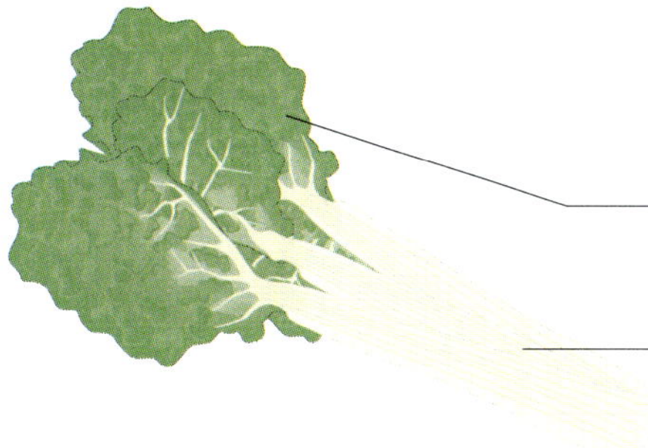

rhubarbe[F]

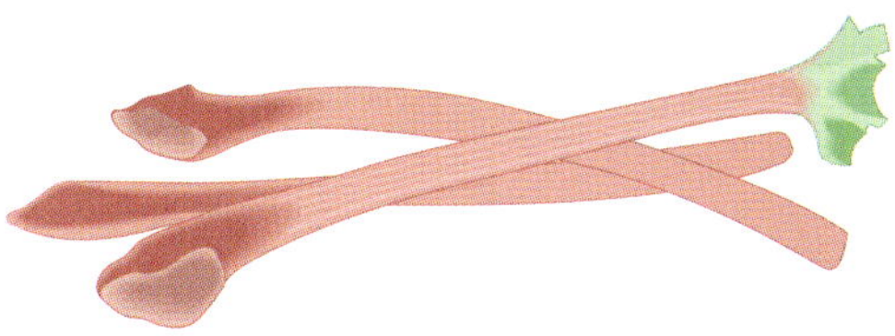

cardon[M]

les légumes[M] graines[F]

maïs[M]

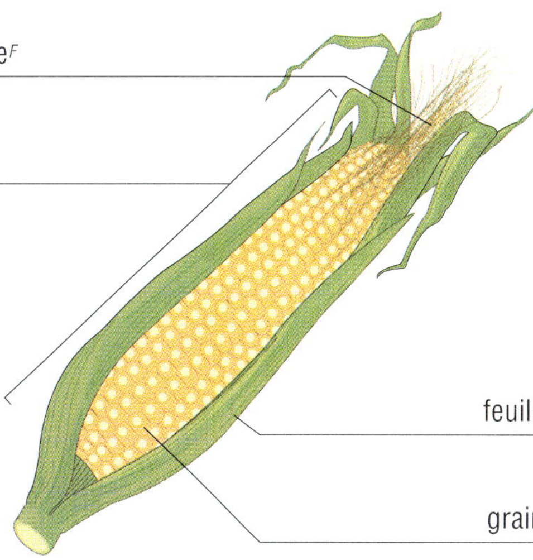

les légumes M tubercules M

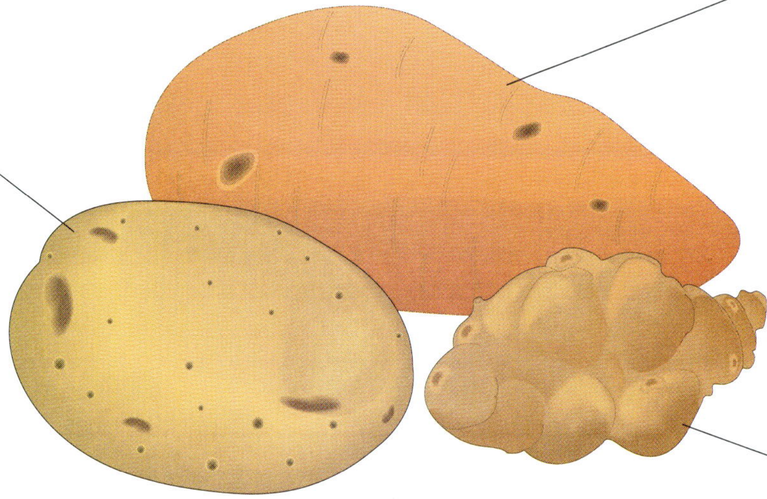

les légumes M racines F

les légumes*M* fleurs*F*

les légumes*M* bulbes*M*

les légumes*M* fruits*M*

les fruits^M à pépins^M

les fruits^M à noyau^M

les baies[F]

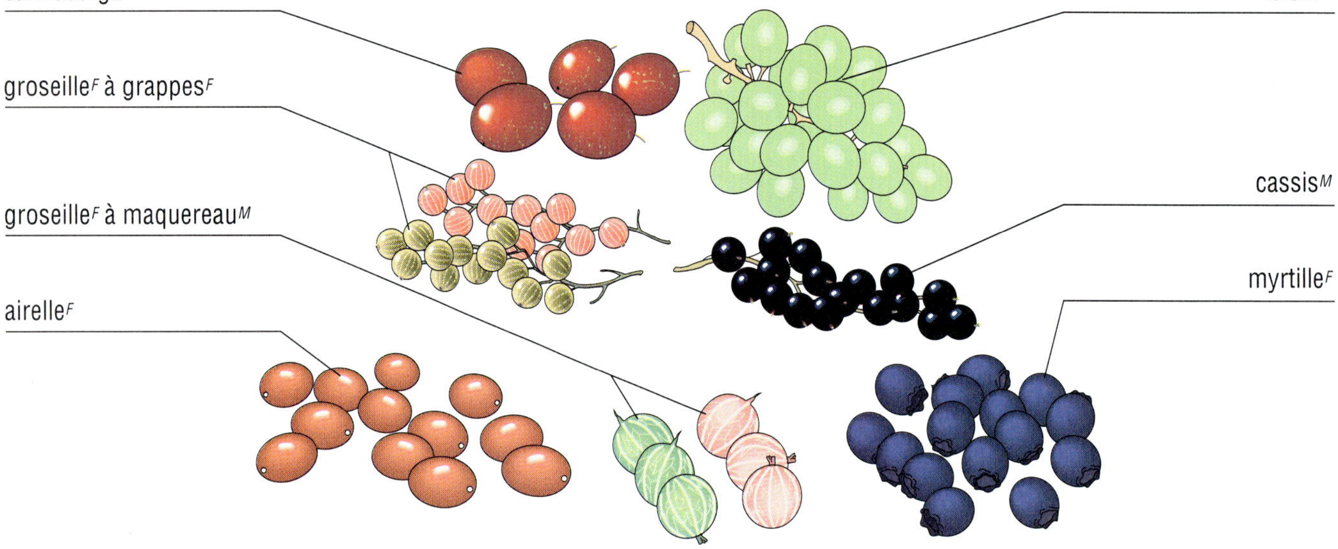

les agrumes[M]

les fruits[M] tropicaux

les noix^F

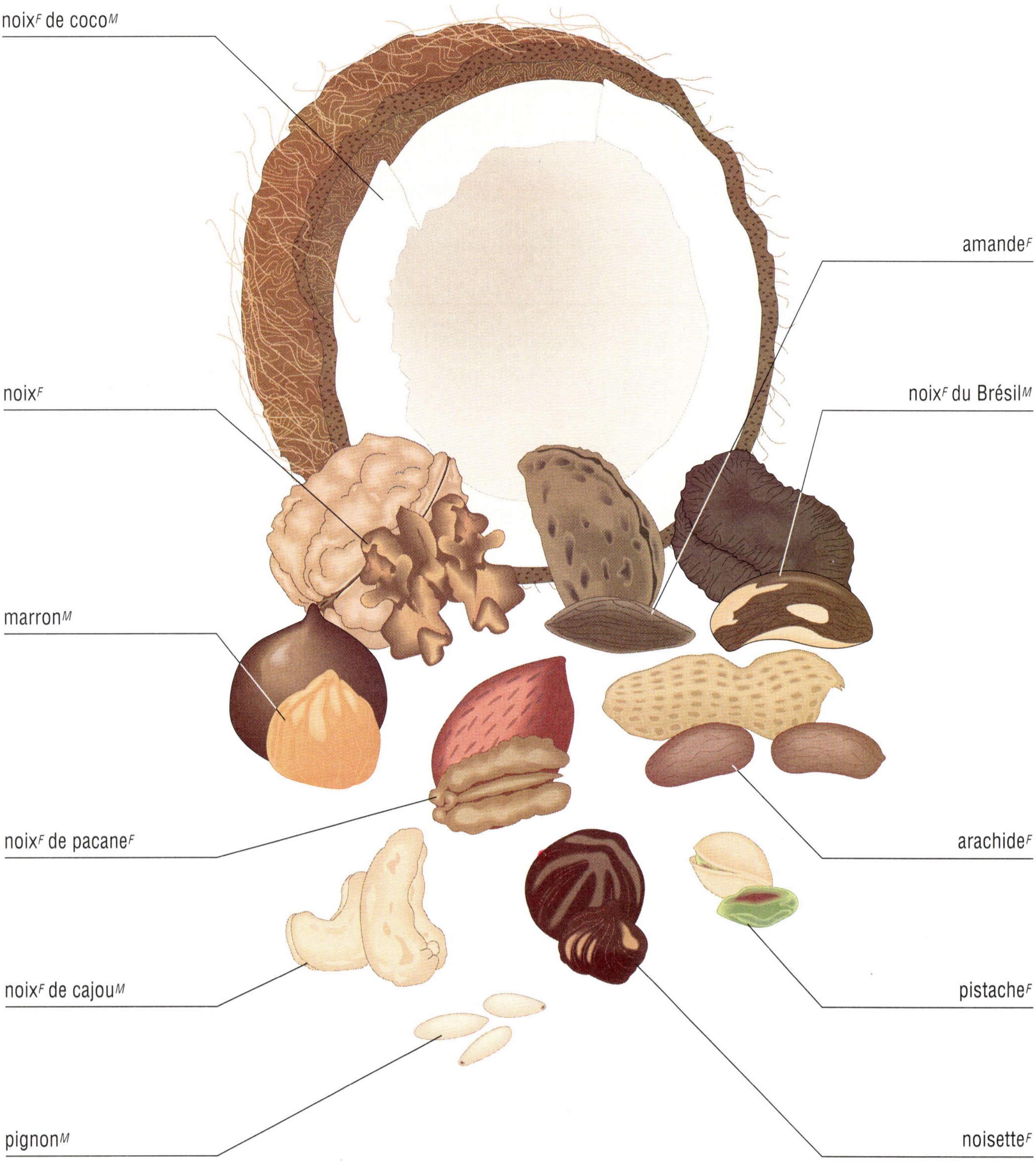
noix^F de coco^M
amande^F
noix^F
noix^F du Brésil^M
marron^M
noix^F de pacane^F
arachide^F
noix^F de cajou^M
pistache^F
pignon^M
noisette^F

les fromages[M]

pâte[F] molle

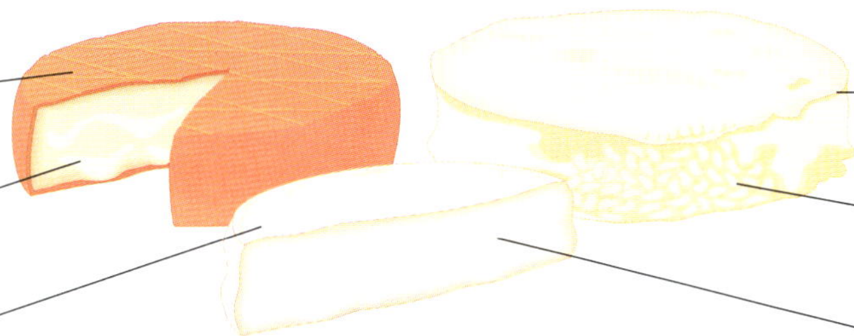

pâte[F] persillée

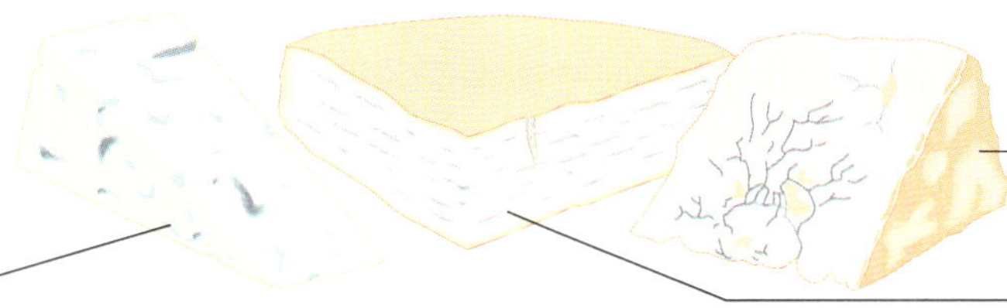

pâte[F] cuite

pâte[F] fraîche

pâte[F] fondue

les desserts M

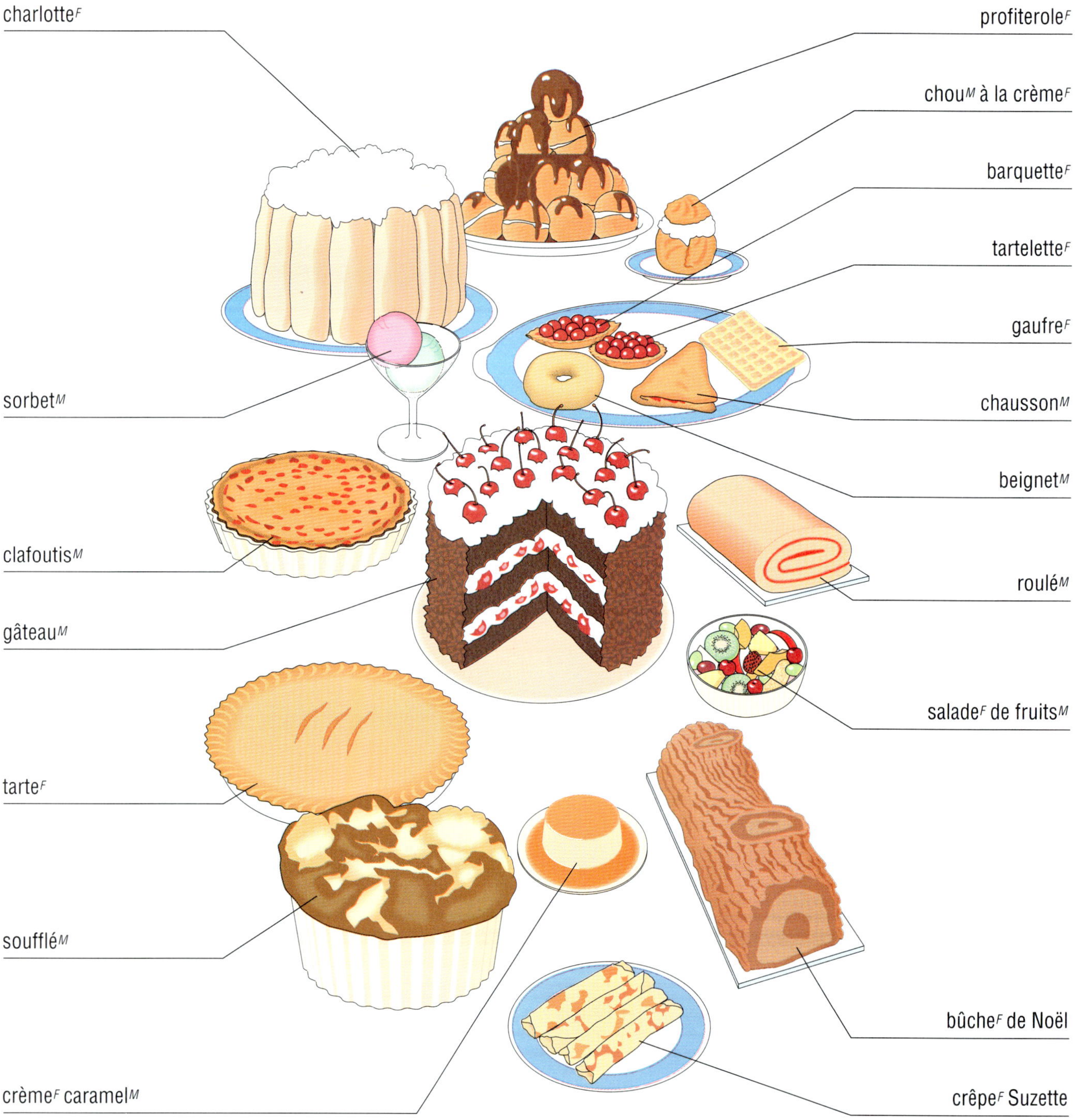

la ferme F

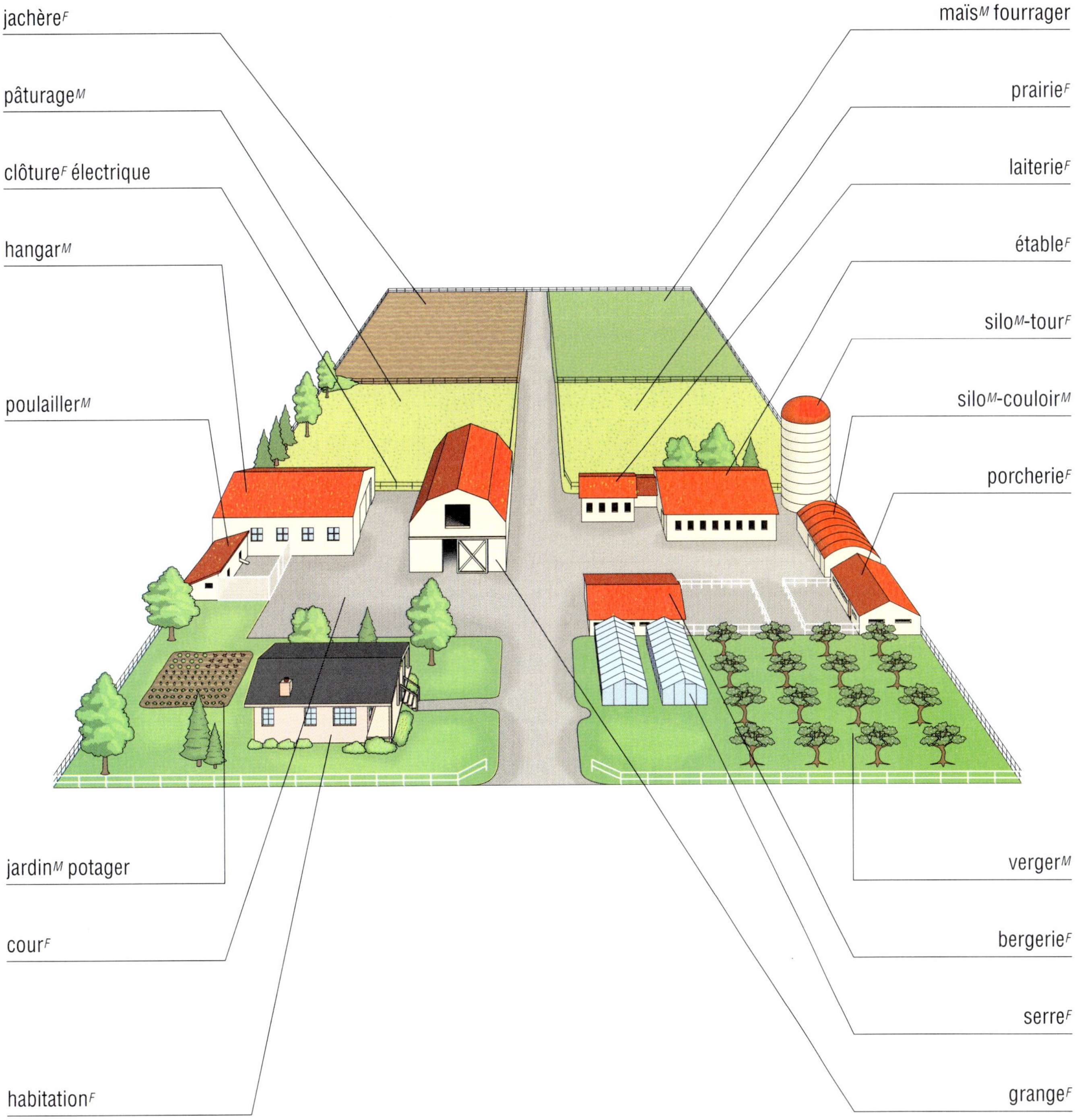
jachère F
pâturage M
clôture F électrique
hangar M
poulailler M
jardin M potager
cour F
habitation F
maïs M fourrager
prairie F
laiterie F
étable F
silo M-tour F
silo M-couloir M
porcherie F
verger M
bergerie F
serre F
grange F

LA FERME

les animaux M de la ferme F

le jardinM d'agrémentM

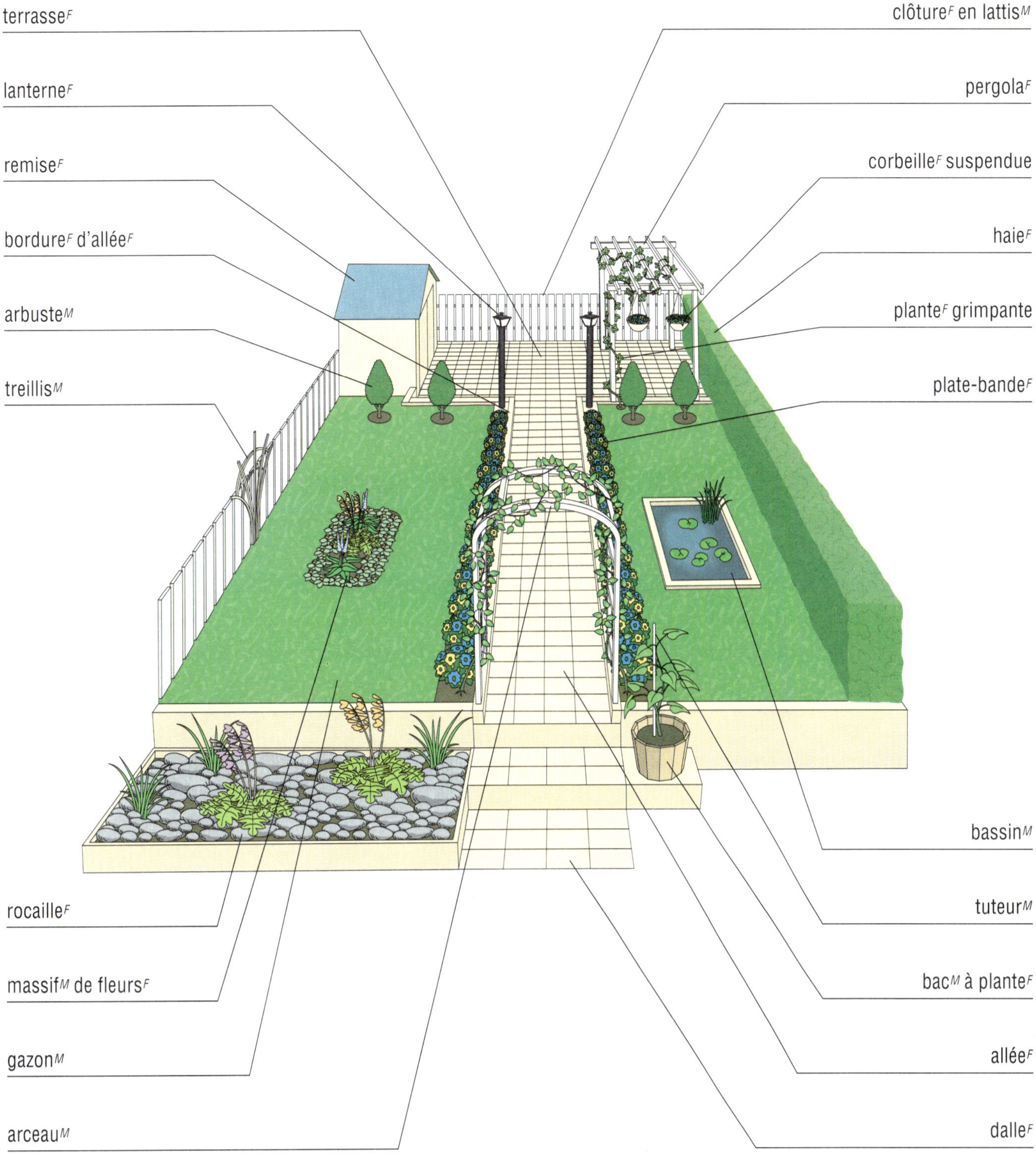

LE JARDINAGE

l'outillage*M*

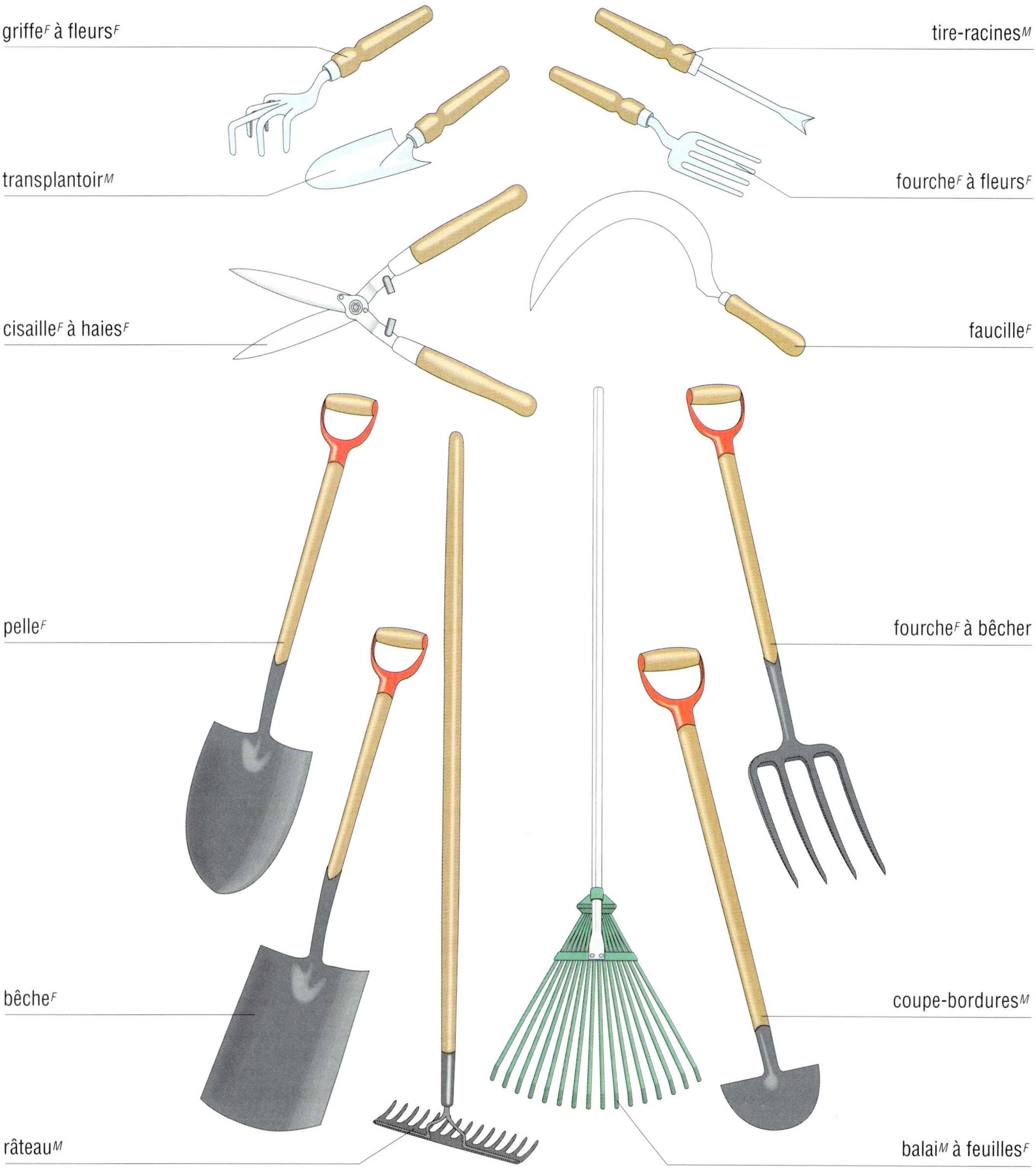

l'outillage[M]

dévidoir[M] sur roues[F]

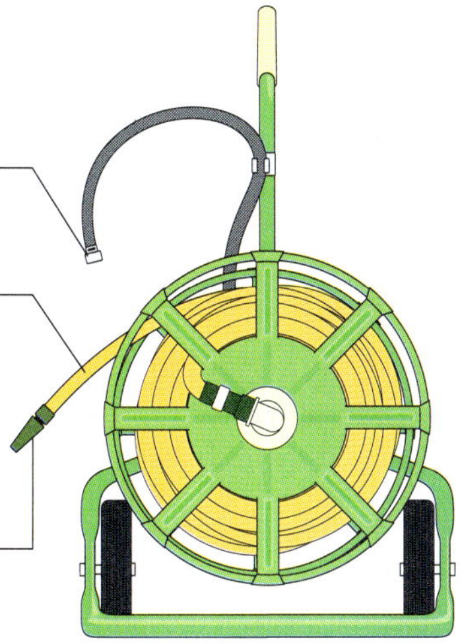

arroseur[M] rotatif

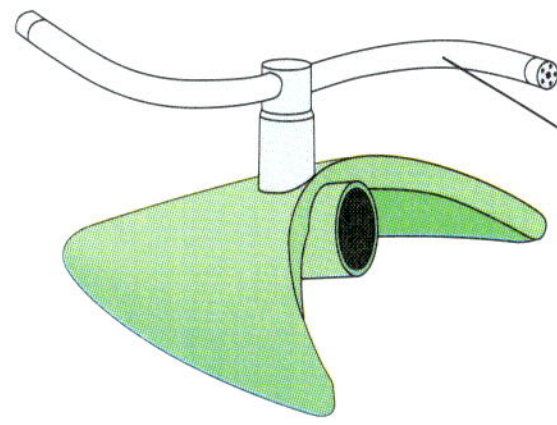

brouette[F]

tondeuse[F] à gazon[M]

arrosoir[M]

L'ARCHITECTURE

maisons*F* traditionnelles

yourte*F*

hutte*F*

igloo*M*

wigwam*M*

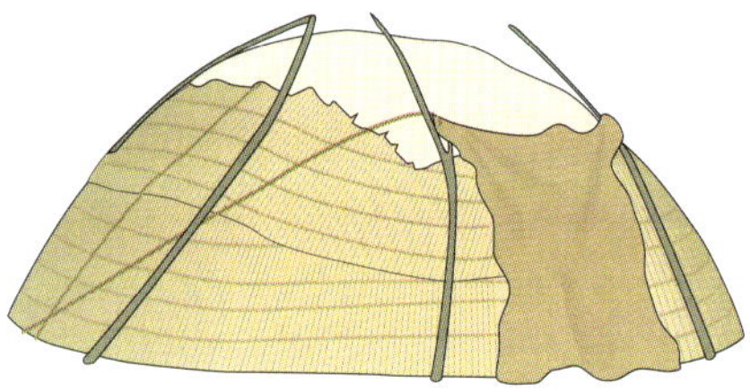

isba*F*

case*F*

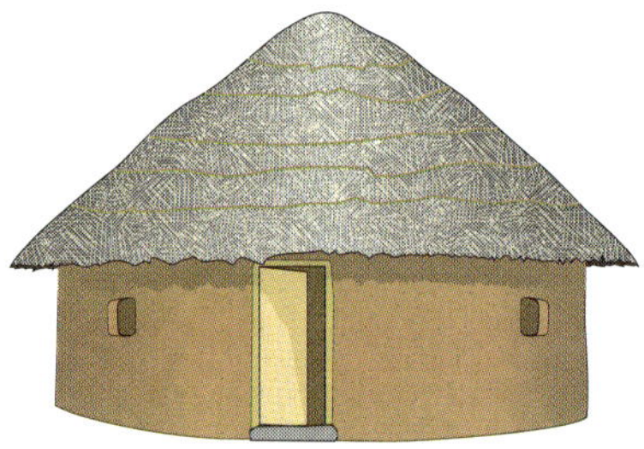

tipi*M*

maison*F* sur pilotis*M*

le château fort[M]

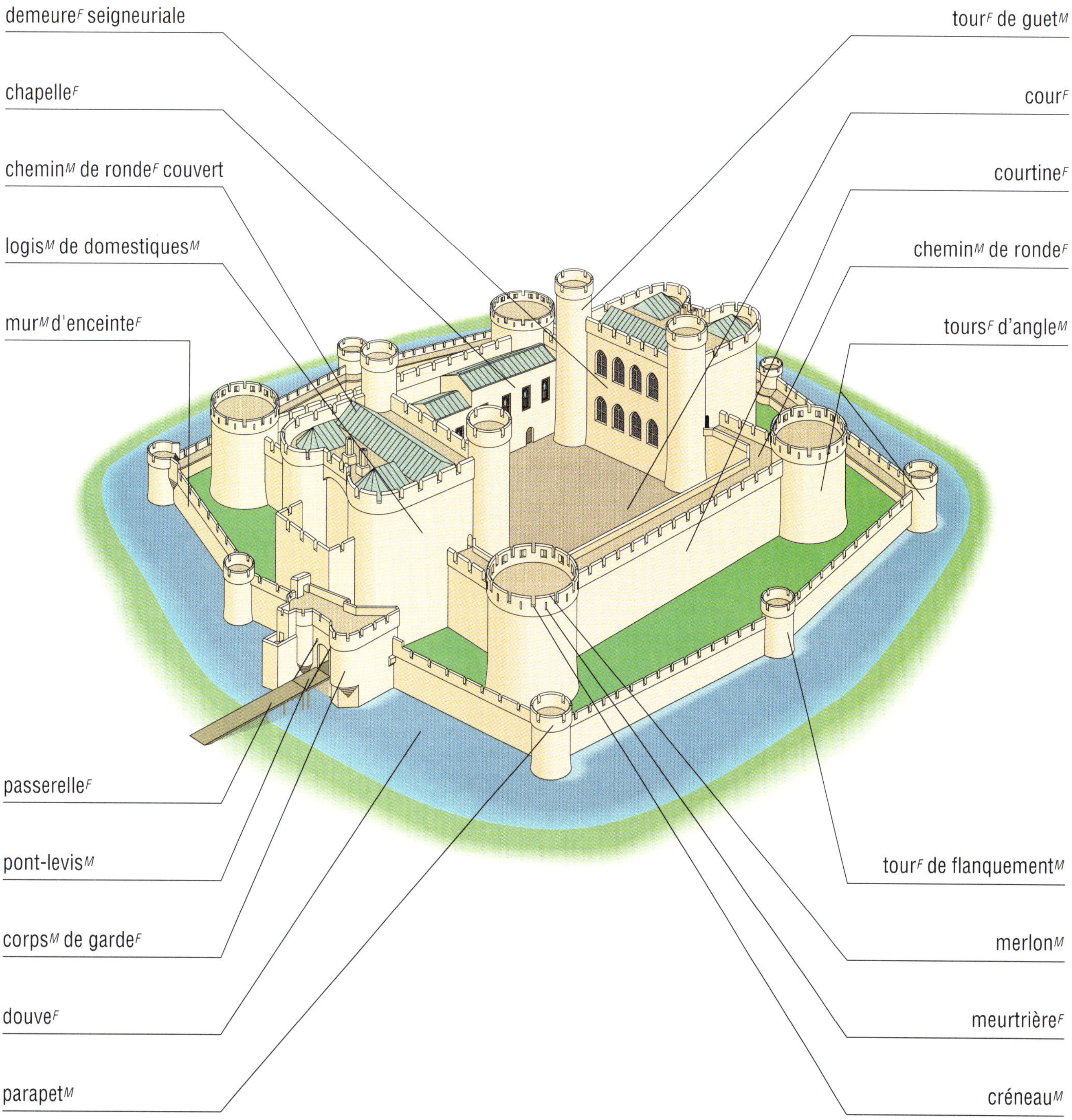

l'extérieur M d'une maison F

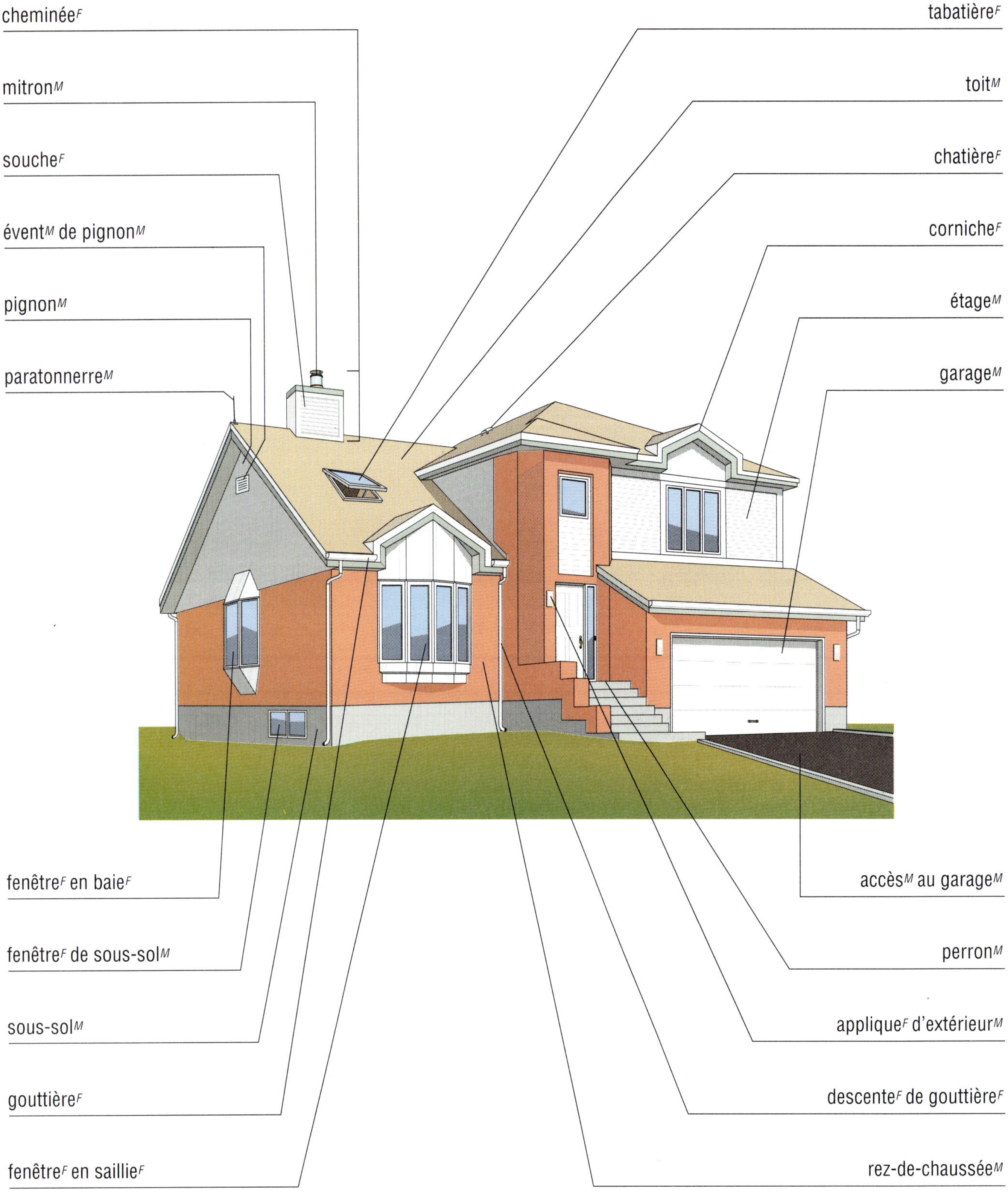

la porte[F] extérieure

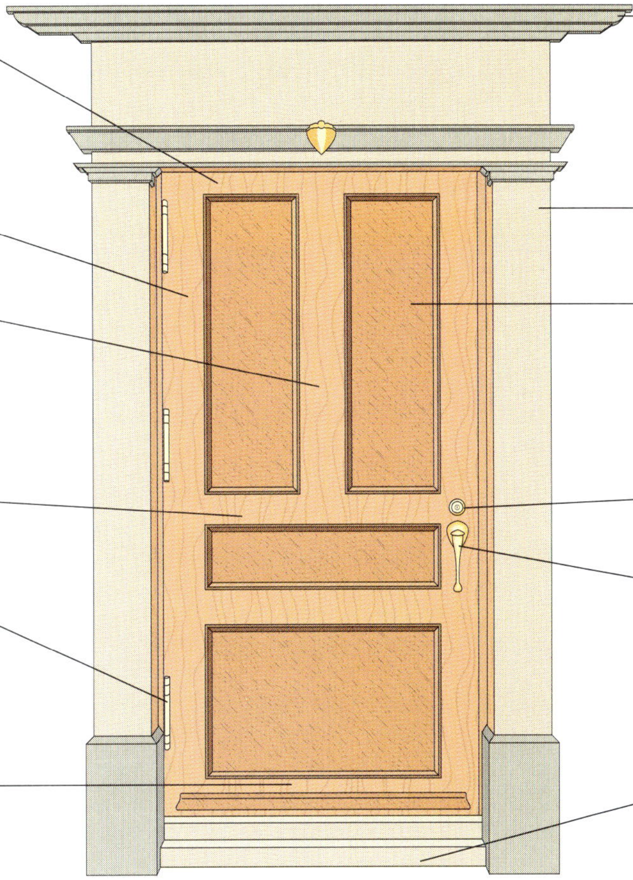

la fenêtre[F]

l'escalier*M*

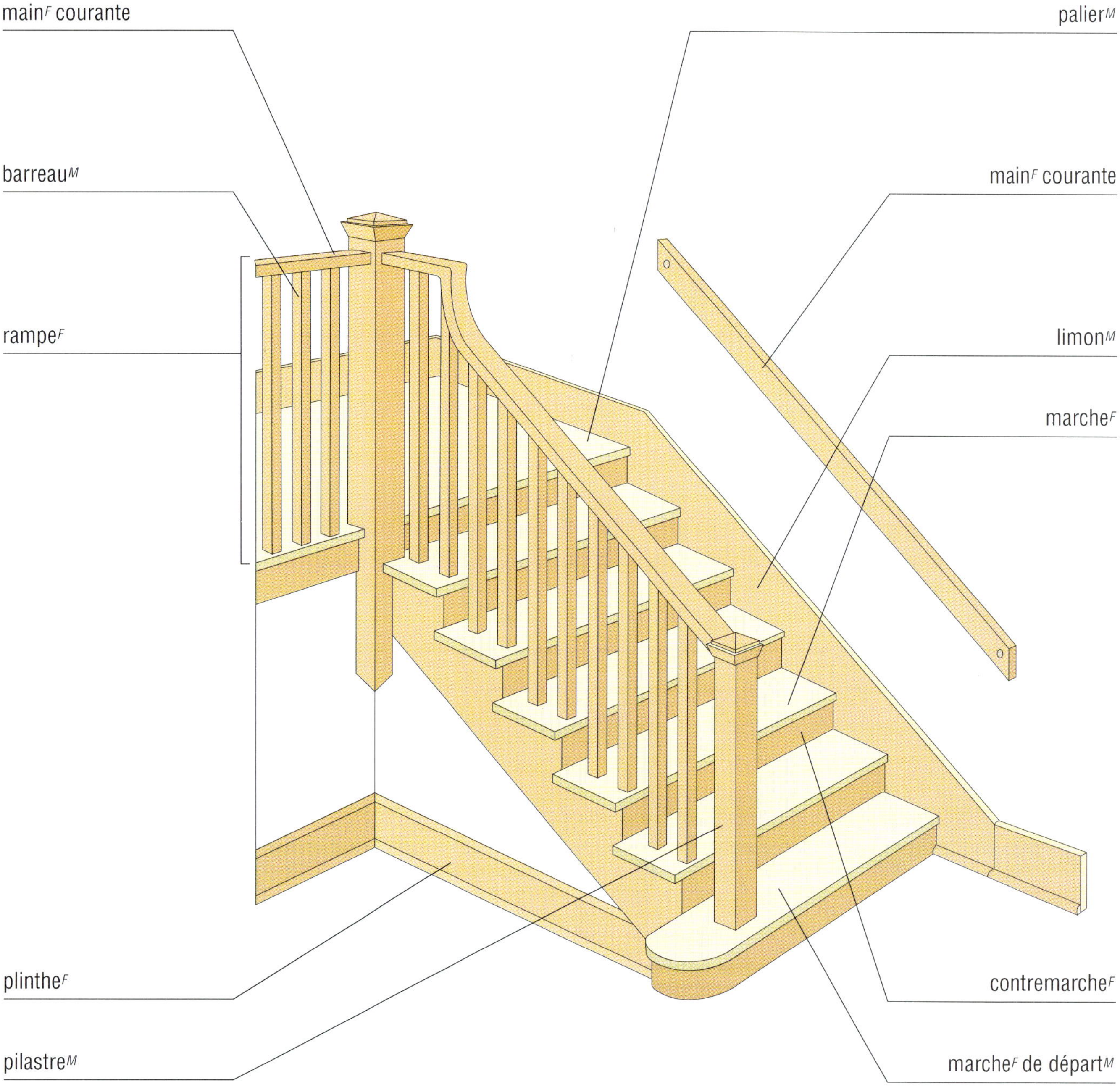
mainF courante
barreauM
rampeF
plintheF
pilastreM
palierM
mainF courante
limonM
marcheF
contremarcheF
marcheF de départM

la salle^F de bains^M

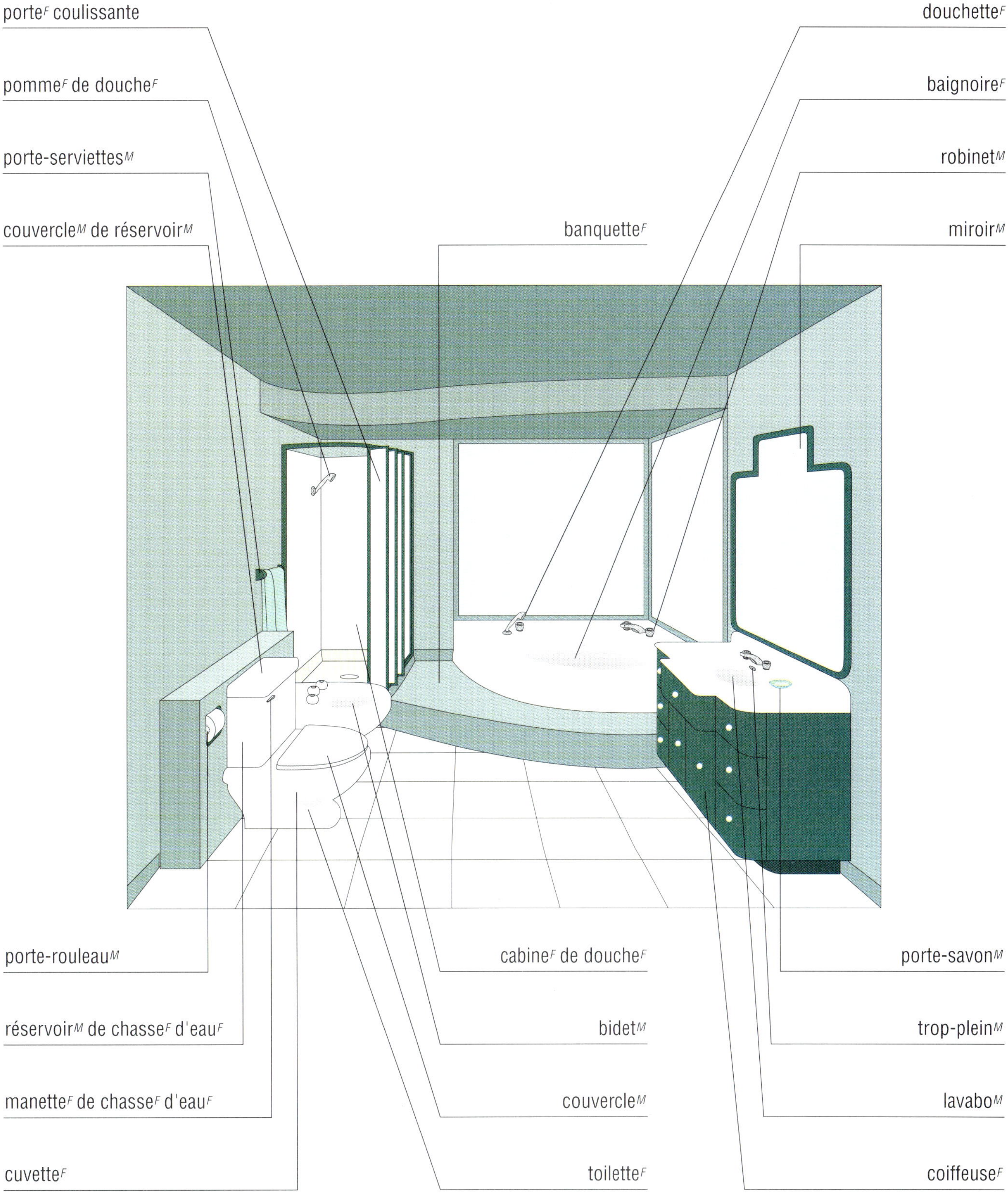

la chaise F

la table F à abattants M

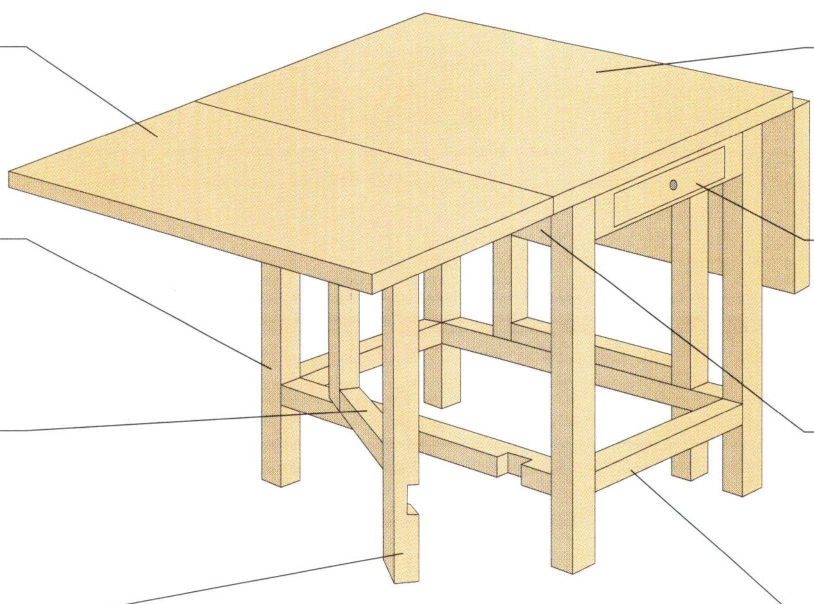

le fauteuil*M*

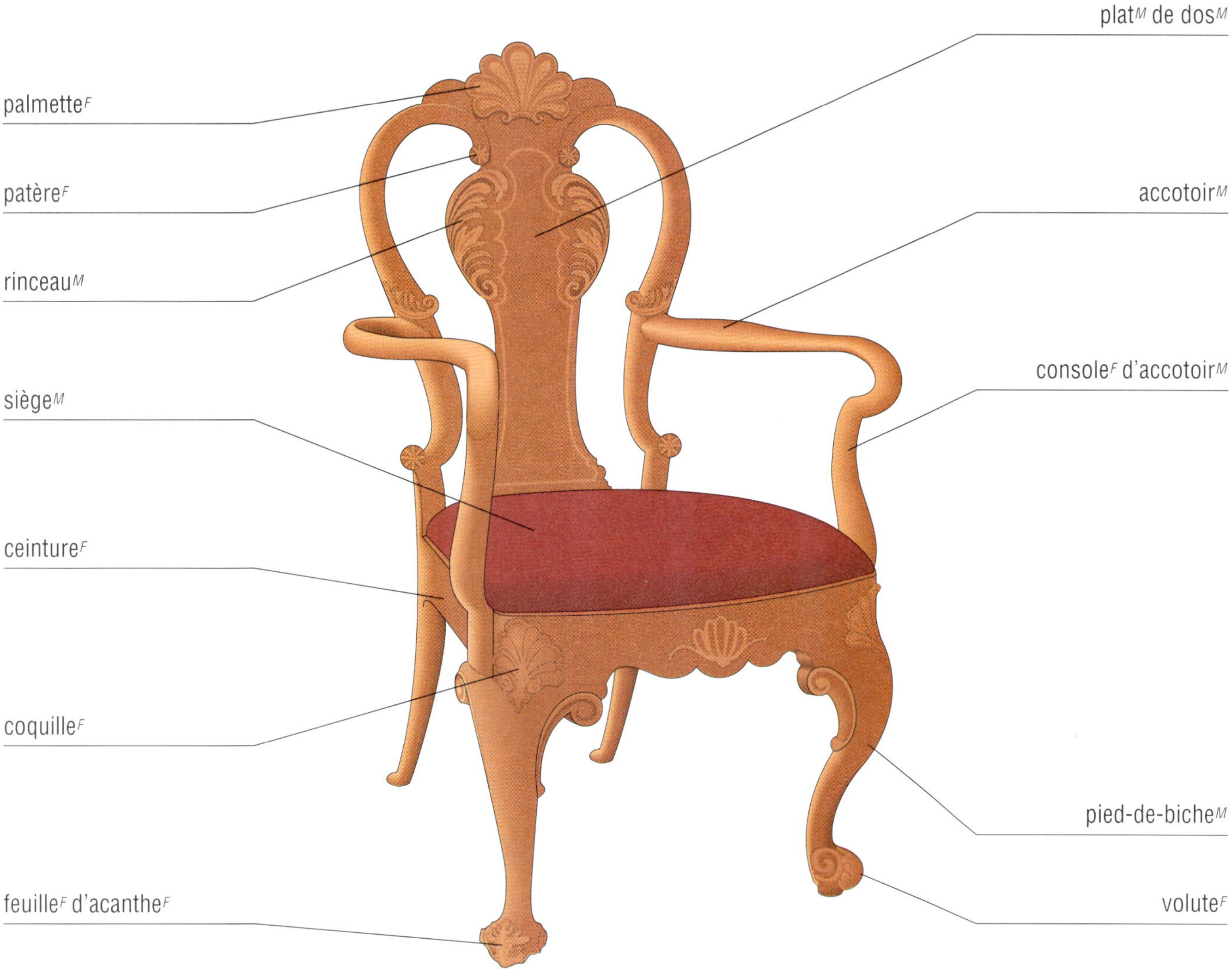

le fauteuil*M* club*M*

le canapé*M*

la causeuse*F*

le lit*M*

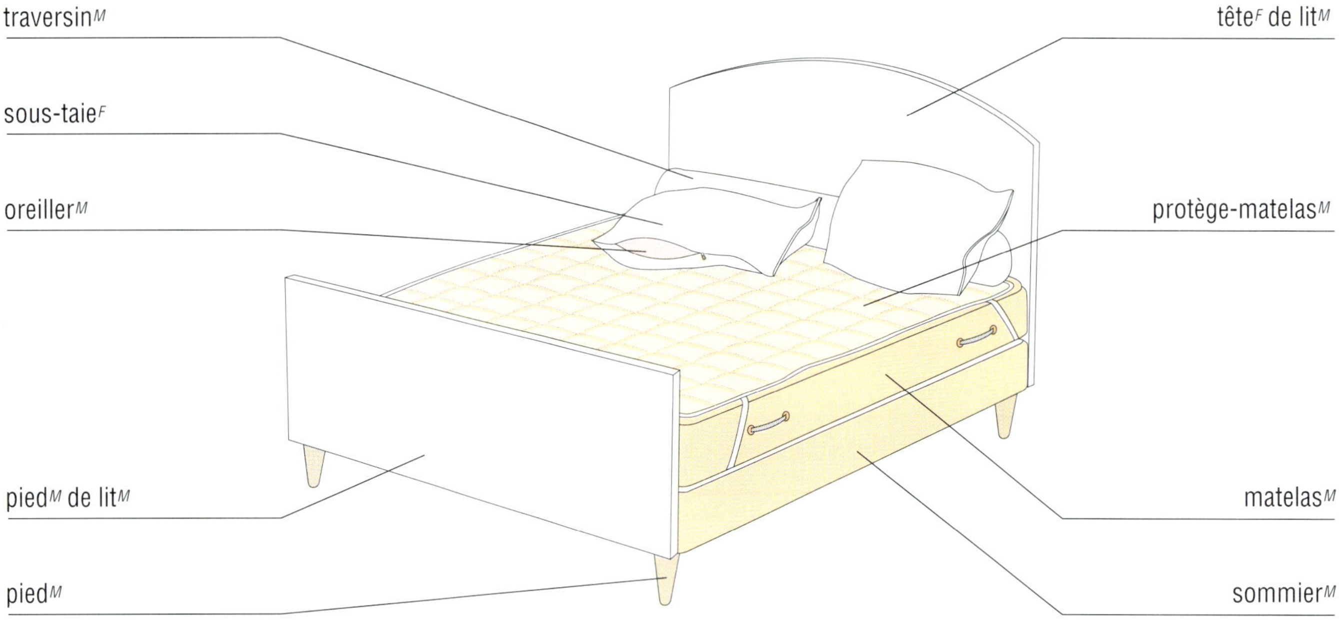

la literie*F*

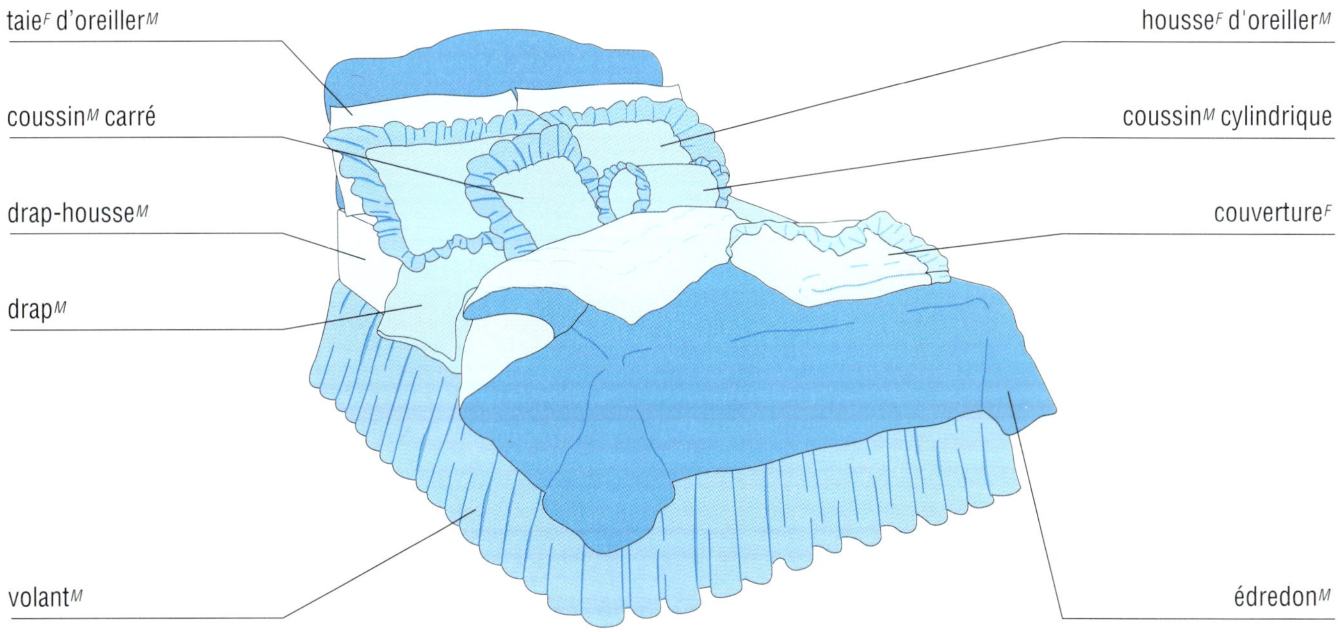

les luminaires*M*

lustre*M*

lampadaire*M*

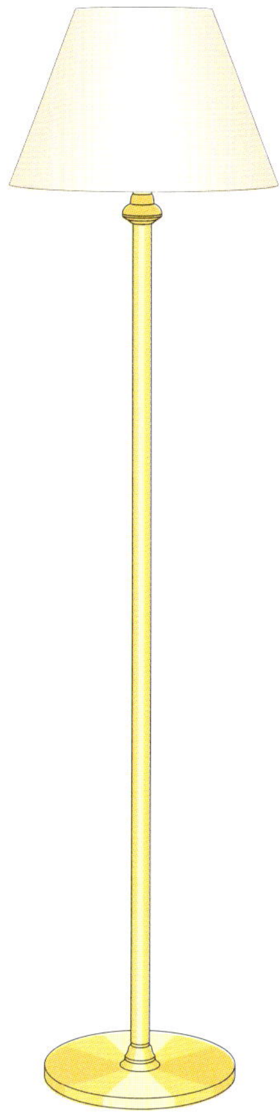

plafonnier*M*

rampe*F* d'éclairage*M*

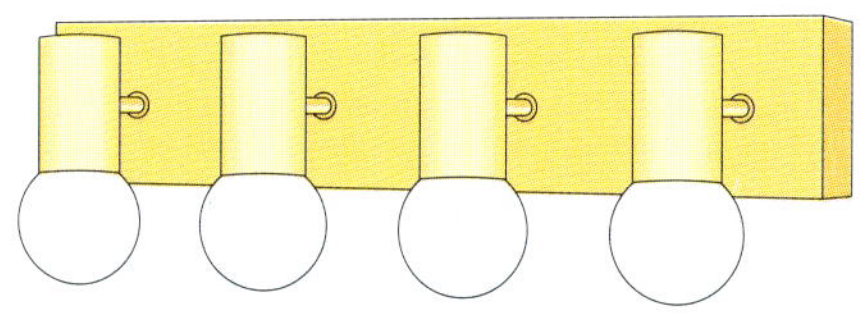

suspension*F*

applique*F*

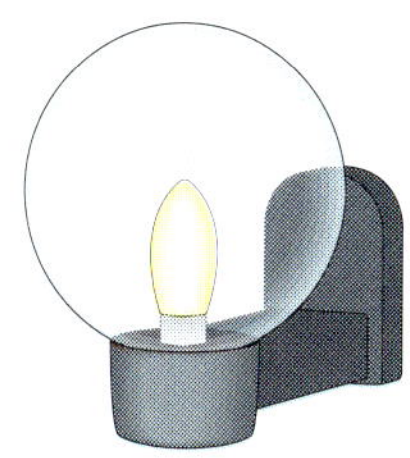

lampe*F* à incandescence*F*

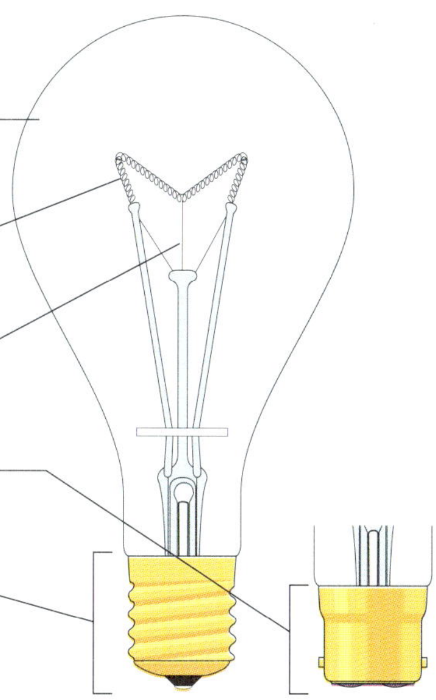

lampe*F* de table*F*

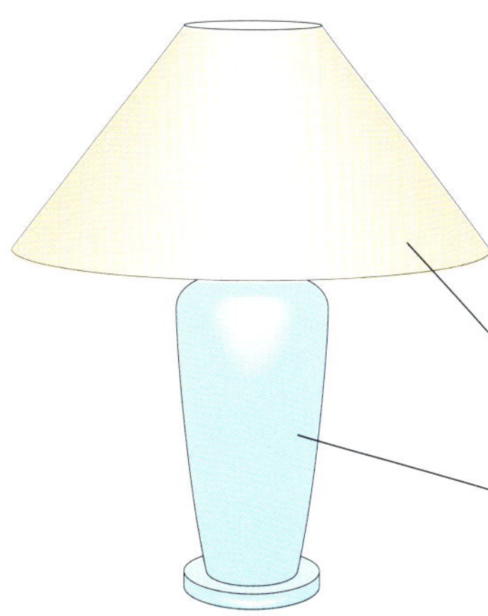

la vaisselleF

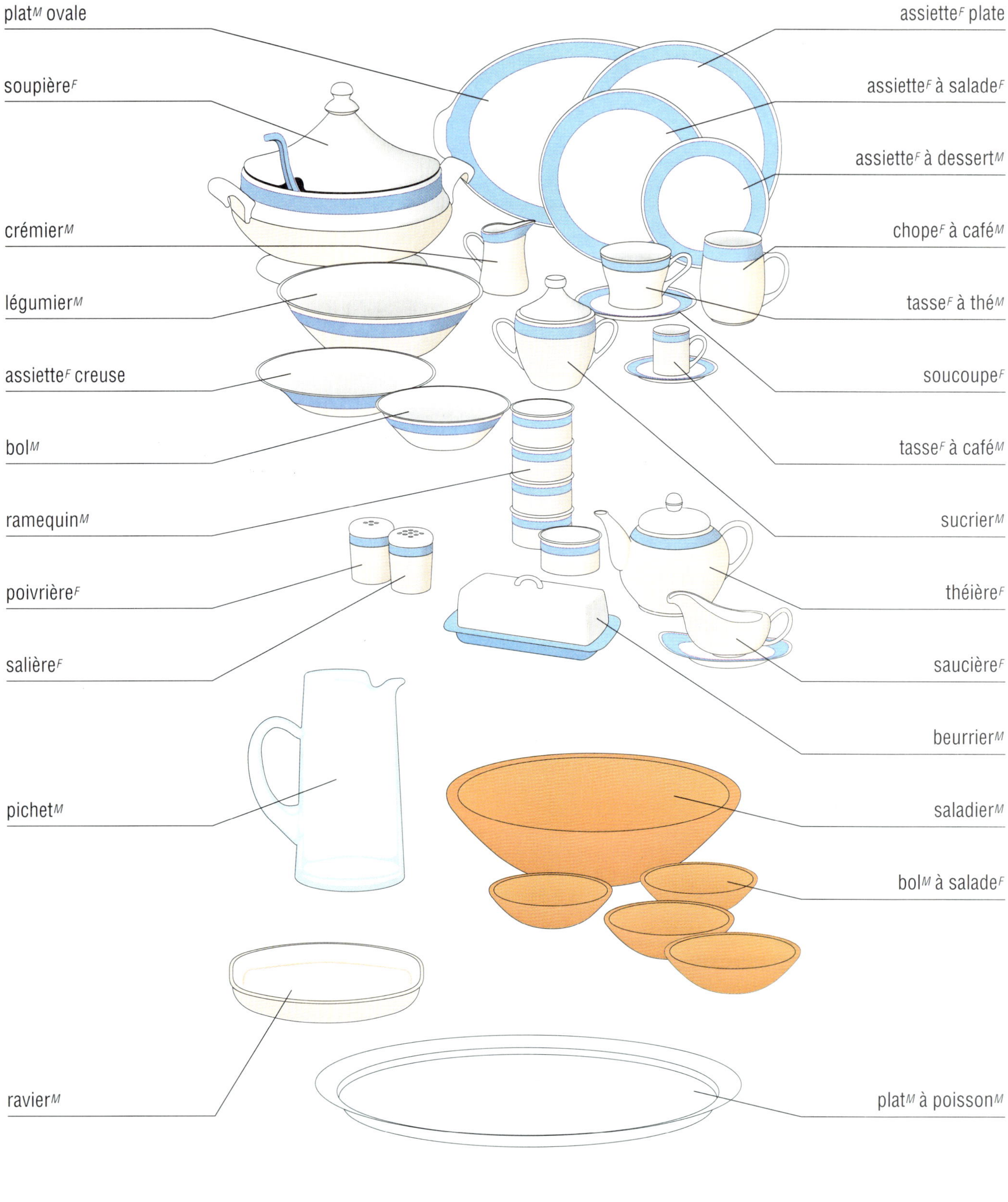

le couvert*M*

cuiller*F*

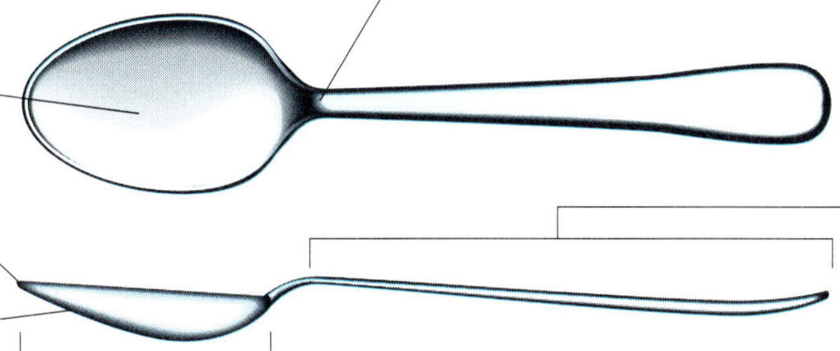

fourchette*F*

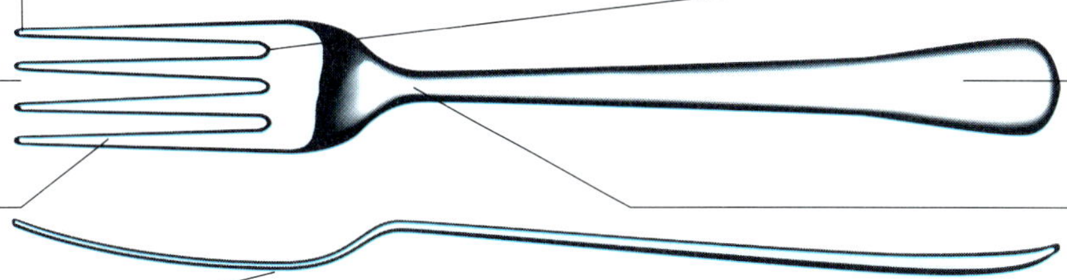

couteau*M*

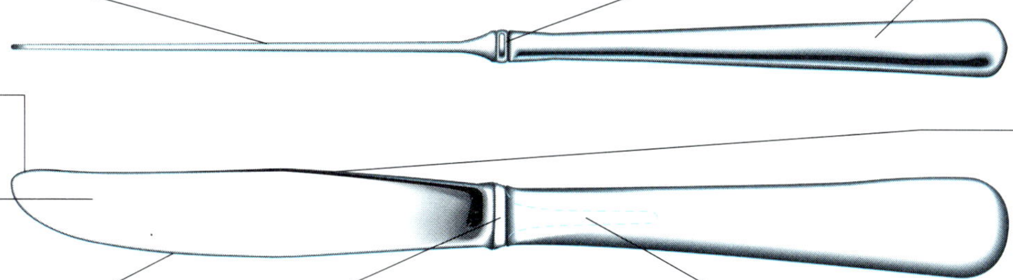

les ustensiles[M] de cuisine[F]

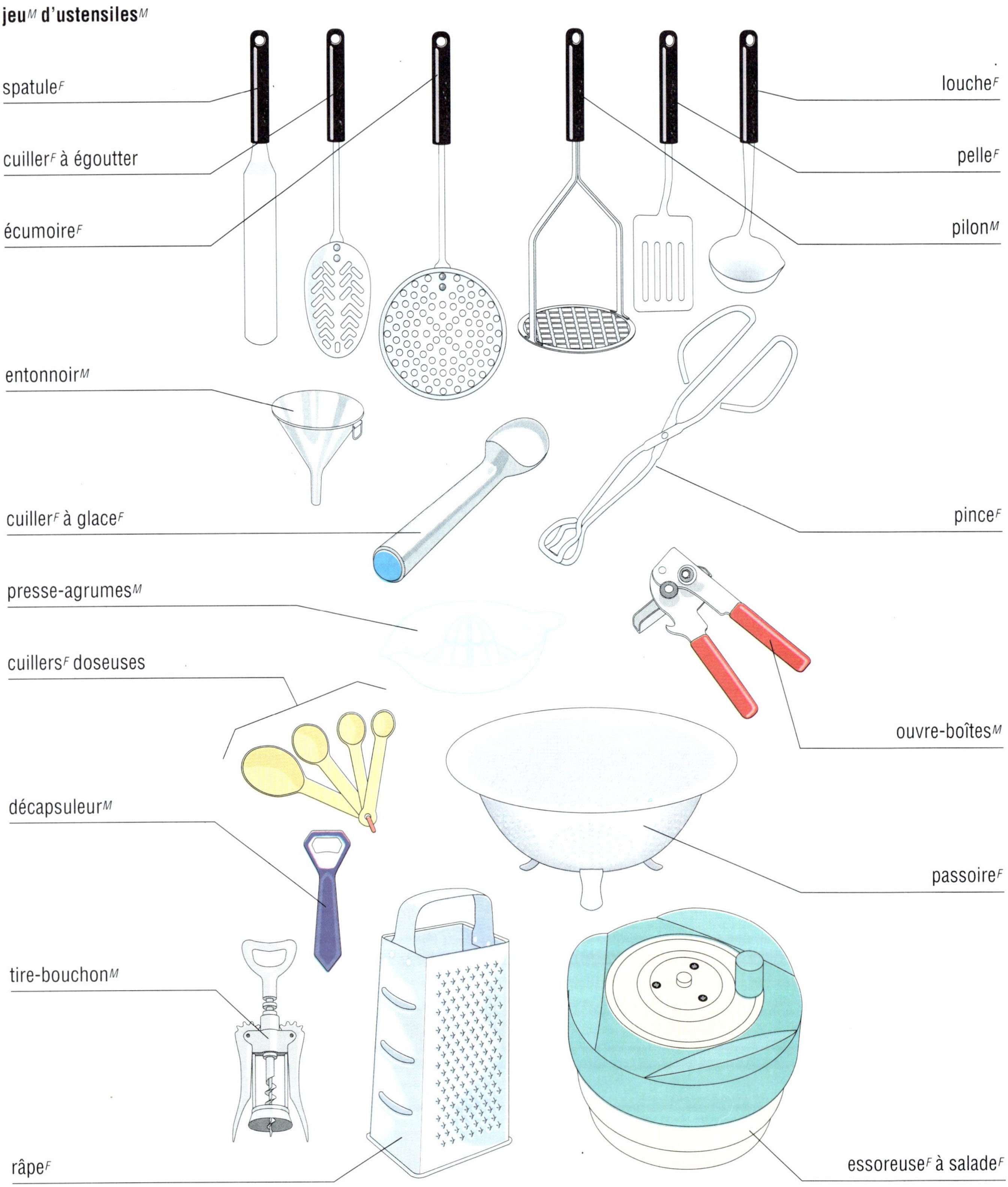

la batterie F de cuisine F

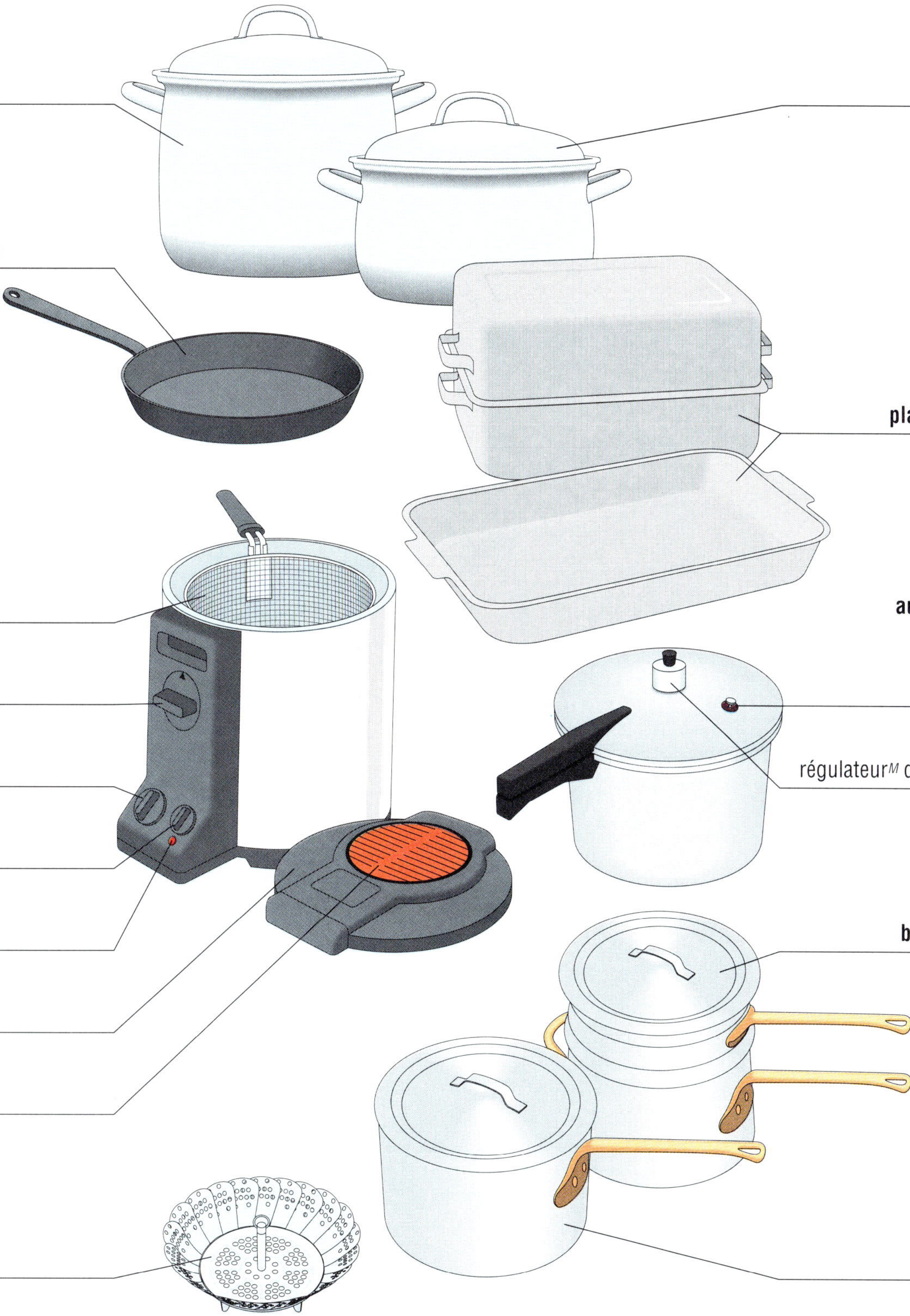

les appareils[M] électroménagers

cafetière[F] filtre[M]

batteur[M] sur socle[M]

mélangeur[M]

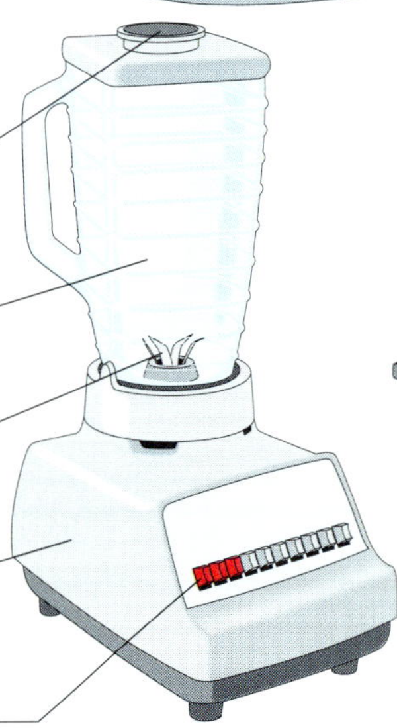

grille-pain[M]

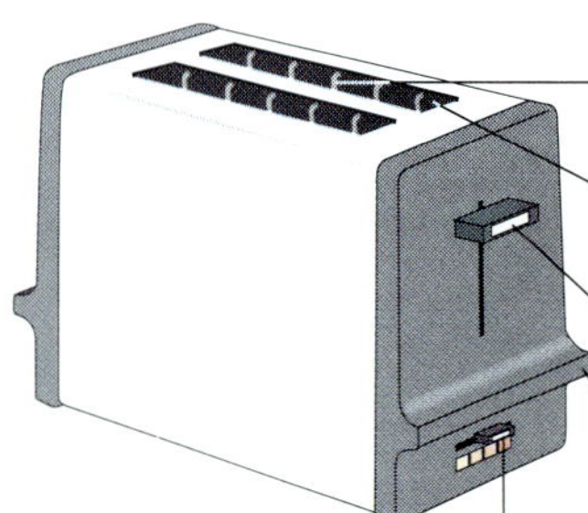

la cuisinière F électrique

le réfrigérateur^M

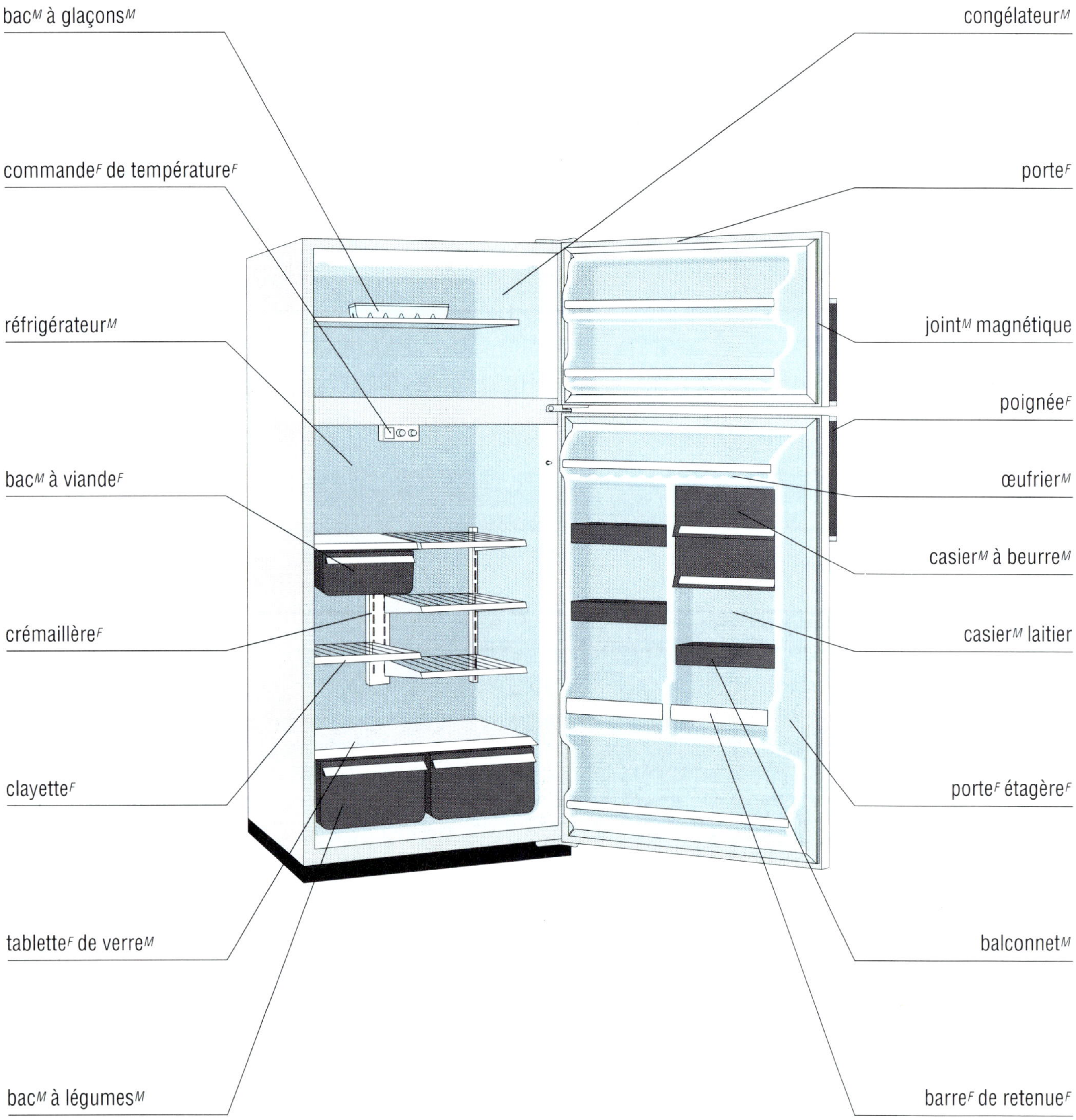

les surfaces*F*

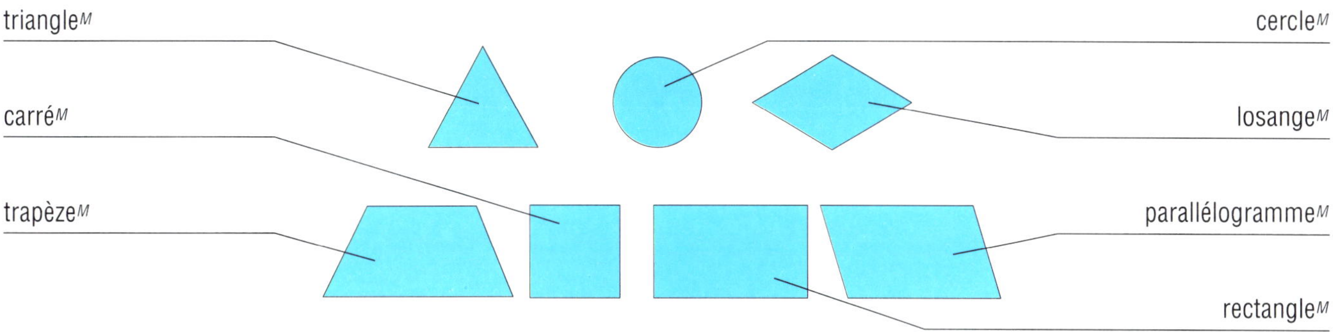

les volumes*M*

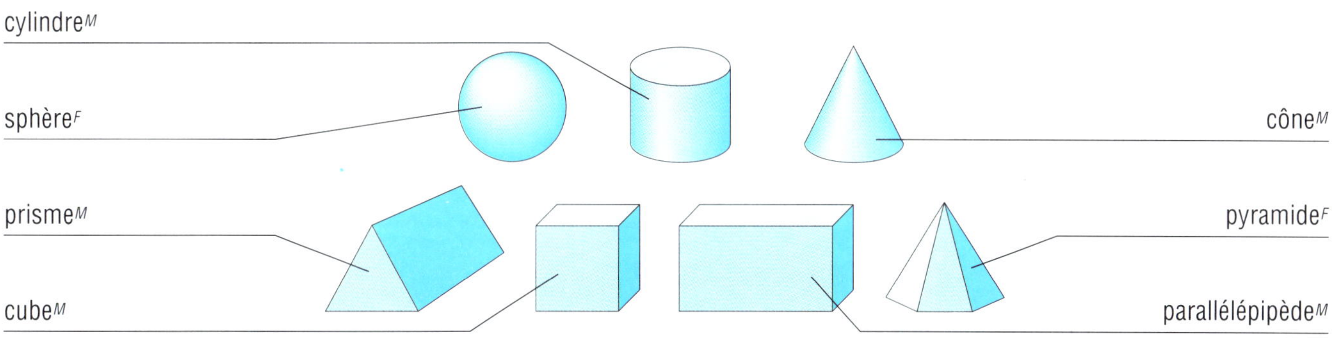

le spectre*M* solaire

les fournitures[F] scolaires

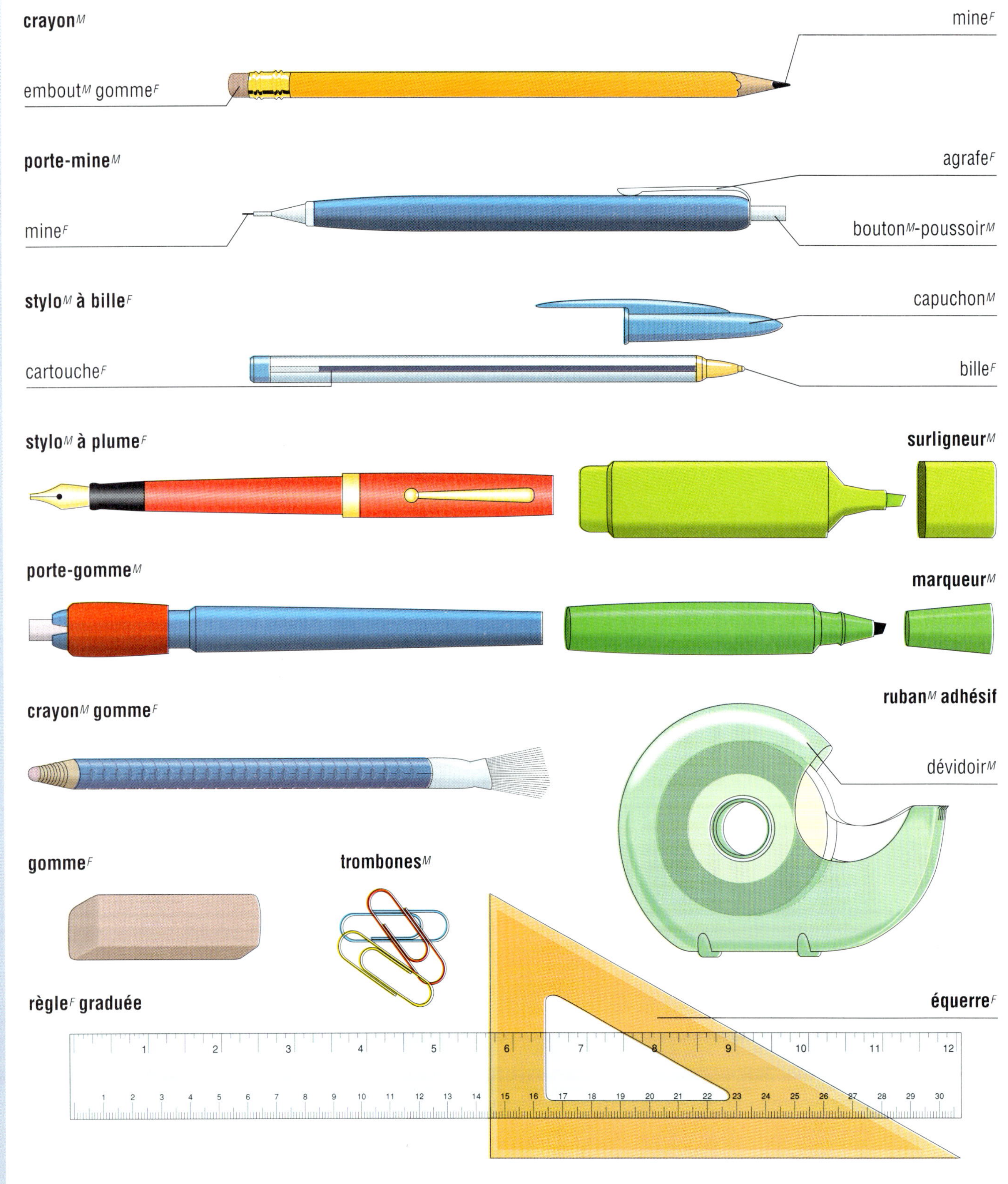

les fournitures[F] scolaires

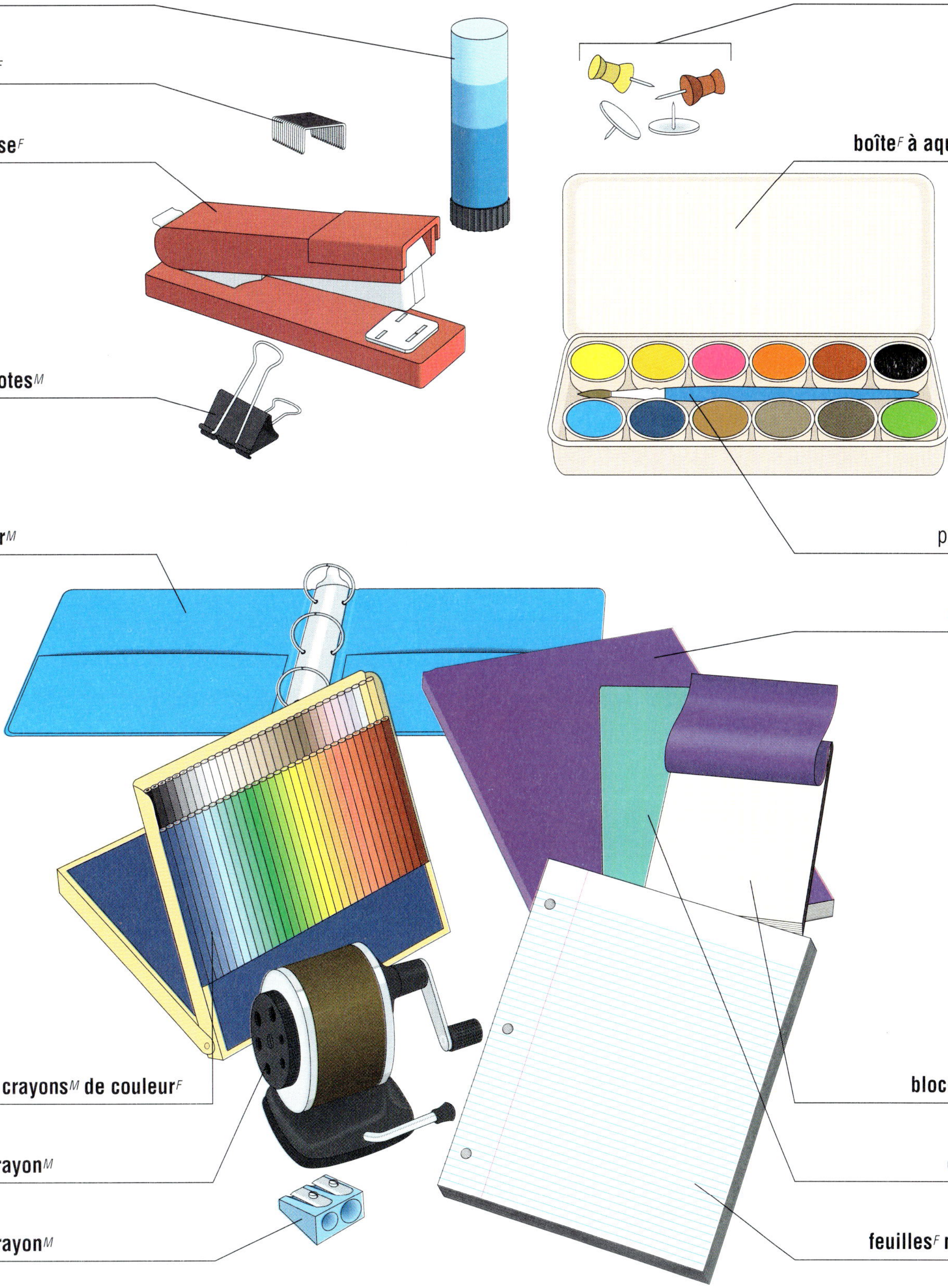

le micro-ordinateur M

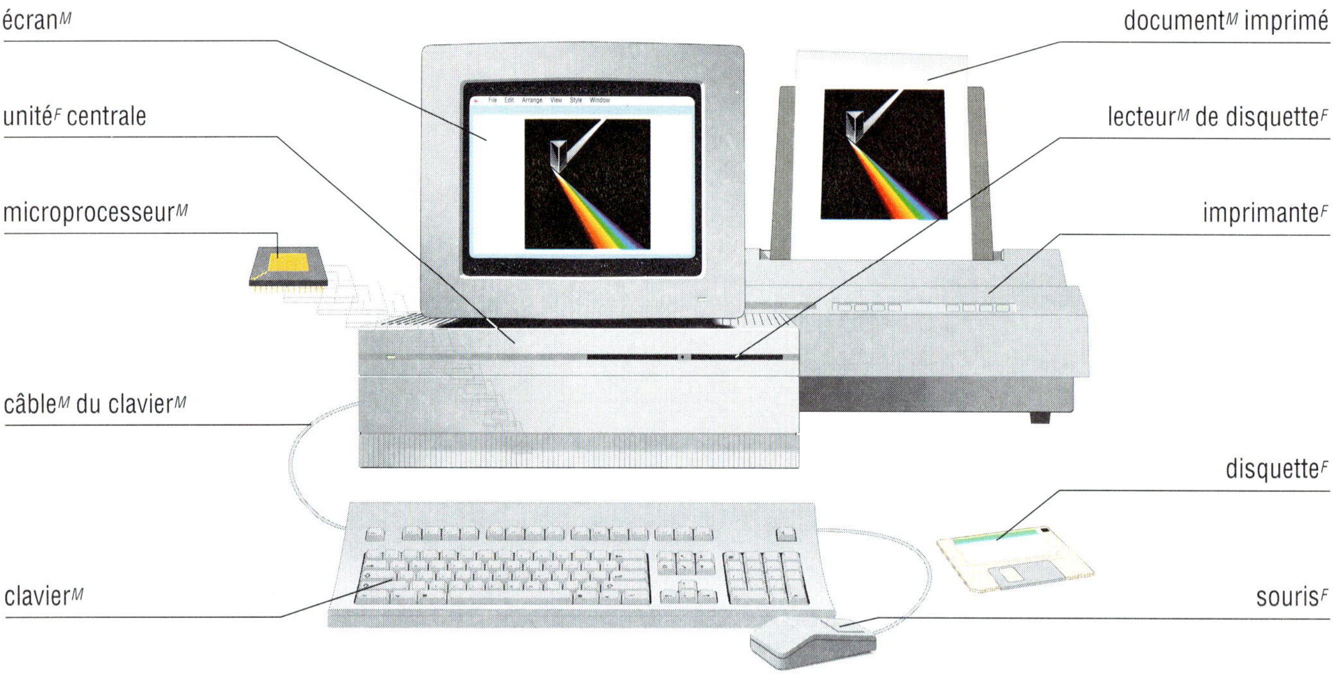

la calculette F

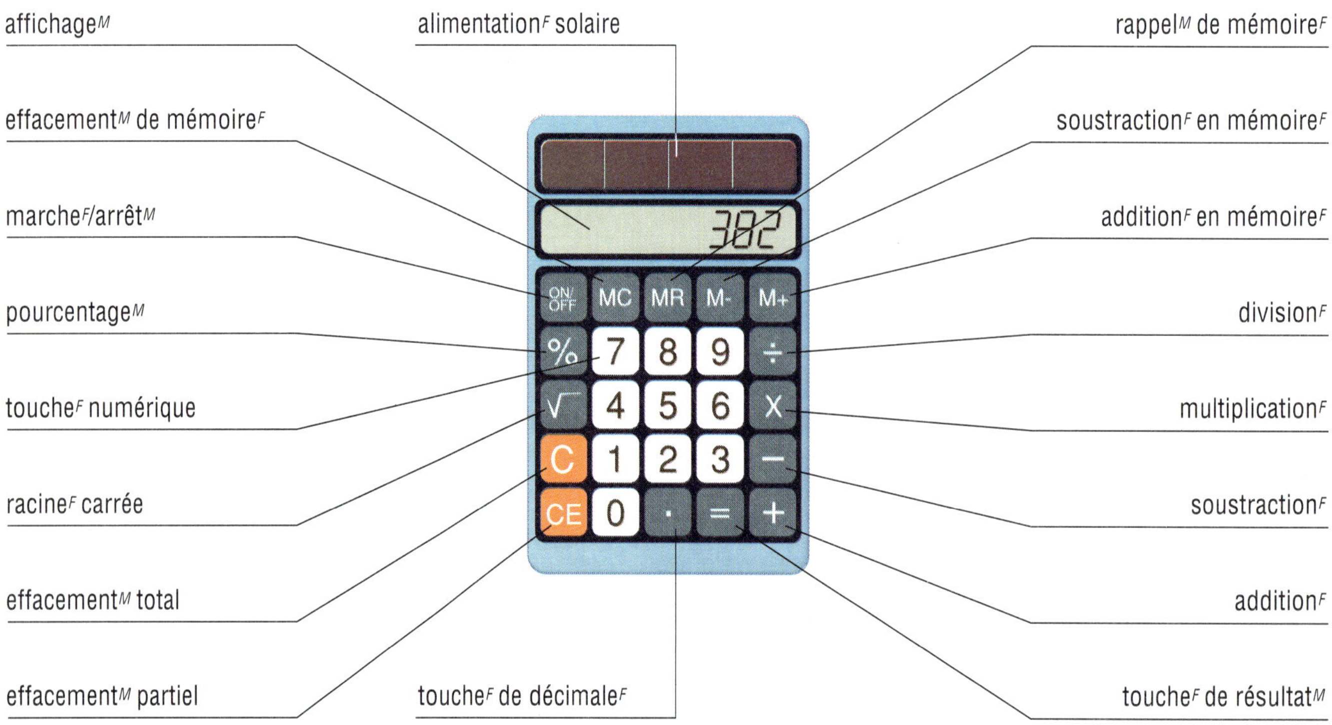

la menuiserie[F]

le marteau[M] de charpentier[M]

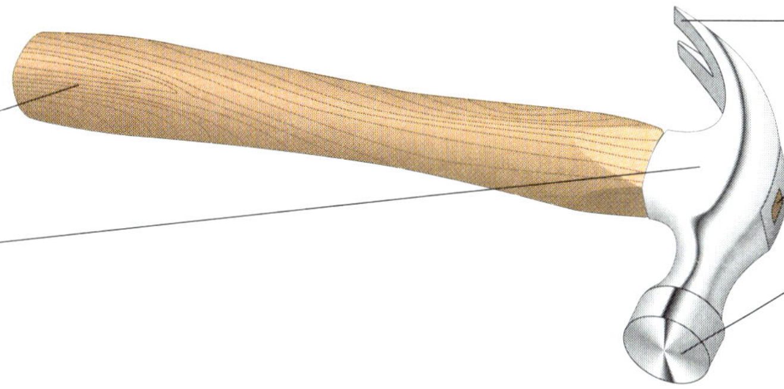

le maillet[M]

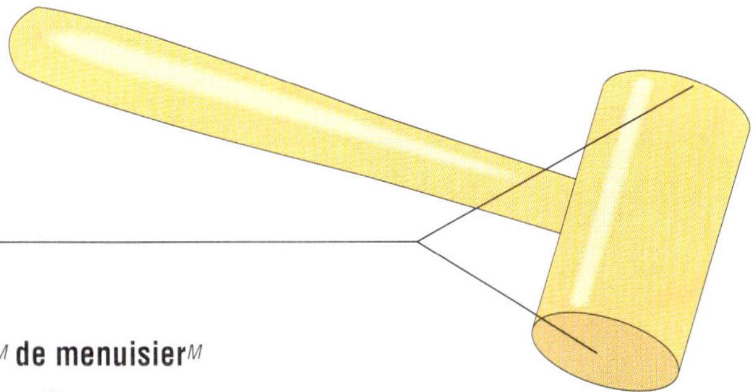

le clou[M]

le marteau[M] de menuisier[M]

la vis[F]

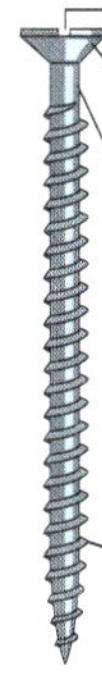

le tournevis[M]

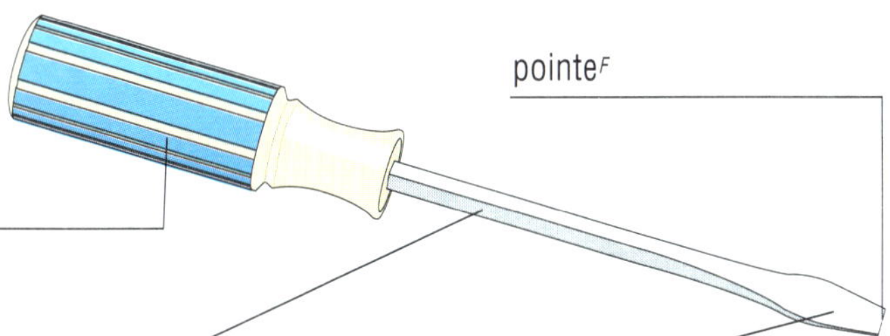

la scie[F] égoïne[F]

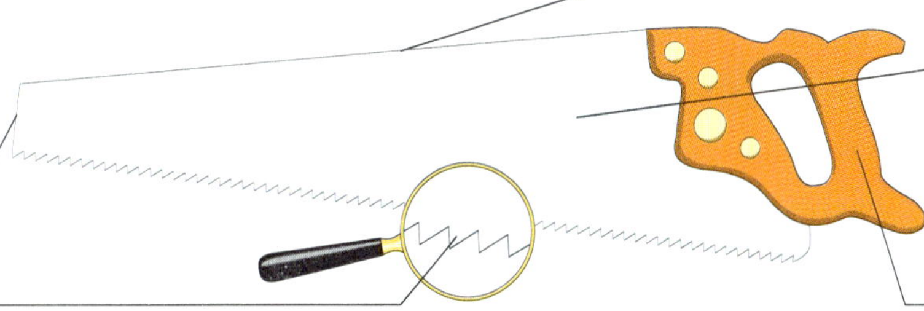

l'outillage[M]

le boulon[M]

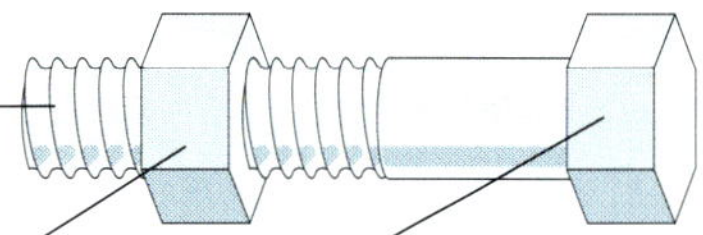

le serre-joint[M]

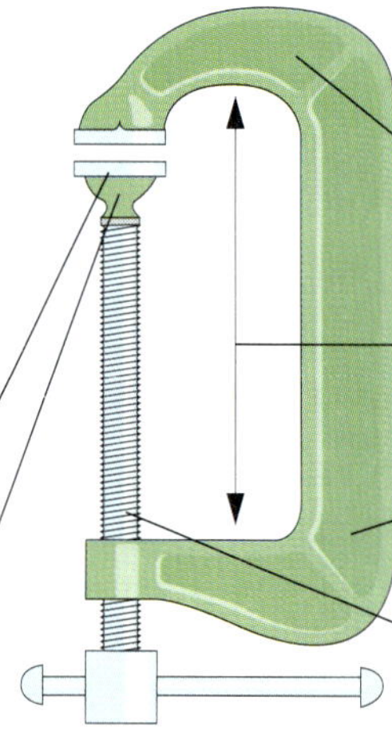

la pince[F]

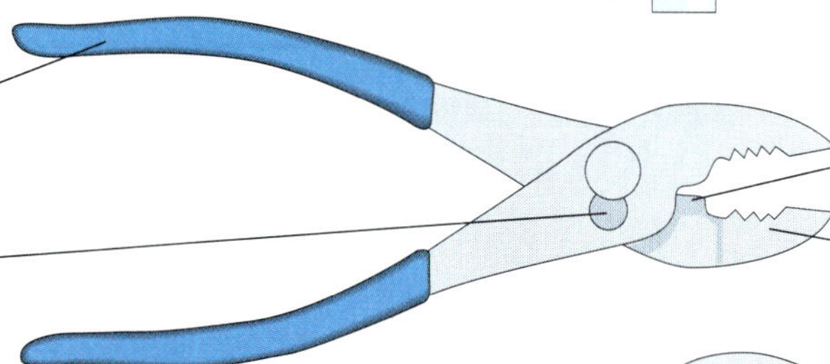

la clé[F] à molette[F]

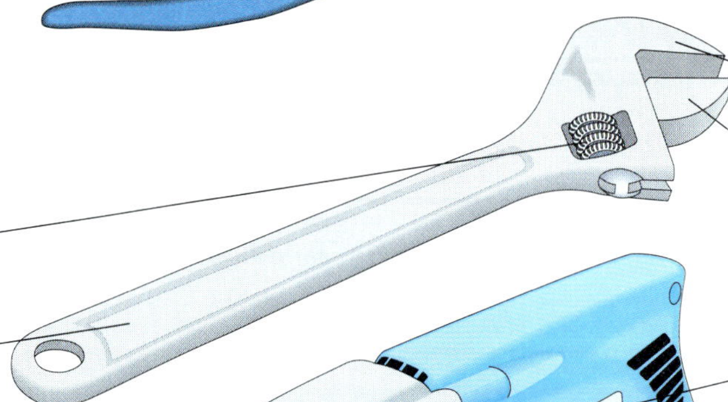

la perceuse[F] électrique

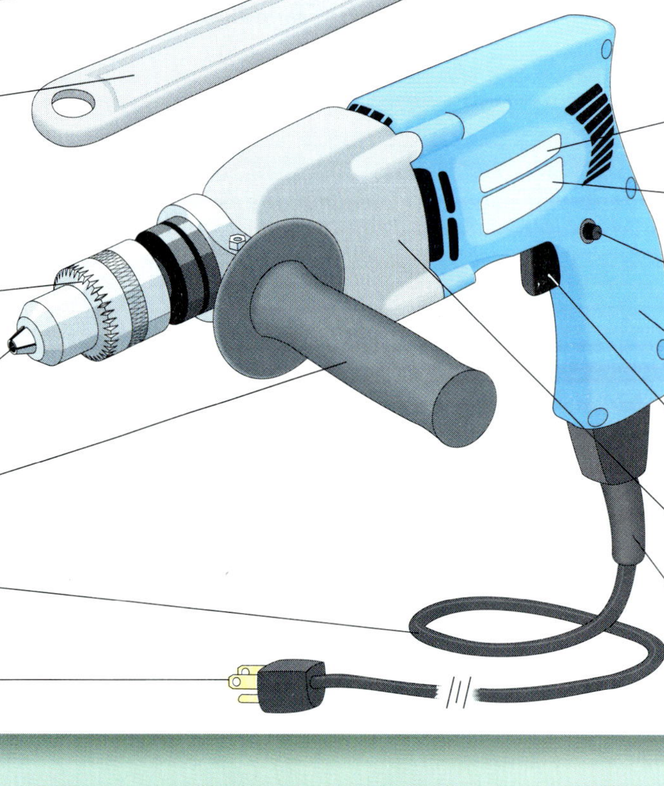

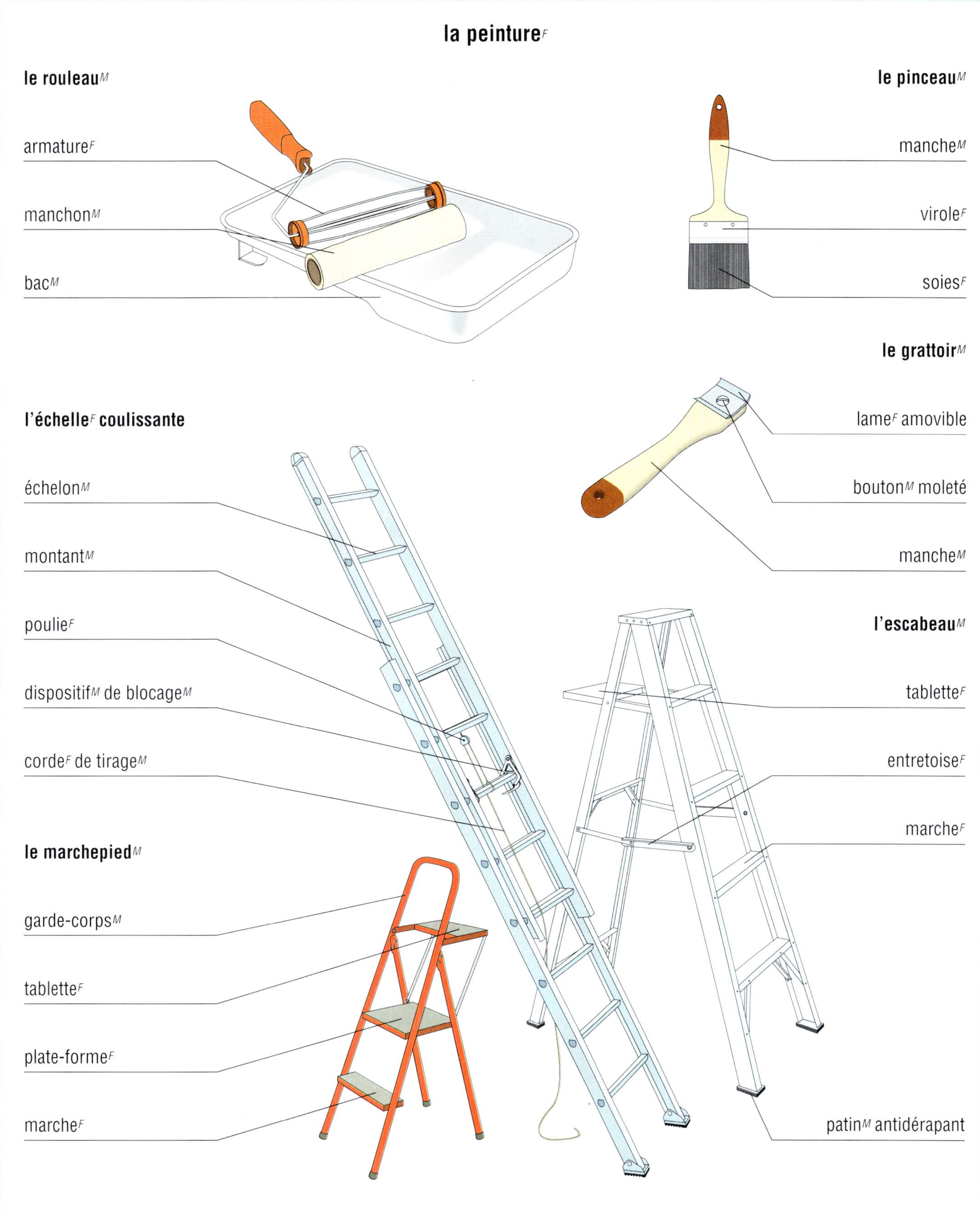
la peinture[F]
le rouleau[M]
armature[F]
manchon[M]
bac[M]
le pinceau[M]
manche[M]
virole[F]
soies[F]
le grattoir[M]
lame[F] amovible
bouton[M] moleté
manche[M]
l'échelle[F] coulissante
échelon[M]
montant[M]
poulie[F]
dispositif[M] de blocage[M]
corde[F] de tirage[M]
l'escabeau[M]
tablette[F]
entretoise[F]
marche[F]
patin[M] antidérapant
le marchepied[M]
garde-corps[M]
tablette[F]
plate-forme[F]
marche[F]

la chaussure*F* de sport*M*

les vêtements[M] d'homme[M]

le trench[M]

la casquette[F]

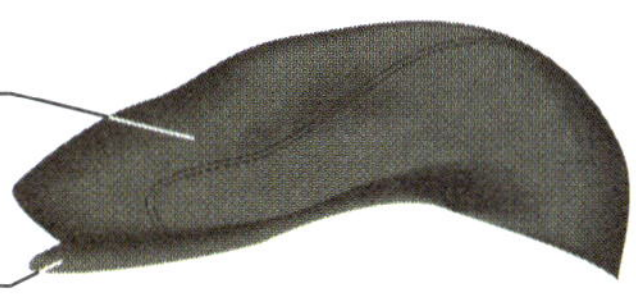

le chapeau[M] de feutre[M]

les gants[M]

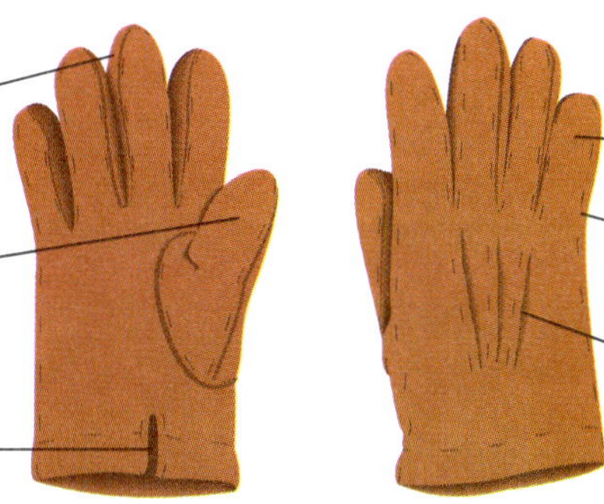

les vêtements[M] d'homme[M]

la veste[F] droite

le pantalon[M]

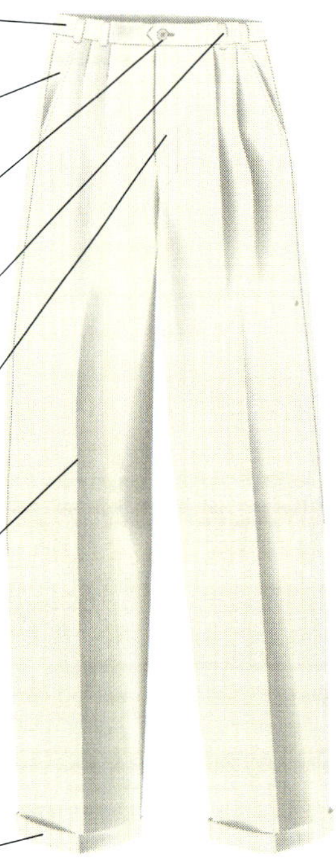

le blouson[M]

les tricots[M]

gilet[M] de laine[F]

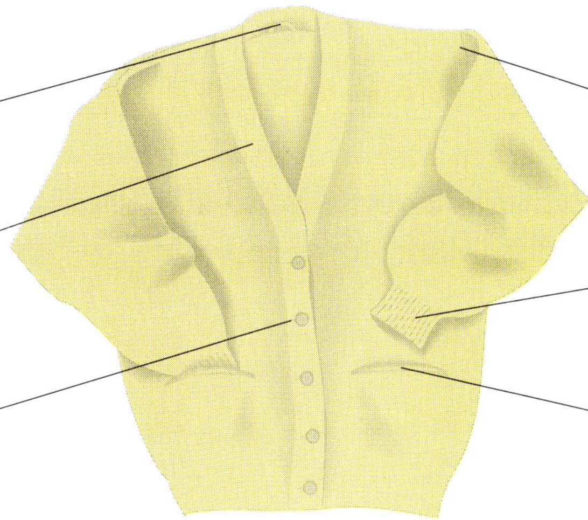

ras-de-cou[M]

col[M] roulé

polo[M]

débardeur[M]

cardigan[M]

les vêtements[M] de femme[F]

les manteaux[M]

veste[F]

paletot[M]

pardessus[M]

les chemisiers[M]

chemisier[M] classique

cache-cœur[M]

corsage[M]-culotte[F]

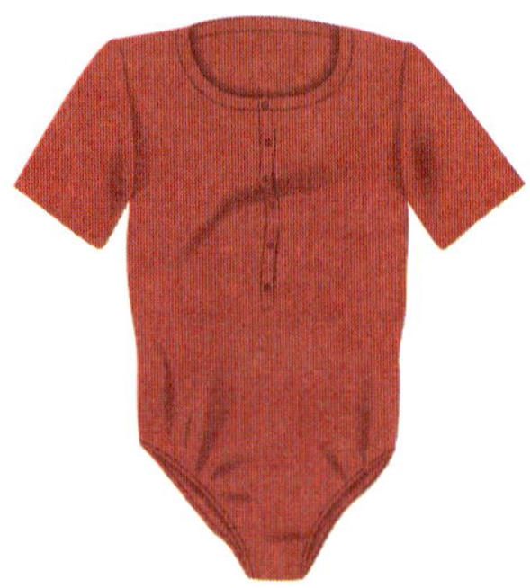

les jupes[F]

jupe[F] plissée

jupe[F] droite

jupe-culotte[F]

les vêtements[M] d'enfant[M]

la grenouillère[F]

la salopette[F]

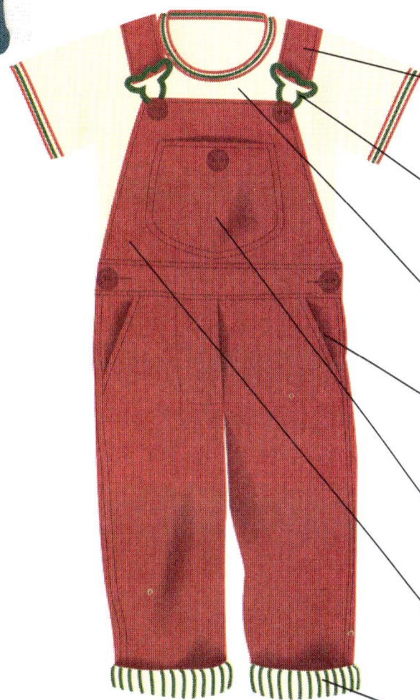

la chemisette[F]

le jean[M]

le bermuda[M]

les objets^{M} personnels

parapluie^{M}

lunettes^{F} de soleil^{M}

sac^{M} à main^{F}

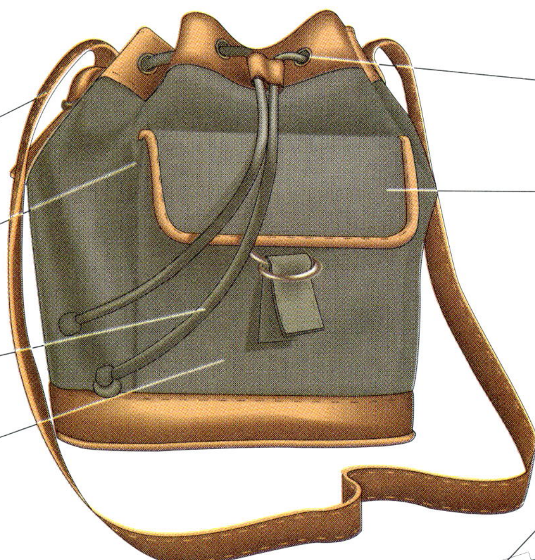

porte-monnaie^{M}

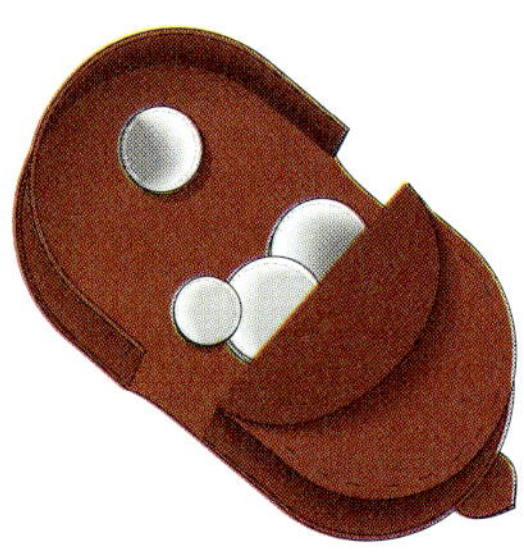

portefeuille^{M}

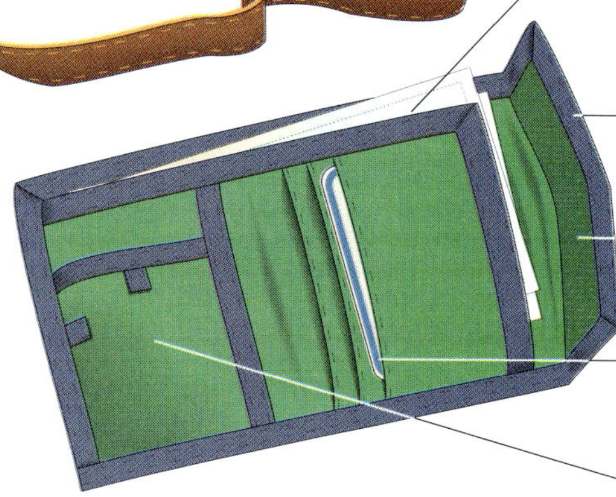

le poste[M] téléphonique

téléphone[M]-répondeur[M]

téléphone[M] public

téléphone[M] cellulaire portatif

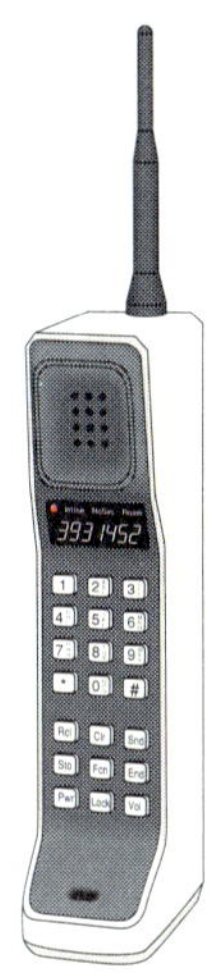

poste[M] à clavier[M]

poste[M] sans cordon[M]

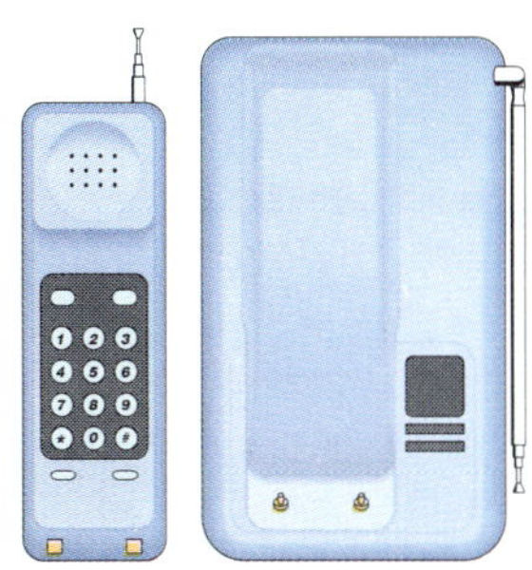

le baladeur*M*

la radiocassette*F*

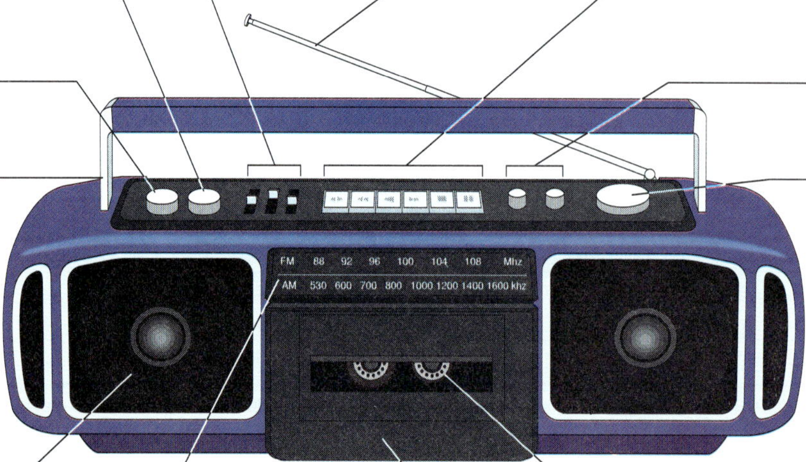

l'appareil^M photographique

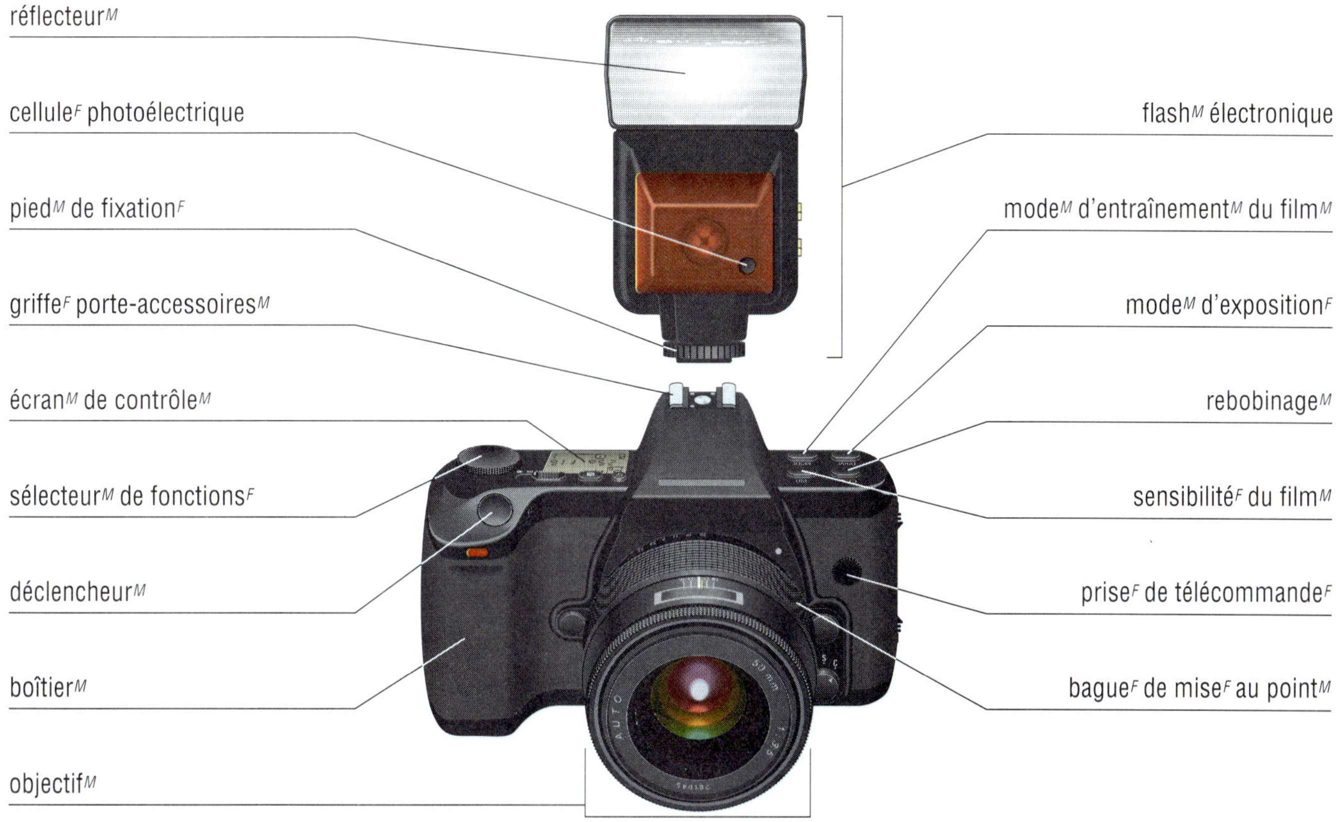

le projecteur^M de diapositives^F

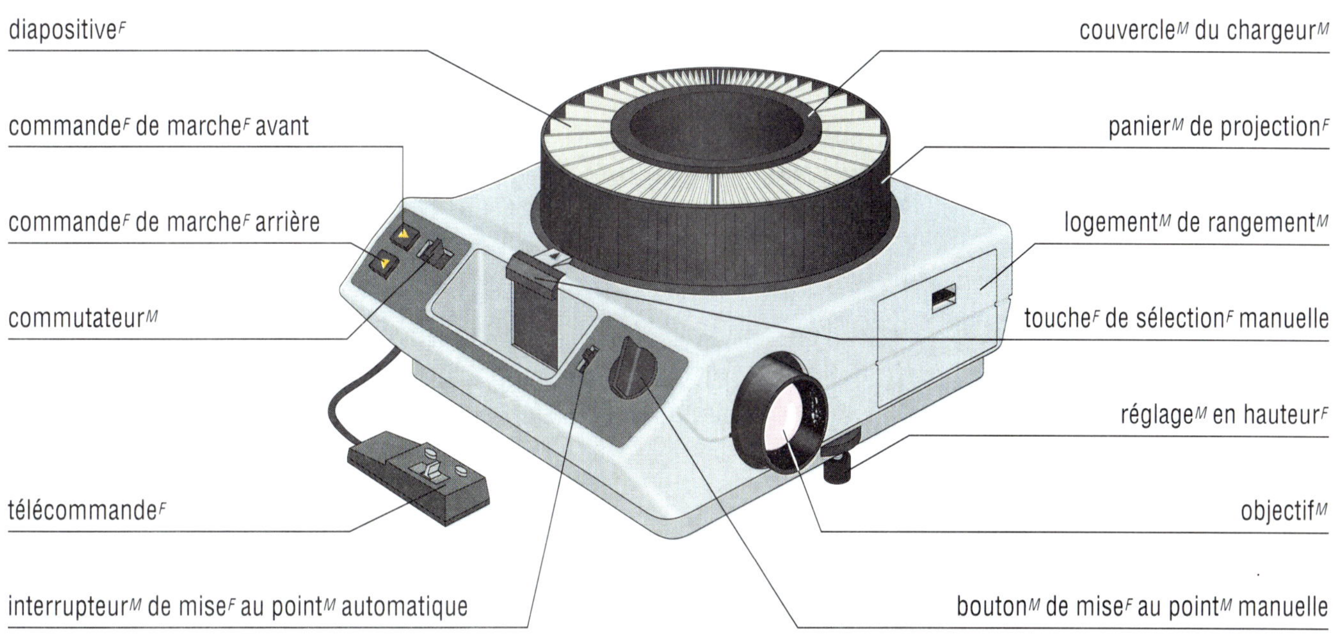

le téléviseur[M]

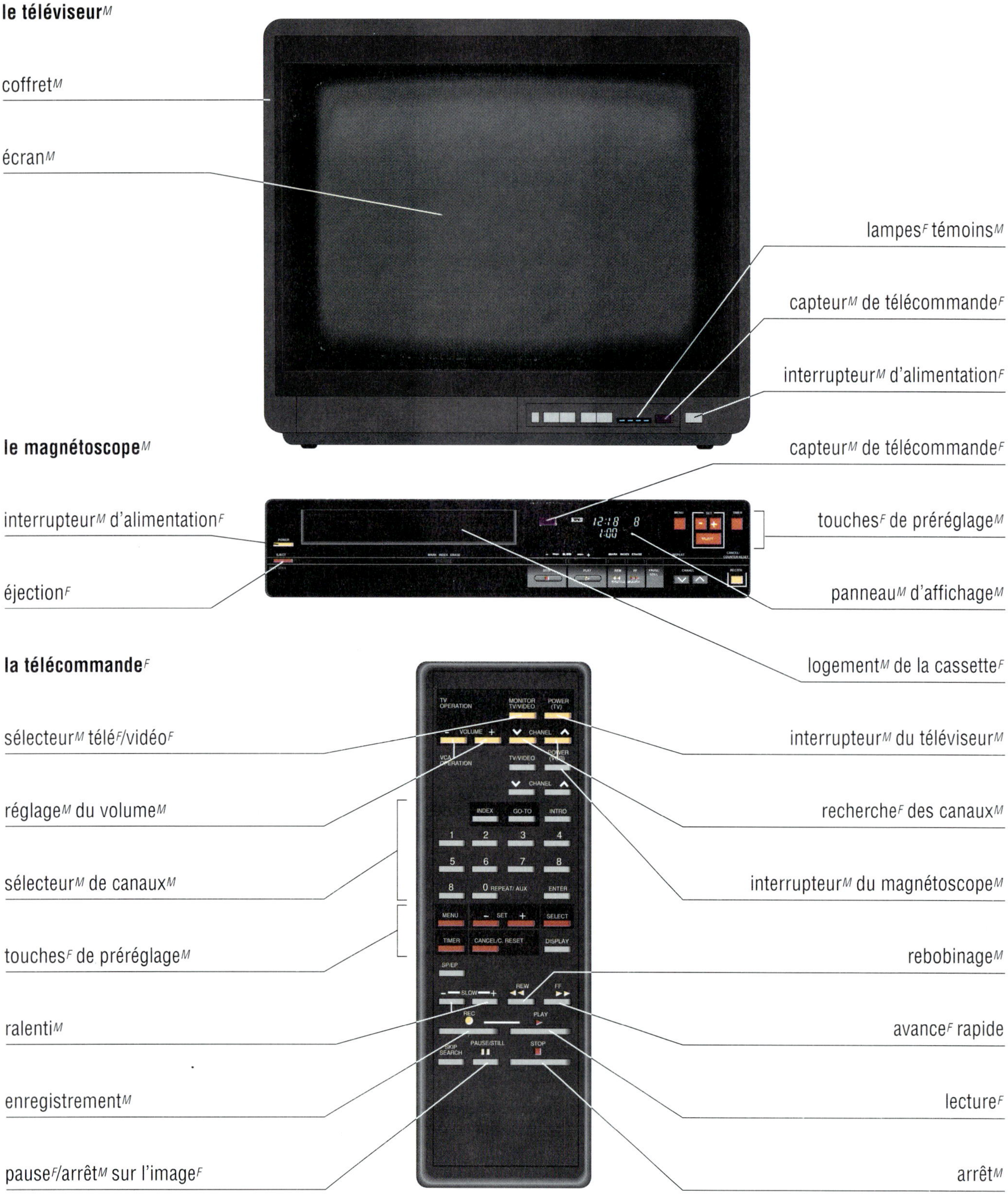

la caméra[F] vidéo

la chaîne[F] stéréo

enceinte[F] acoustique

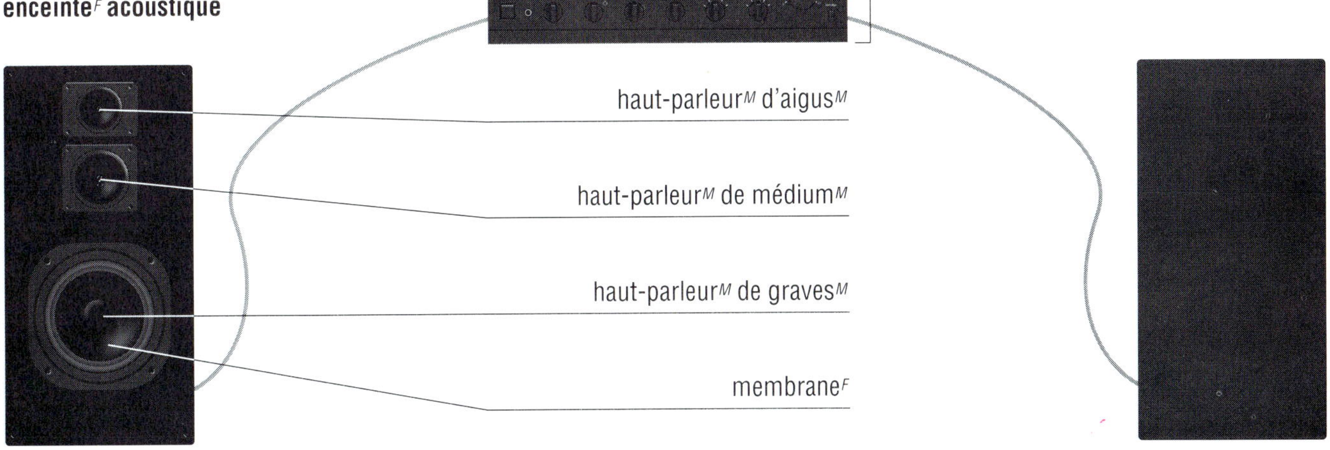

l'automobile^F

la carrosserie^F

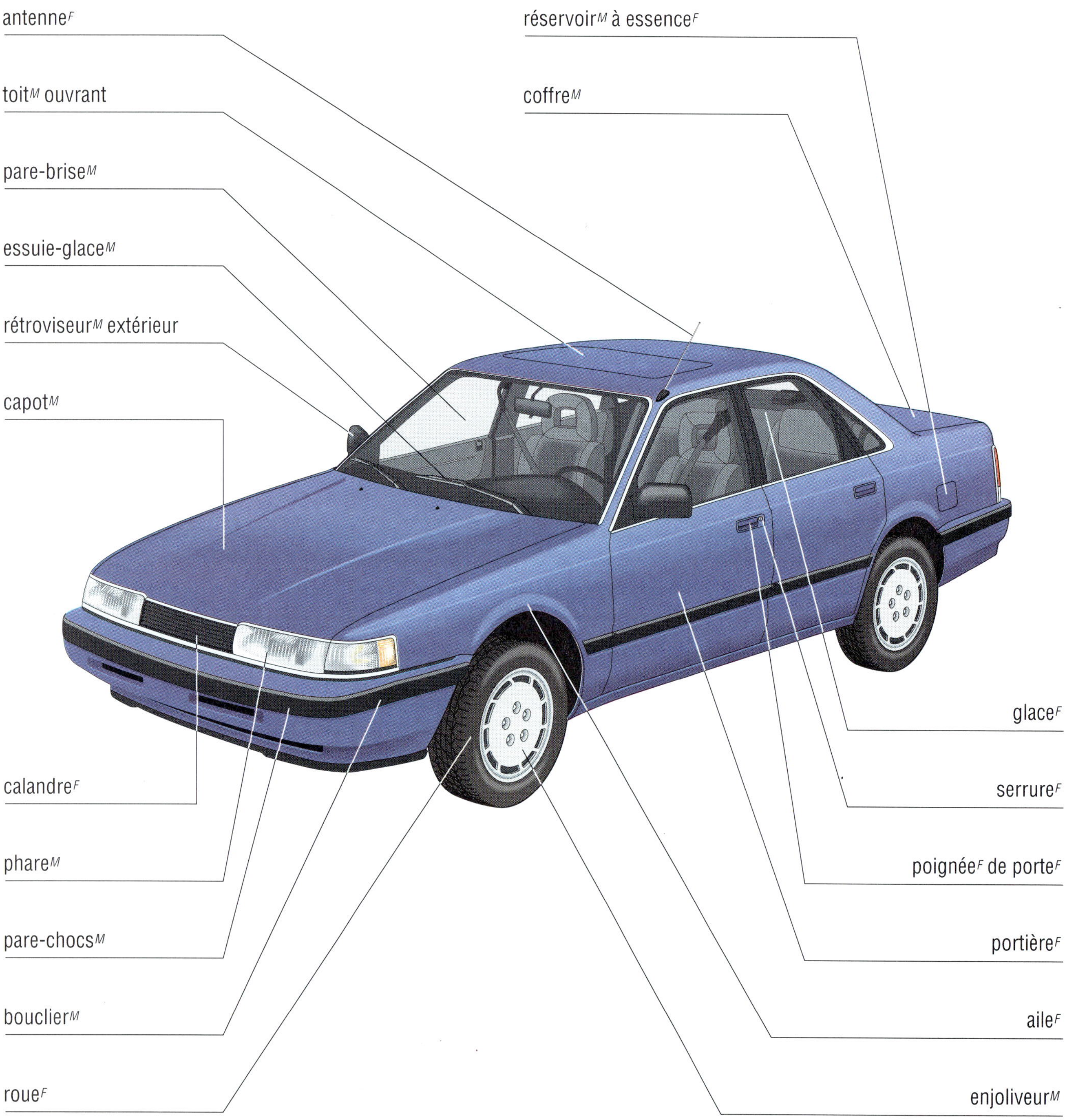

l'automobile[F]

le tableau[M] de bord[M]

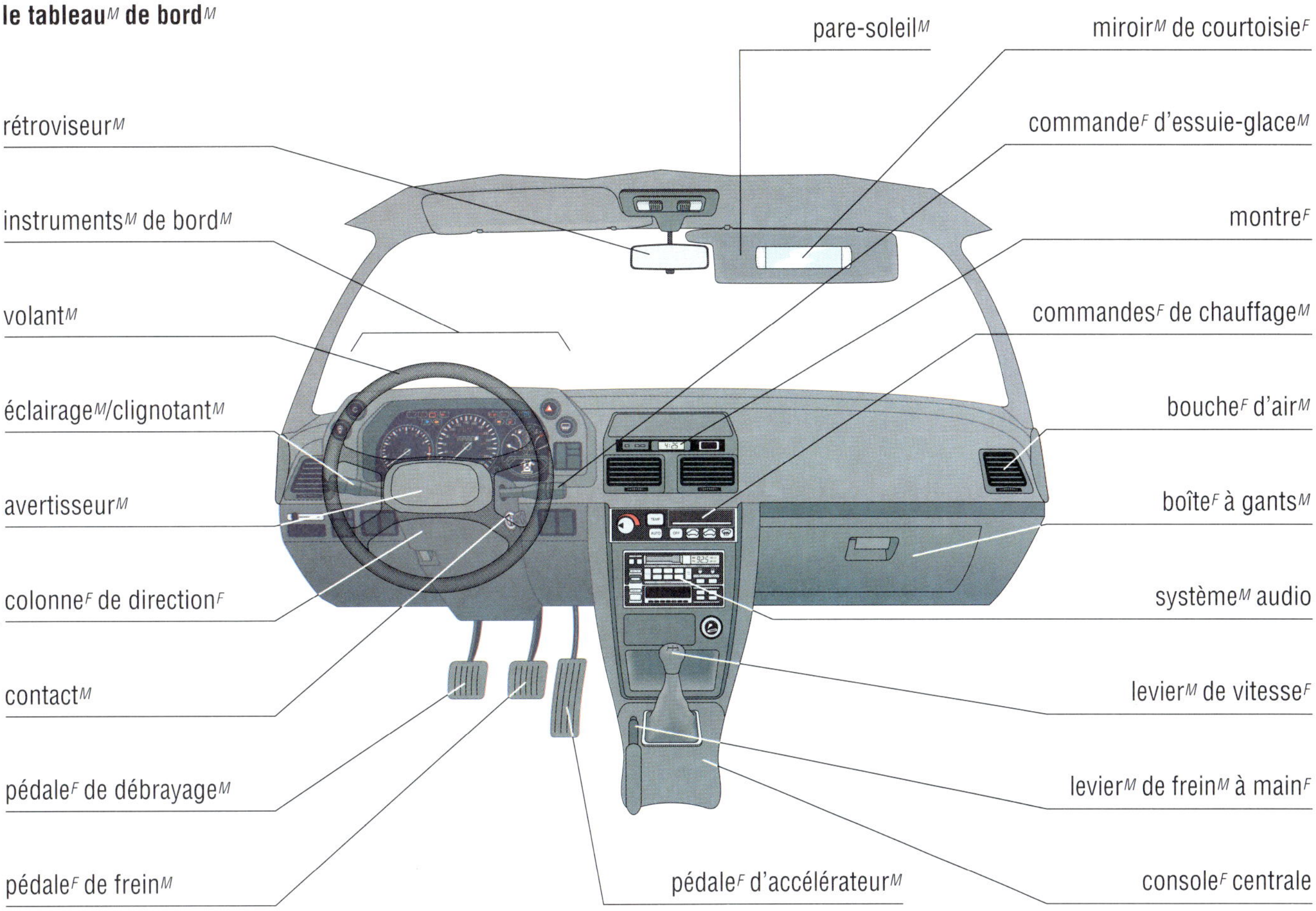

les instruments[M] de bord[M]

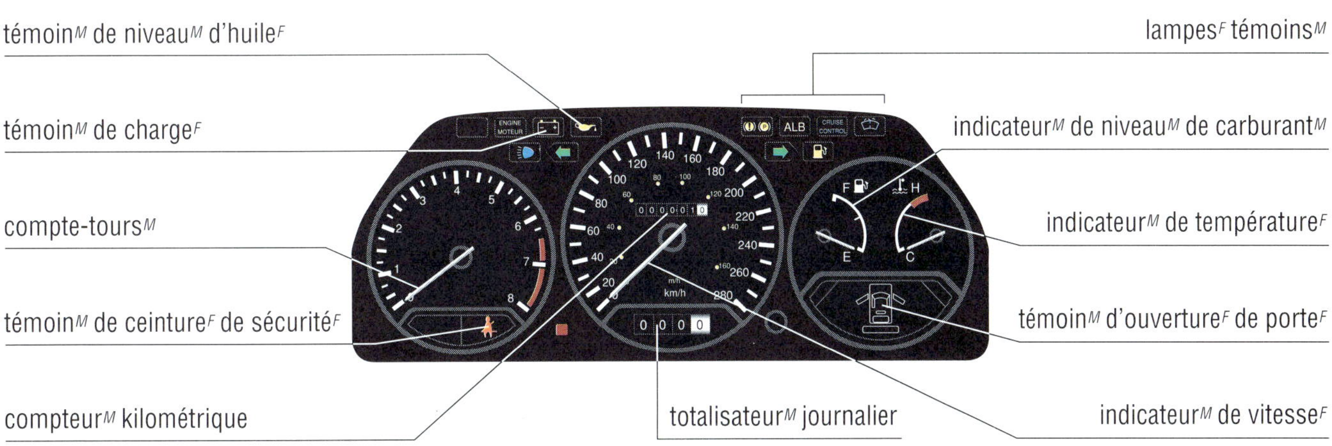

les feux*M*

les feux*M* avant / **les feux*M* arrière**

types*M* de carrosseries*F*

berline*F*

trois-portes*F*

coach*M*

voiture*F* sport

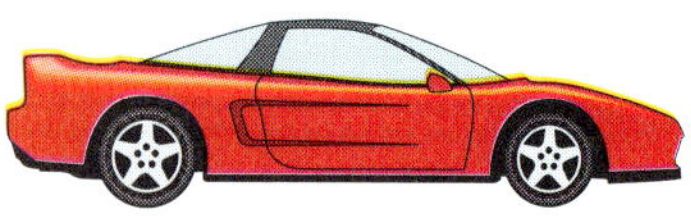

cabriolet*M*

familiale*F*

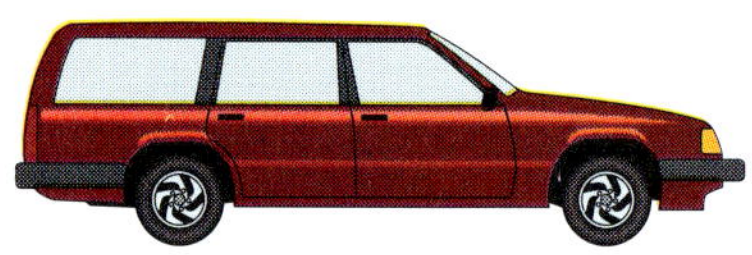

camionnette*F*

véhicule*M* tout-terrain*M*

fourgonnette*F*

limousine*F*

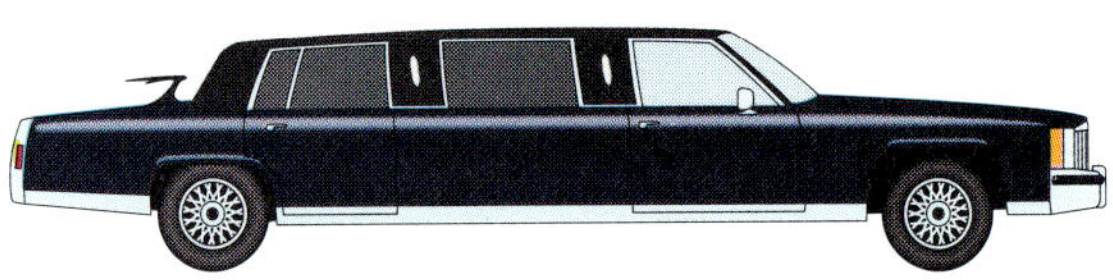

la caravane[F]

caravane[F] tractée

auto-caravane[F]

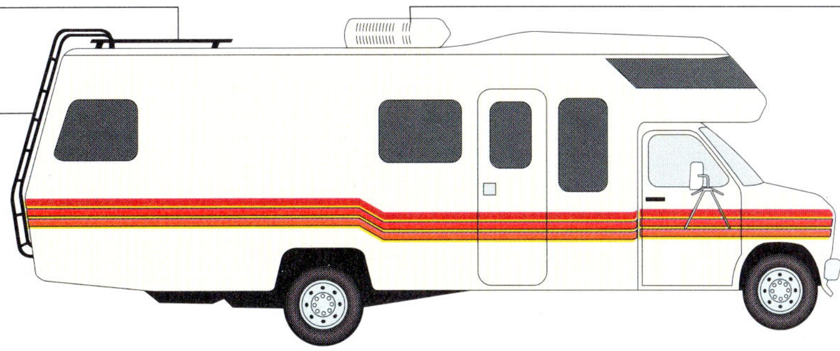

le tracteurM

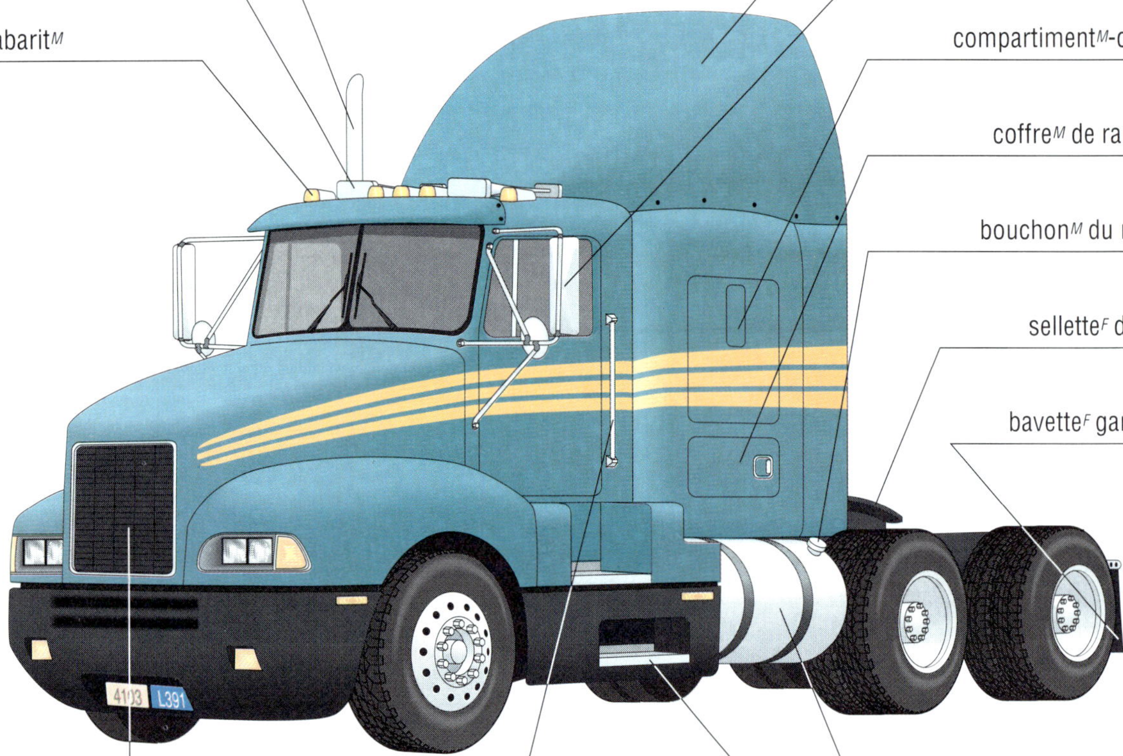

le trainM routier

la moto[F]

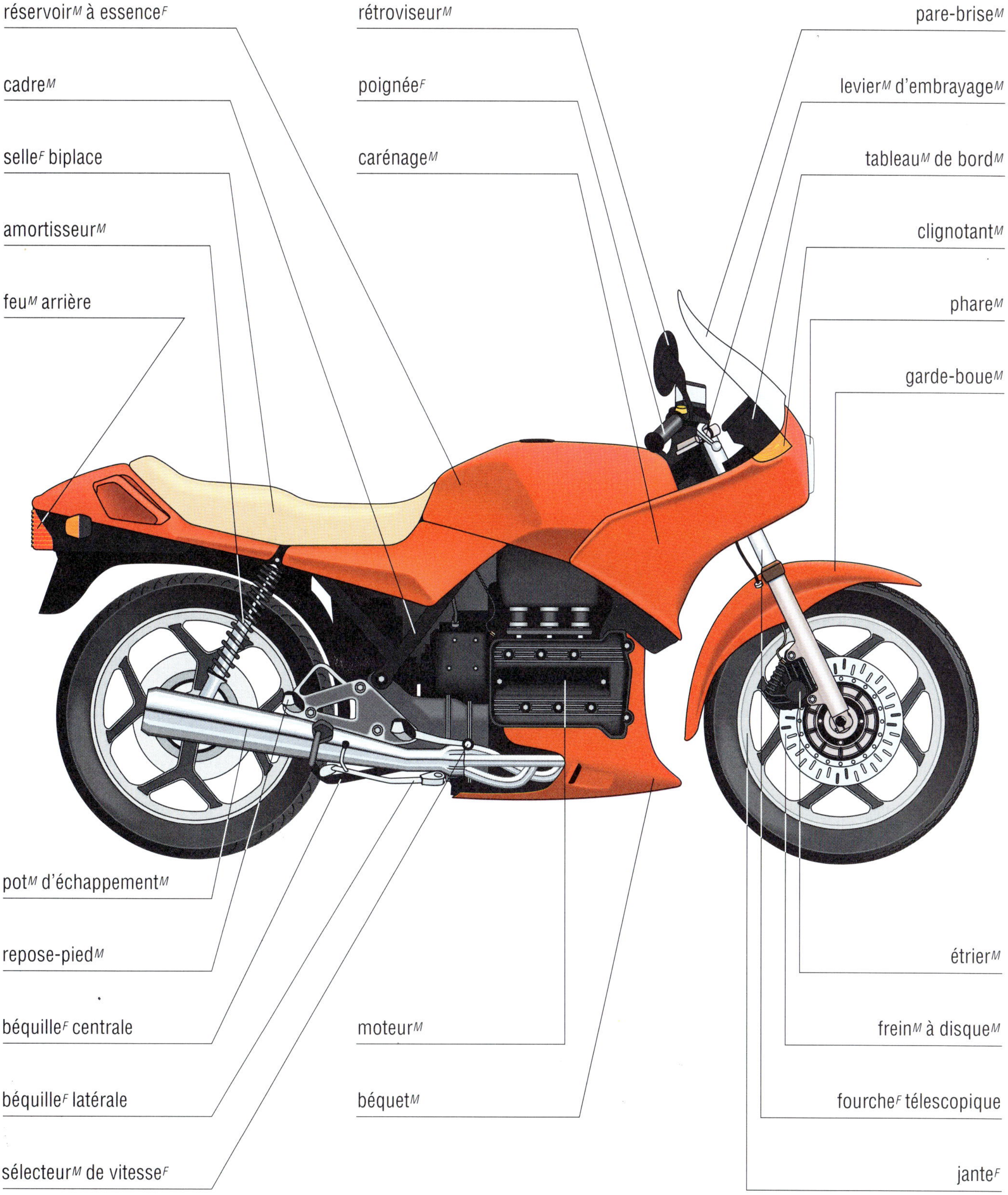
réservoir[M] à essence[F]
cadre[M]
selle[F] biplace
amortisseur[M]
feu[M] arrière
rétroviseur[M]
poignée[F]
carénage[M]
pare-brise[M]
levier[M] d'embrayage[M]
tableau[M] de bord[M]
clignotant[M]
phare[M]
garde-boue[M]
pot[M] d'échappement[M]
repose-pied[M]
béquille[F] centrale
béquille[F] latérale
sélecteur[M] de vitesse[F]
moteur[M]
béquet[M]
étrier[M]
frein[M] à disque[M]
fourche[F] télescopique
jante[F]

la station-service[F]

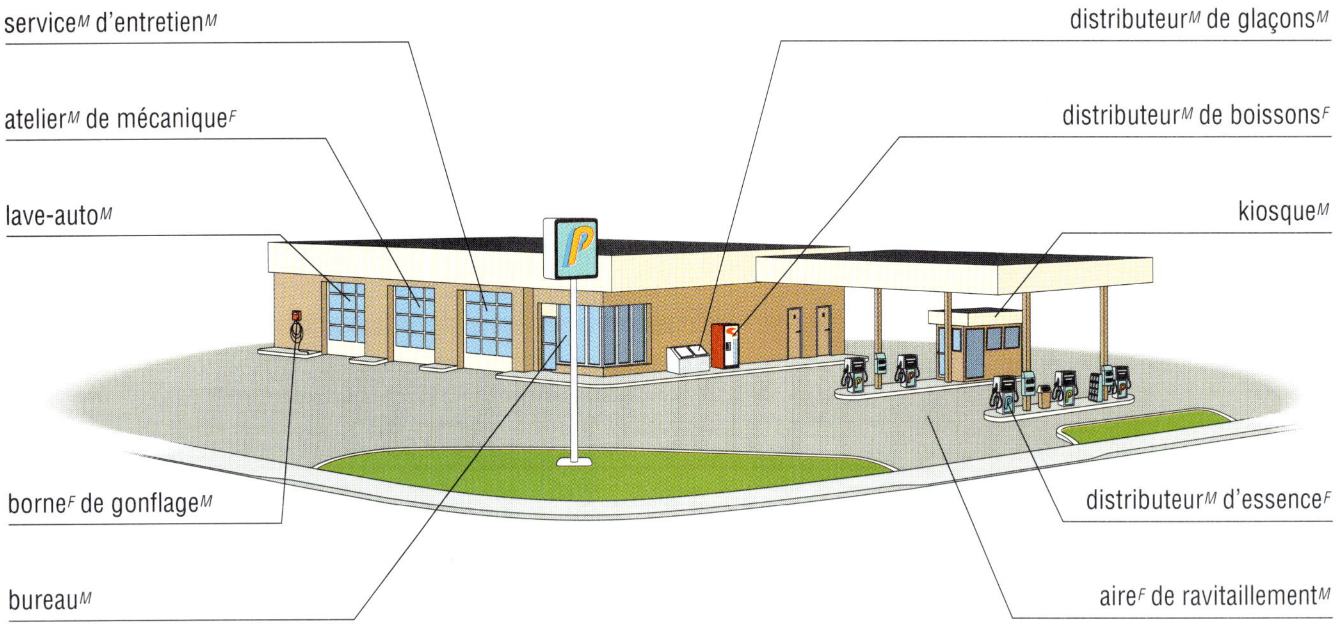

le distributeur[M] d'essence[F]

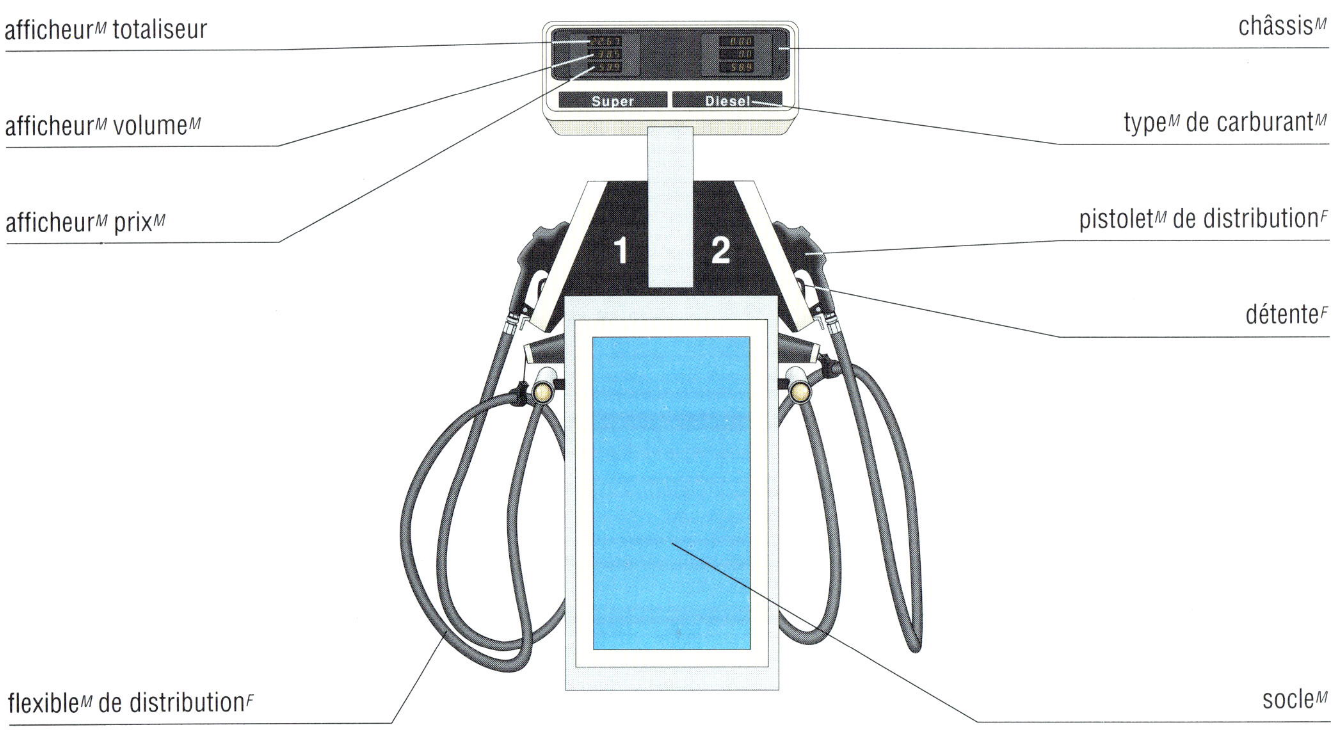

les ponts[M]

le pont[M] à poutre[F] simple

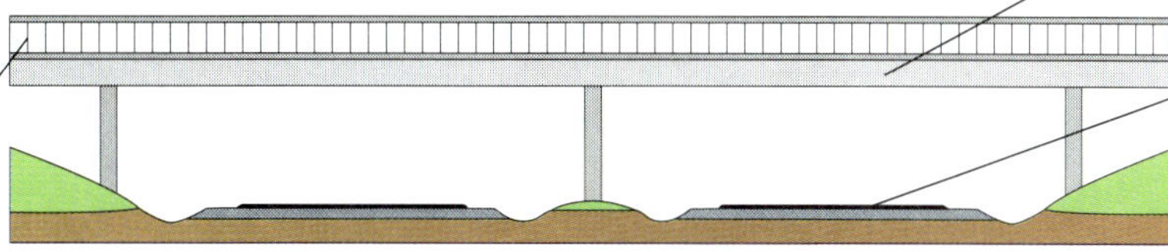

le pont[M] en arc[M]

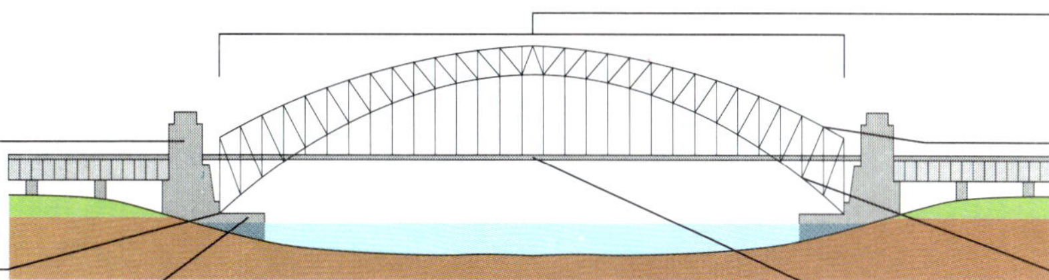

le pont[M] cantilever

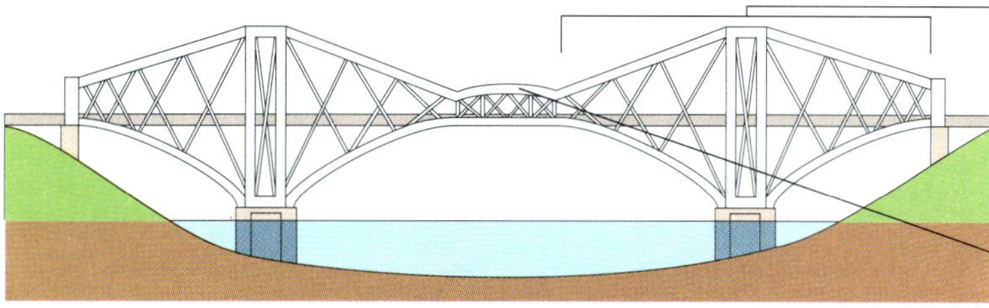

le pont[M] suspendu

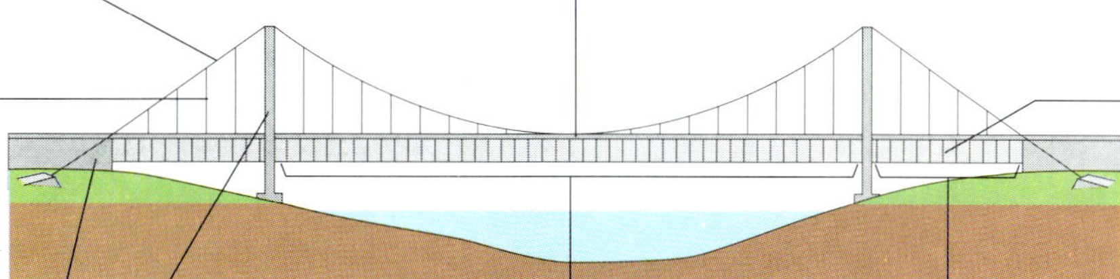

la bicyclette F

la bicyclette F

mécanisme M de propulsion F

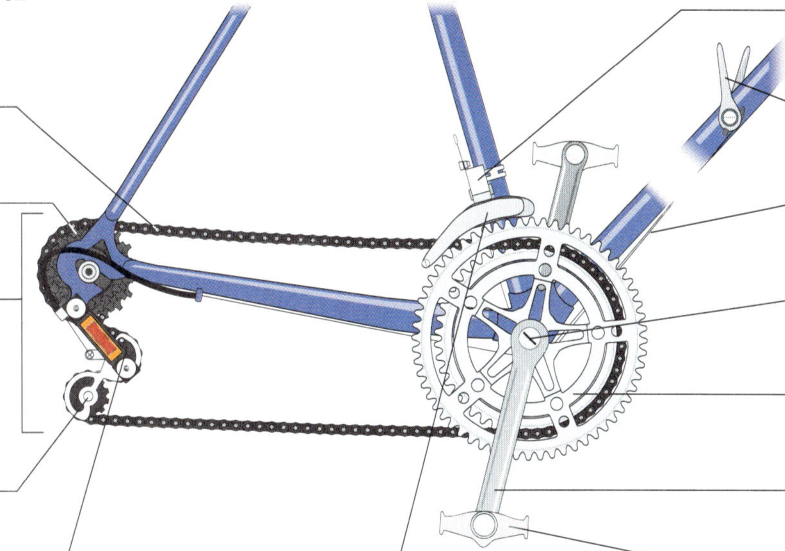

casque M

cadenas M

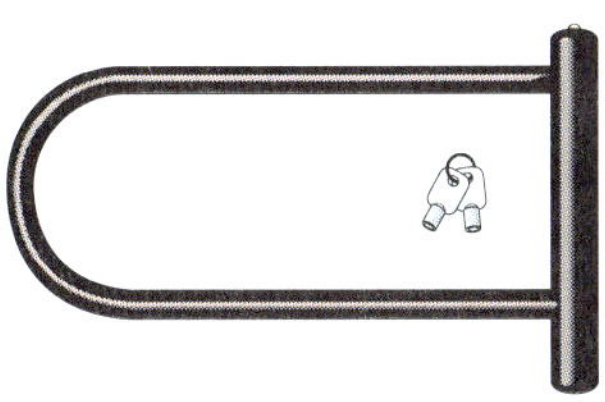

sacoche F

LE TRANSPORT FERROVIAIRE

le train[M] à grande vitesse[F] (T.G.V.)

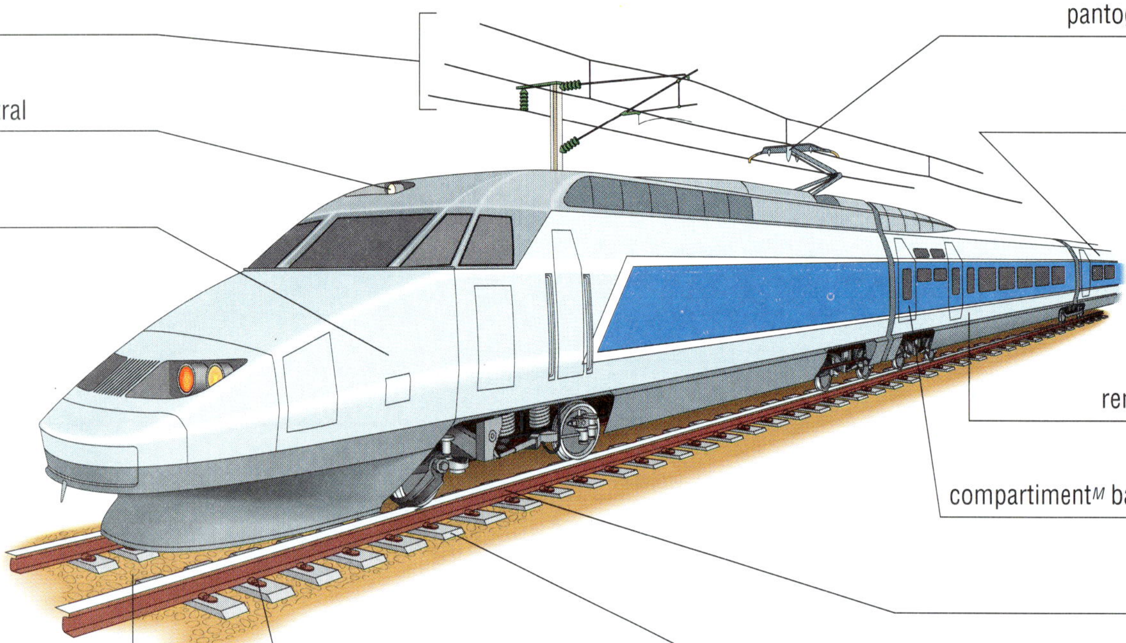

la locomotive[F] diesel-électrique

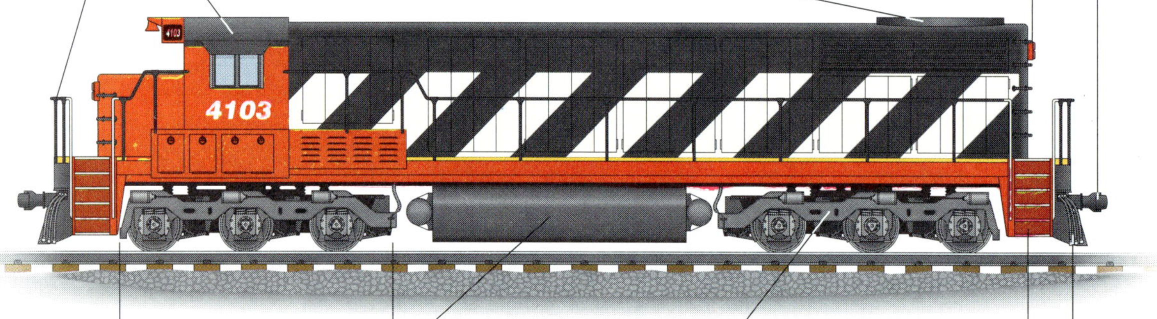

types*M* de wagons*M*

wagon-trémie*M*

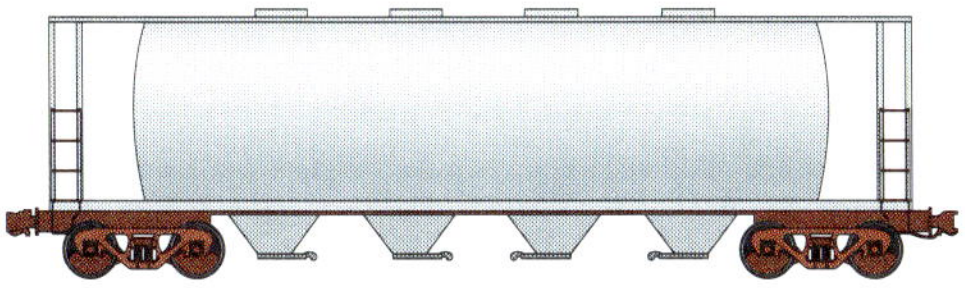

wagon*M* plat à parois*F*

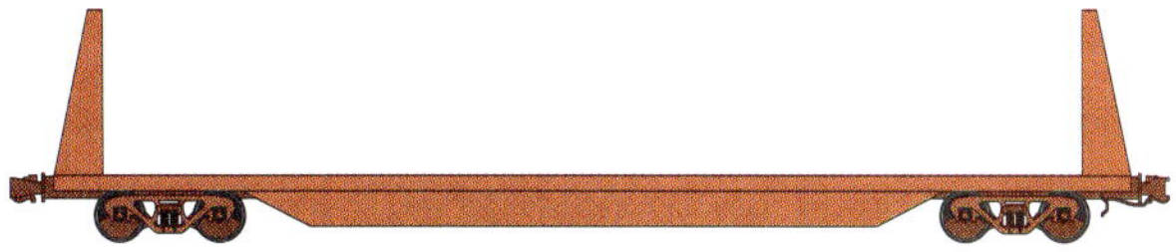

wagon*M* plat surbaissé

wagon*M* plat

wagon*M* rail*M*-route*F*

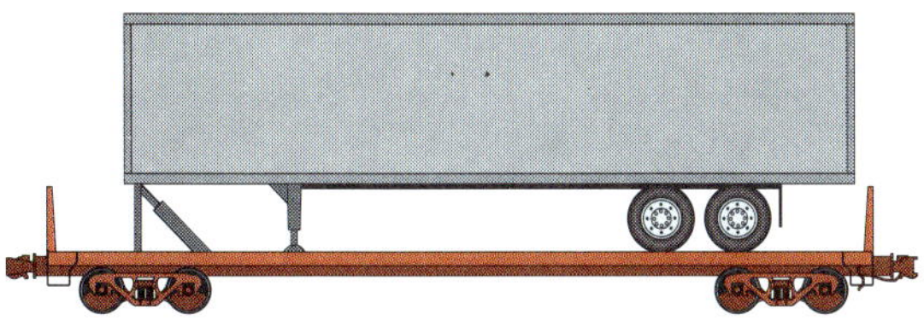

wagon*M* réfrigérant

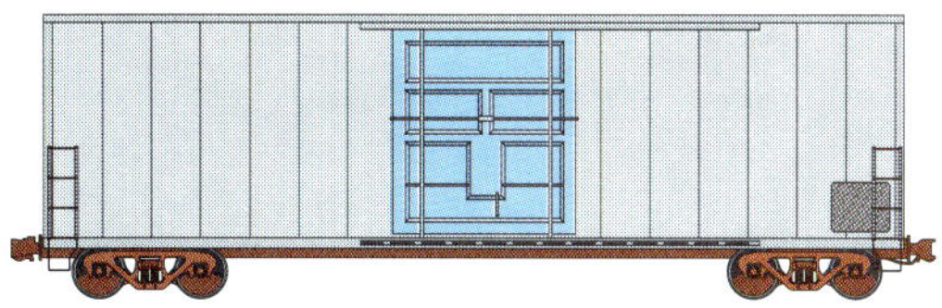

wagon-citerne*M*

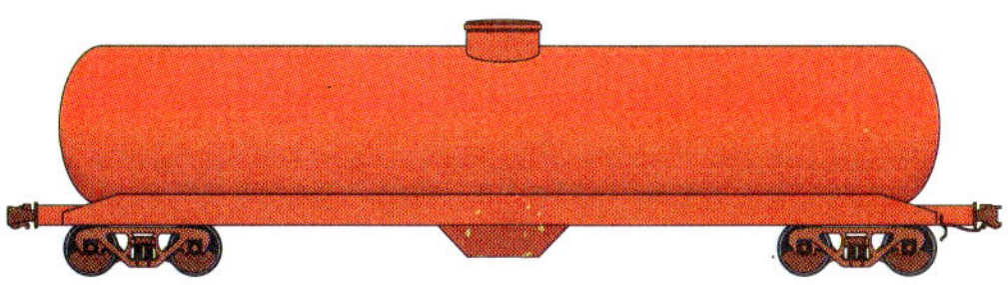

wagon*M* porte-automobiles*M*

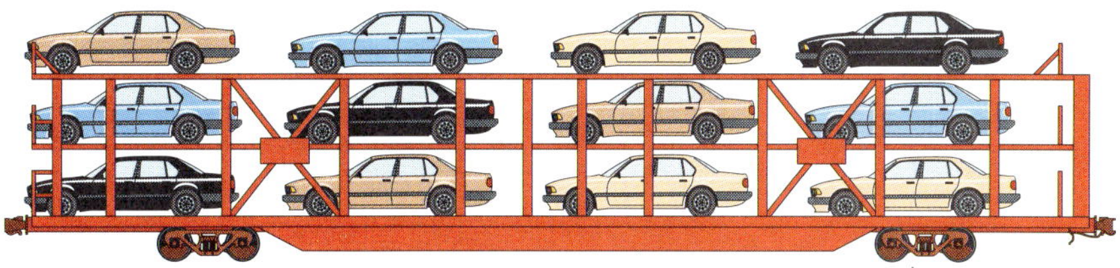

wagon*M* porte-conteneurs*M*

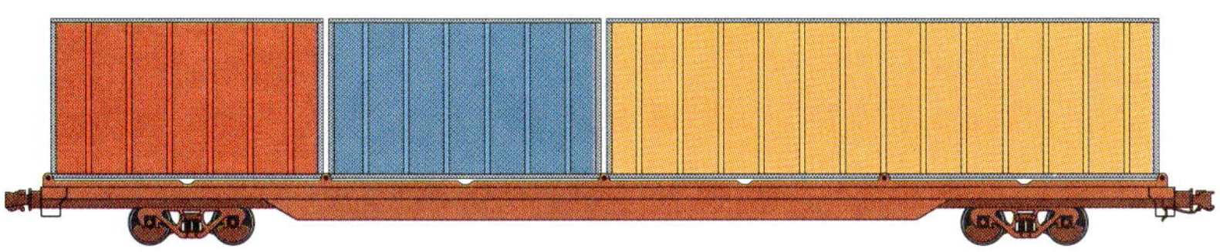

wagon*M* à bestiaux*M*

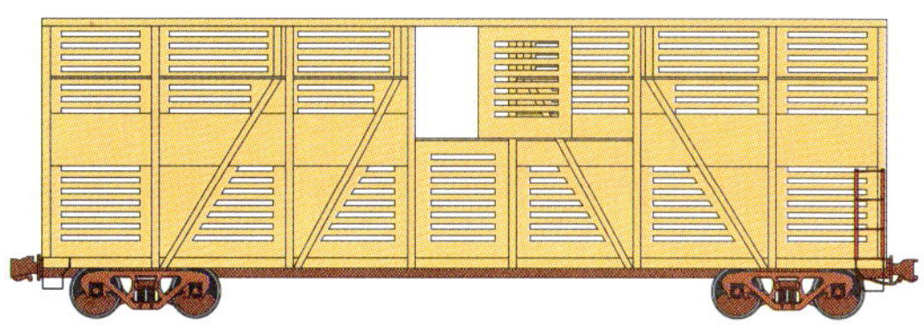

wagon*M* couvert

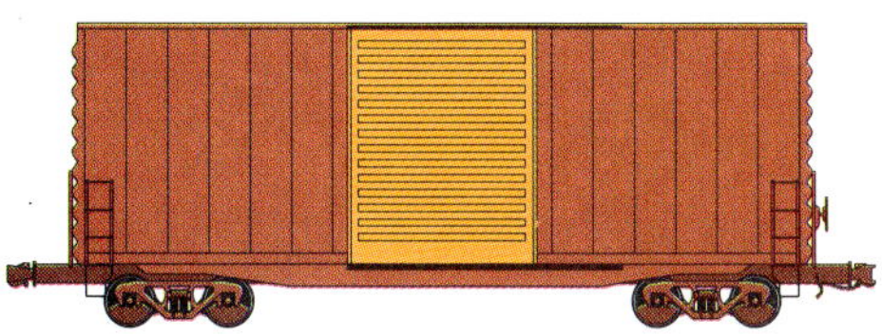

wagon-tombereau*M*

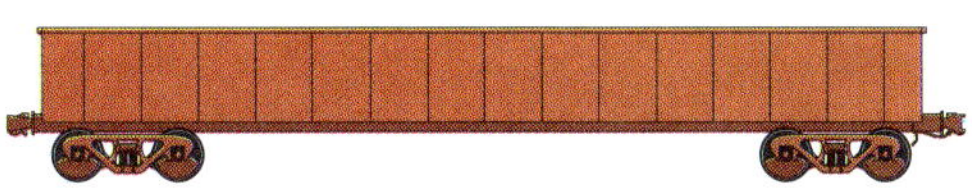

wagon*M* de queue*F*

le paquebot[M]

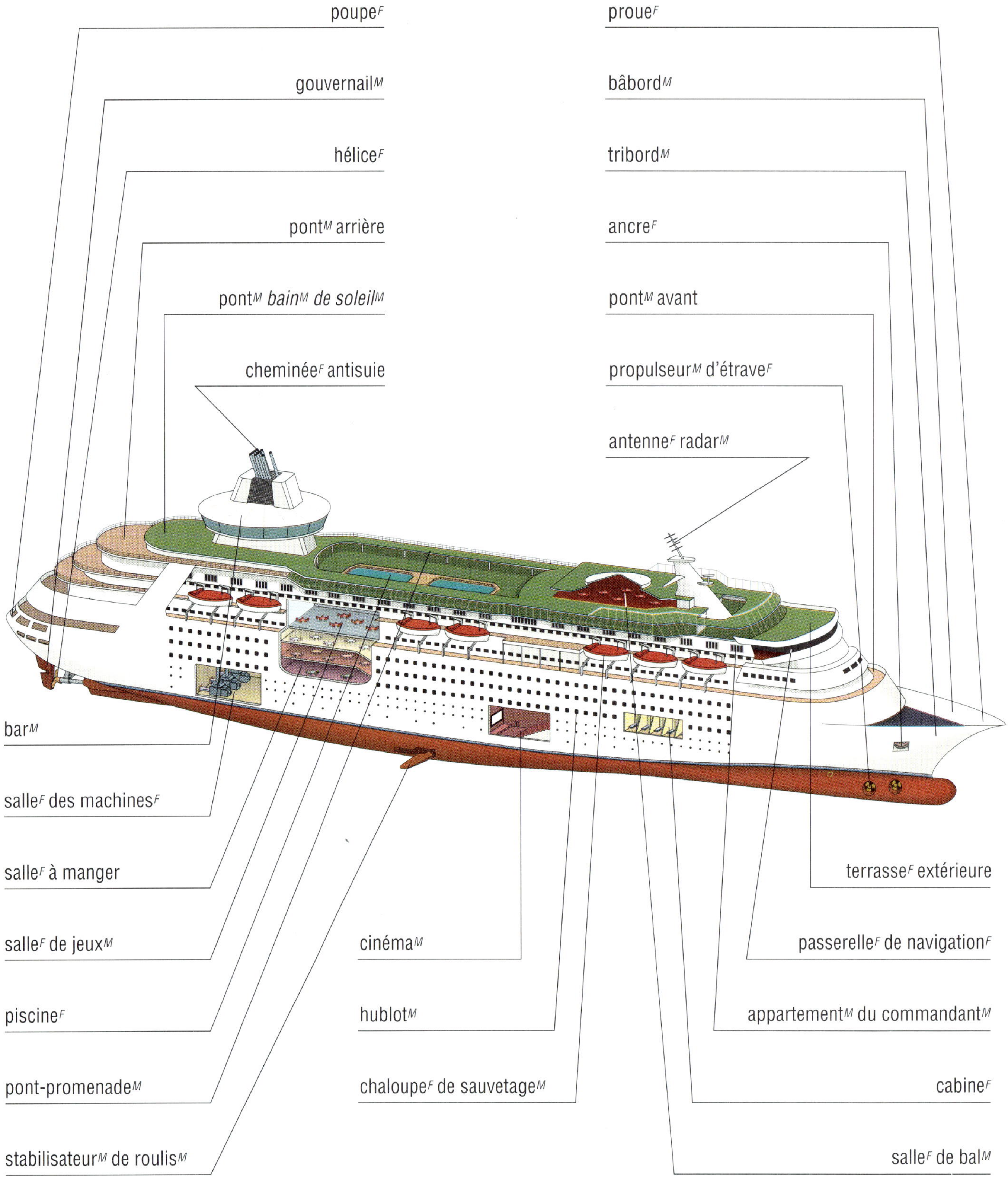

le sous-marin M

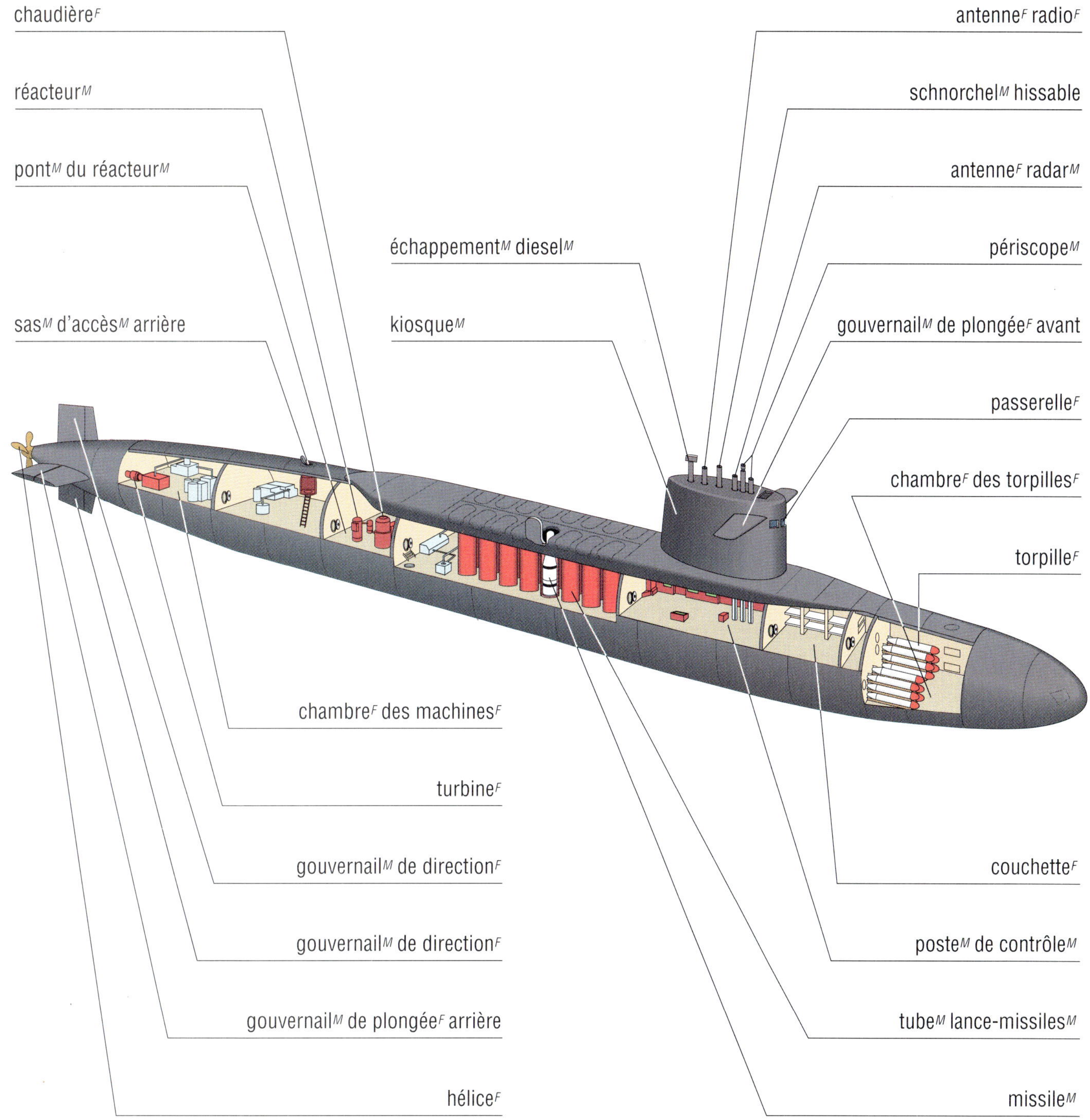

LE TRANSPORT AÉRIEN

l'avion*M* long-courrier*M*

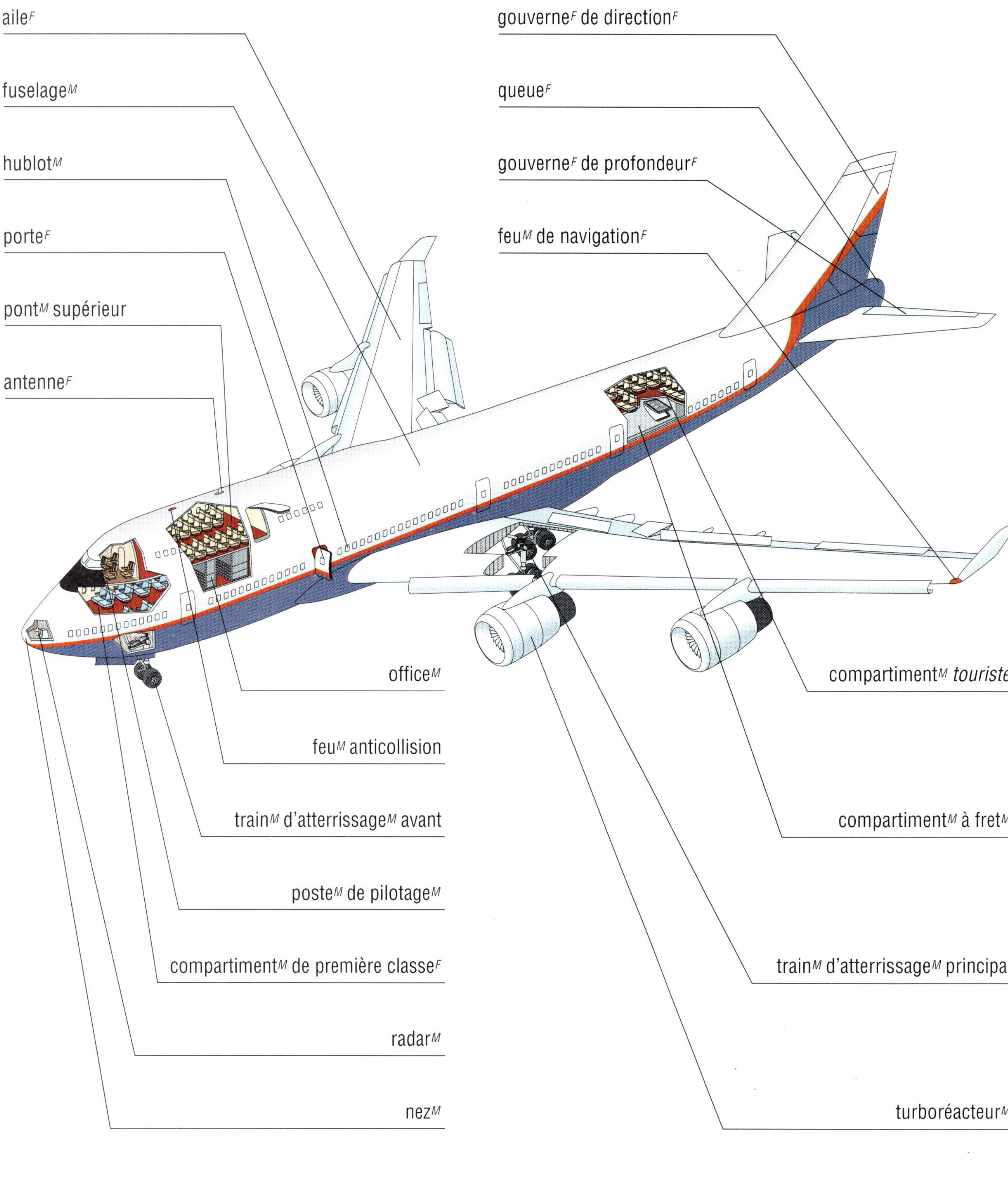

l'hélicoptère M

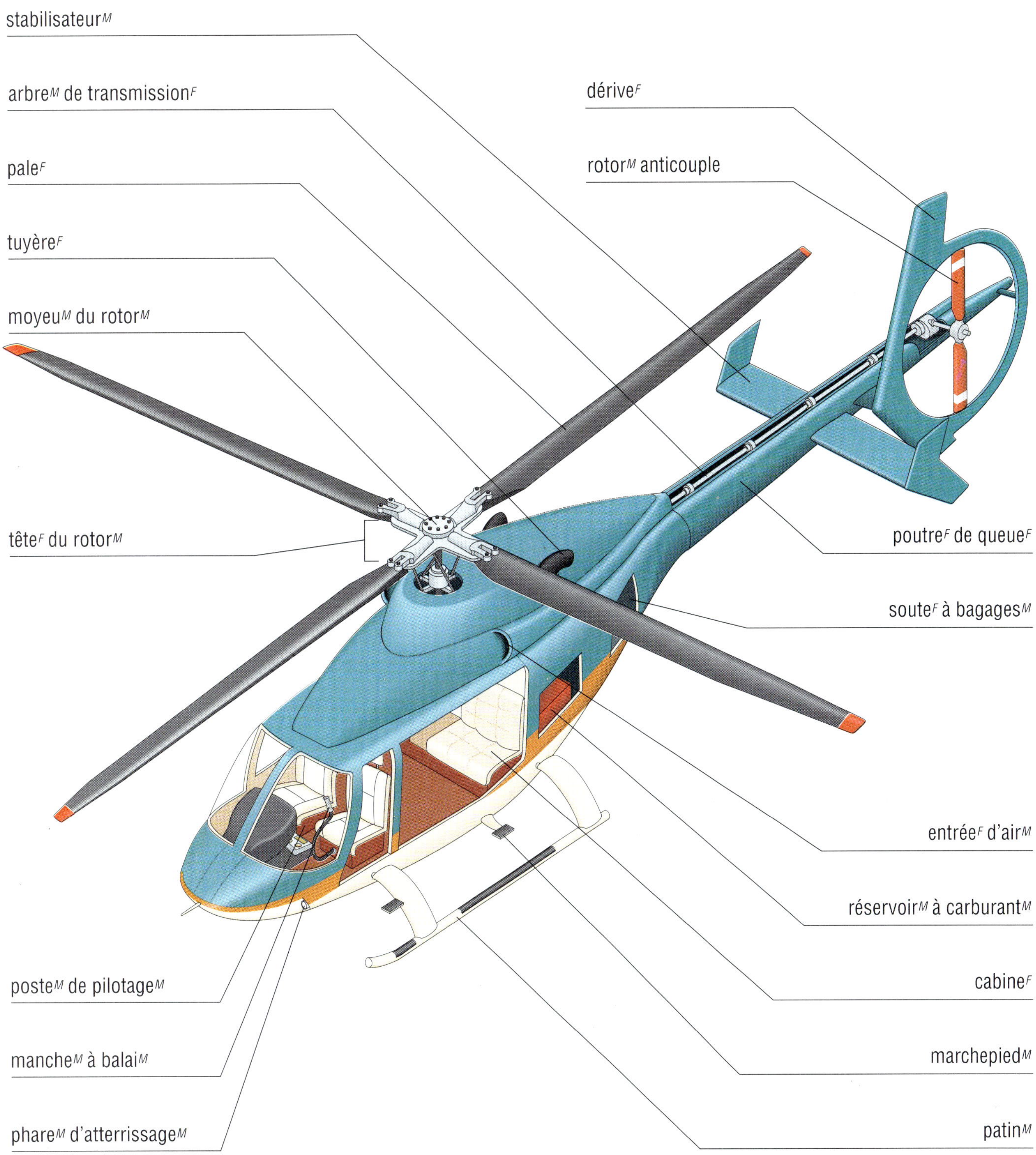

la fusée*F*

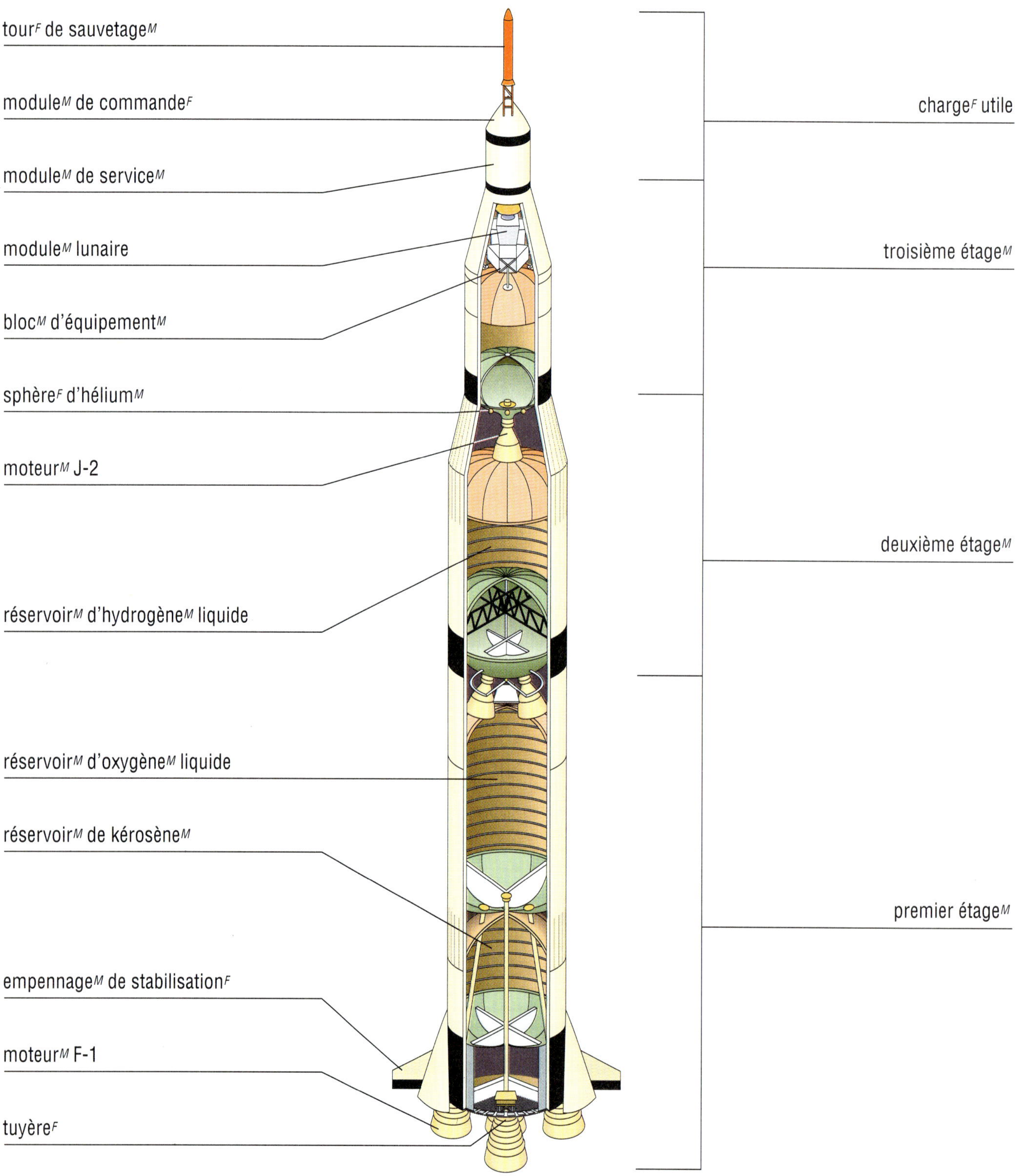
tour*F* de sauvetage*M*
module*M* de commande*F*
module*M* de service*M*
module*M* lunaire
bloc*M* d'équipement*M*
sphère*F* d'hélium*M*
moteur*M* J-2
réservoir*M* d'hydrogène*M* liquide
réservoir*M* d'oxygène*M* liquide
réservoir*M* de kérosène*M*
empennage*M* de stabilisation*F*
moteur*M* F-1
tuyère*F*
charge*F* utile
troisième étage*M*
deuxième étage*M*
premier étage*M*

la navette*F* spatiale

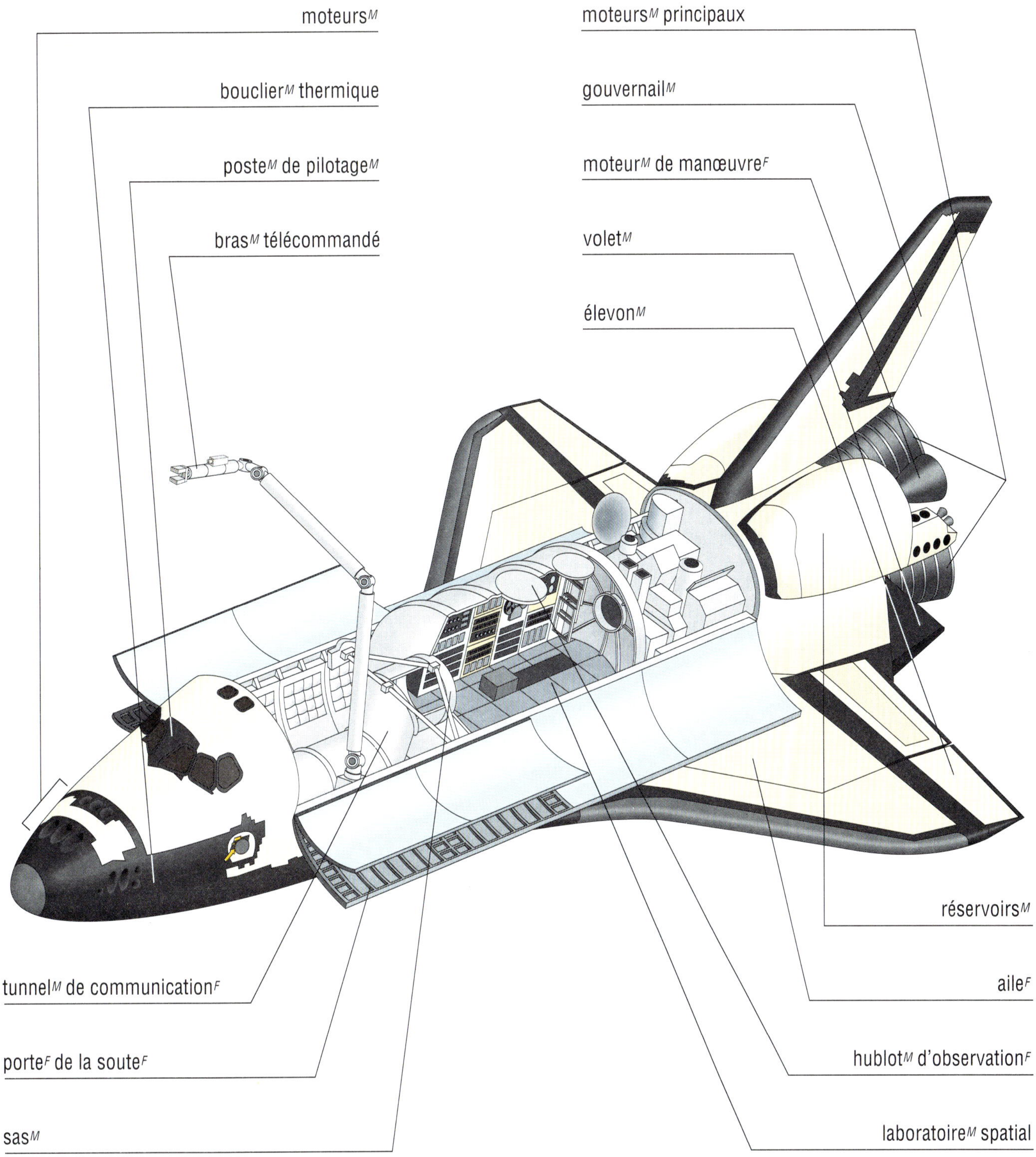

l'armure*F*

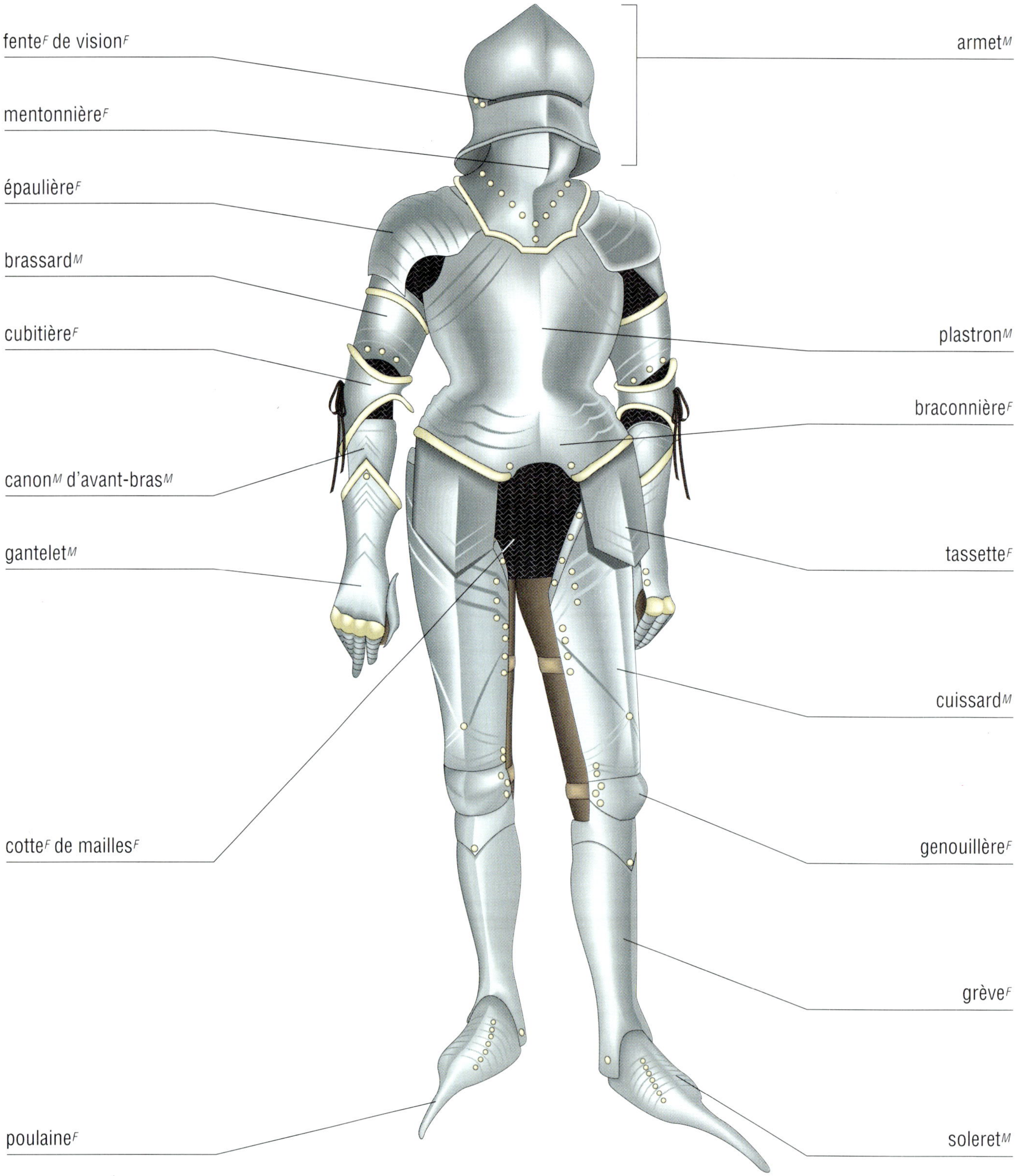
fenteF de visionF
armetM
mentonnièreF
épaulièreF
brassardM
cubitièreF
plastronM
braconnièreF
canonM d'avant-brasM
ganteletM
tassetteF
cuissardM
cotteF de maillesF
genouillèreF
grèveF
poulaineF
soleretM

les armes[F] blanches

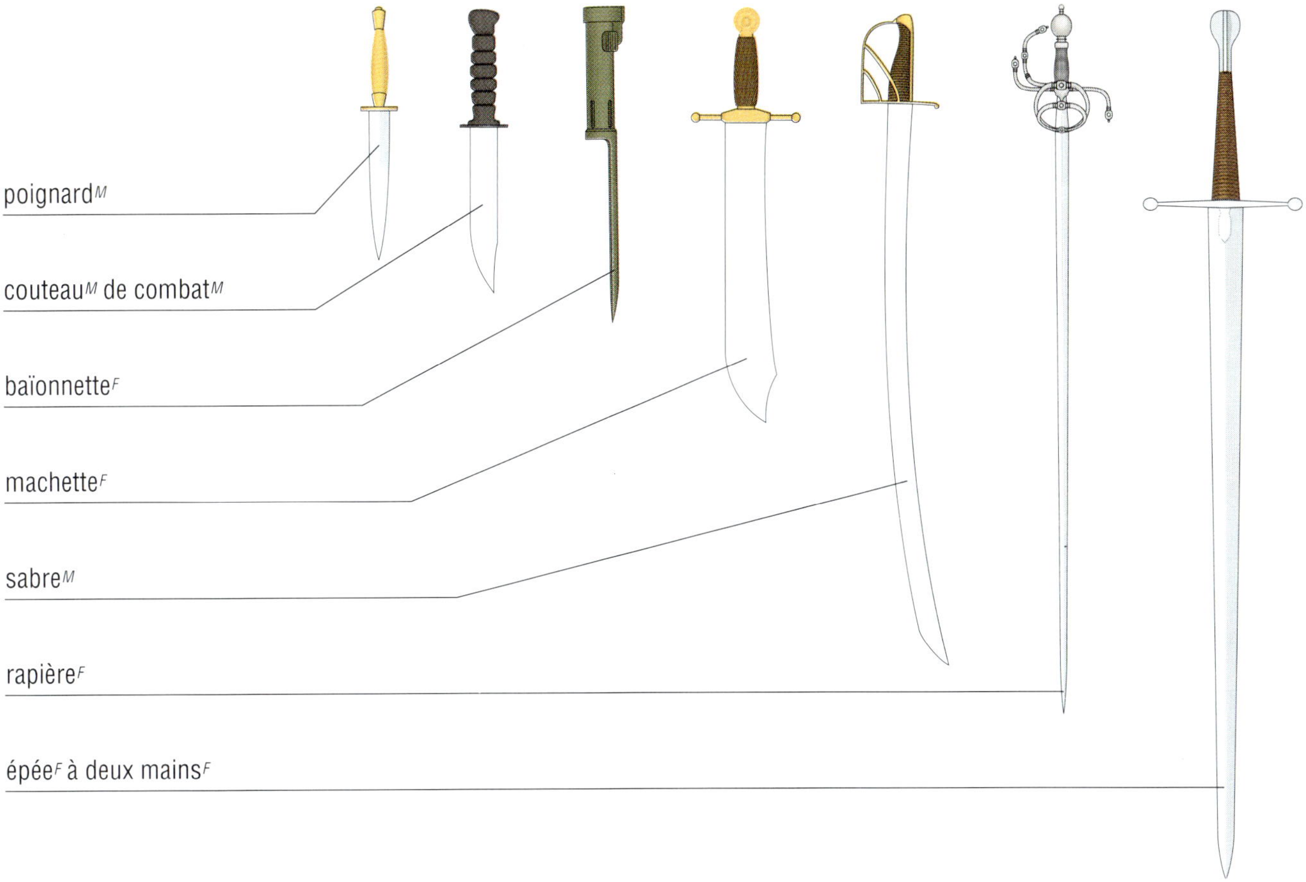

l'arbalète[F]

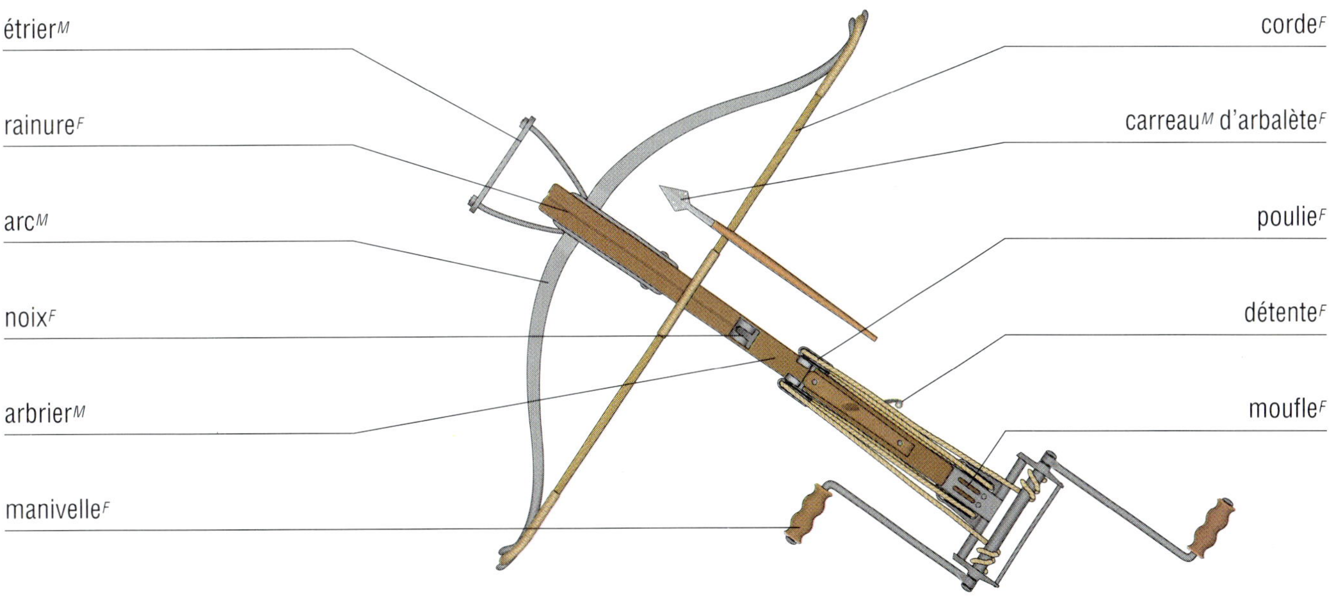

le revolver[M]

le pistolet[M]

le char*M* d'assaut*M*

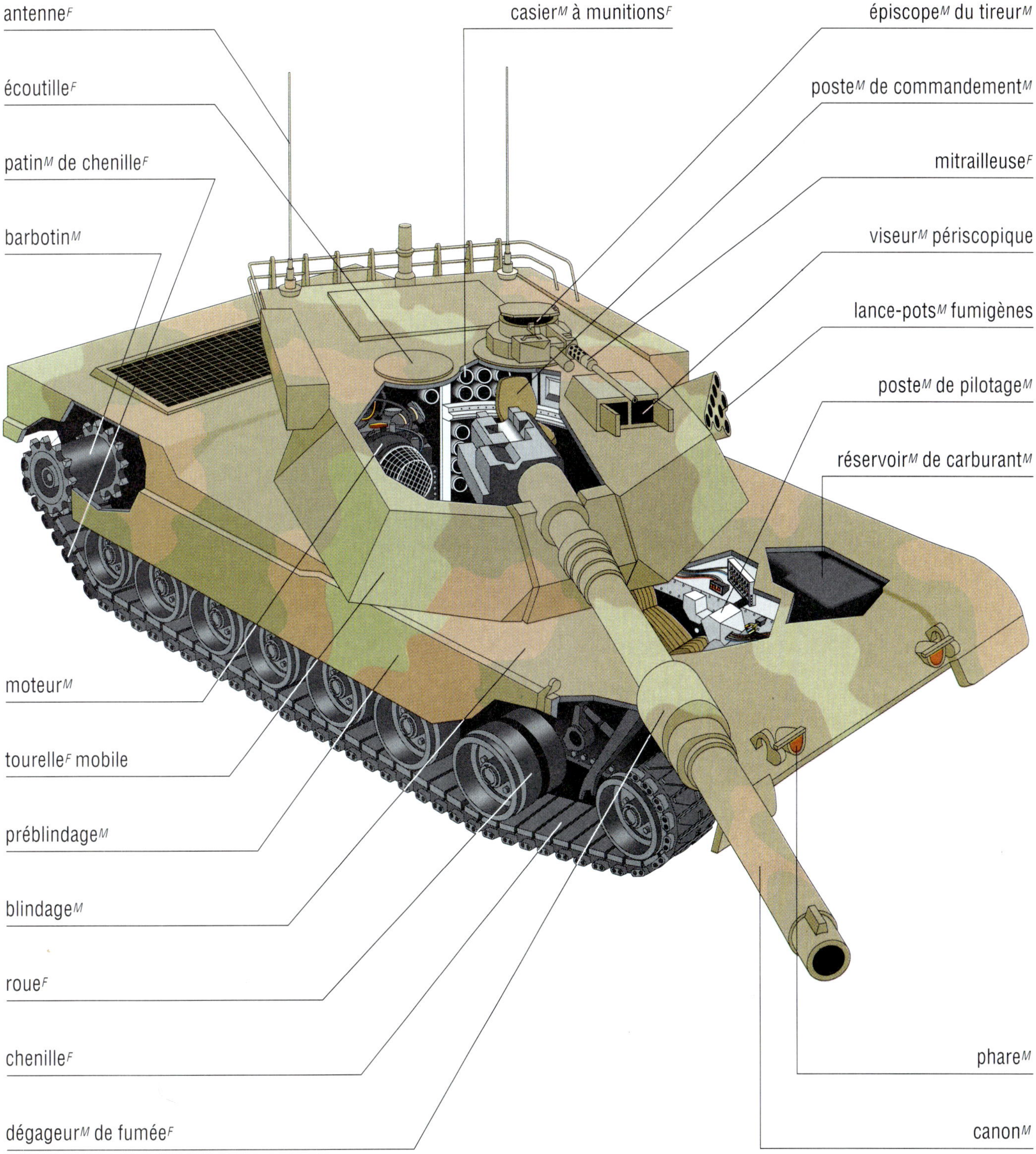

la notation[F] musicale

portée[F]

clés[F]

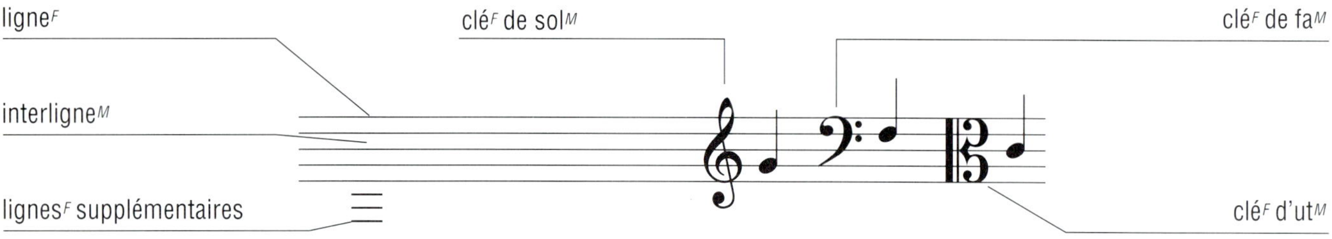

valeur[F] des notes[F]

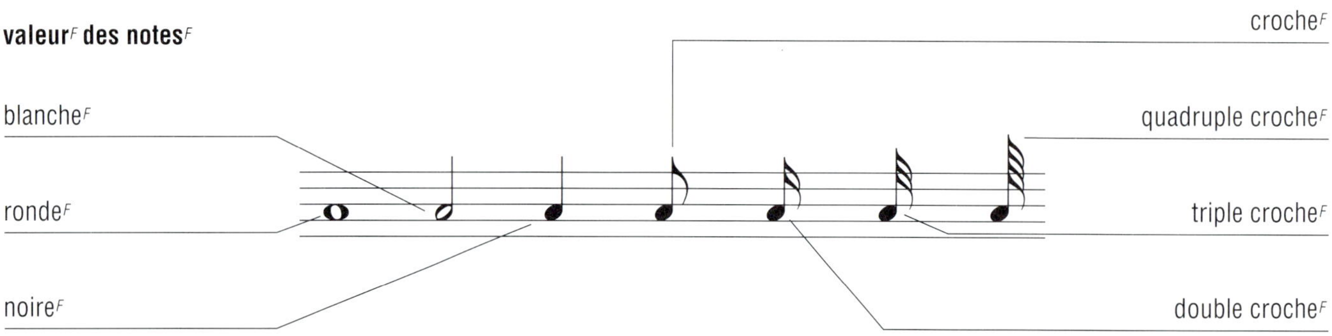

valeur[F] des silences[M]

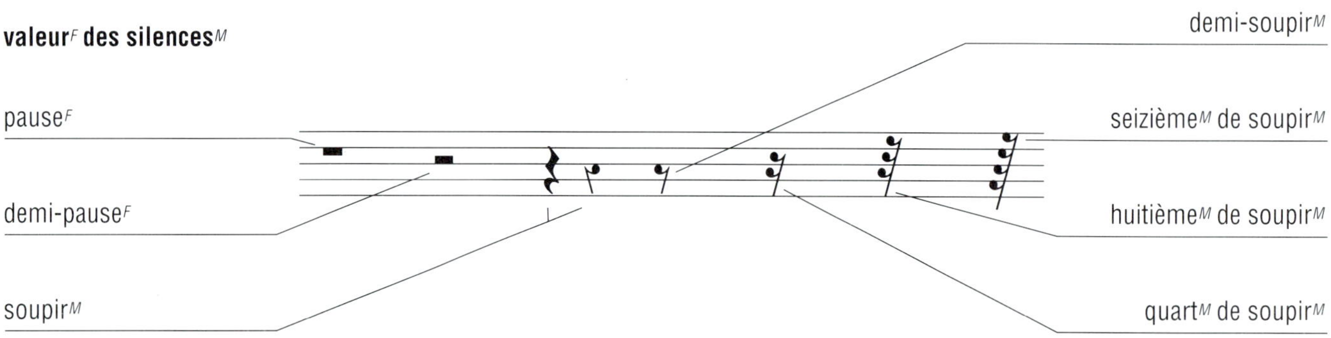

gamme[F]

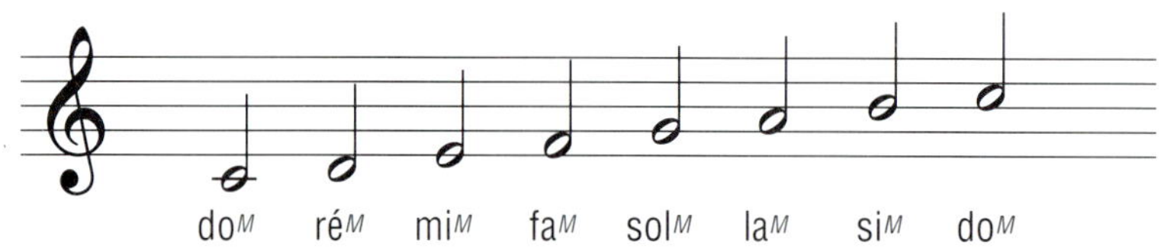

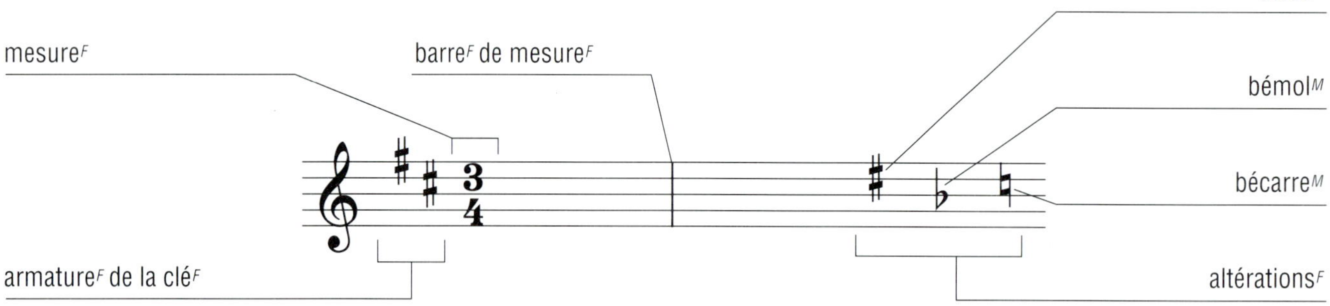

le piano*M* droit

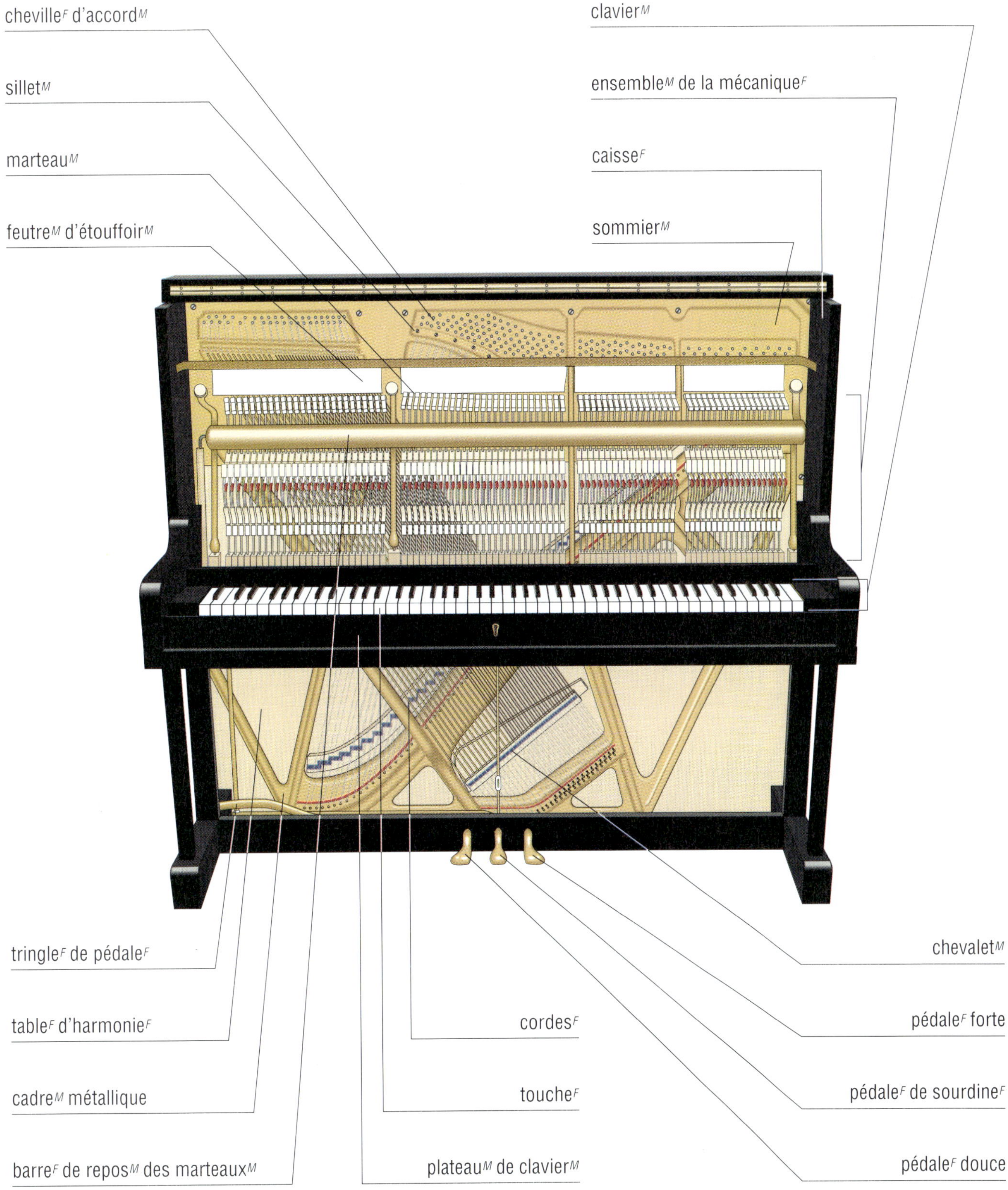

LA MUSIQUE

le violon M

la guitare F classique

le saxophoneM

la trompetteF

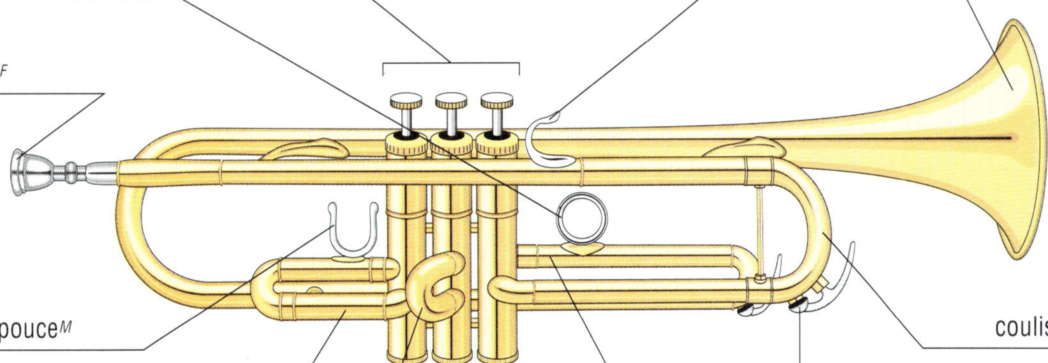

la guitare[F] électrique

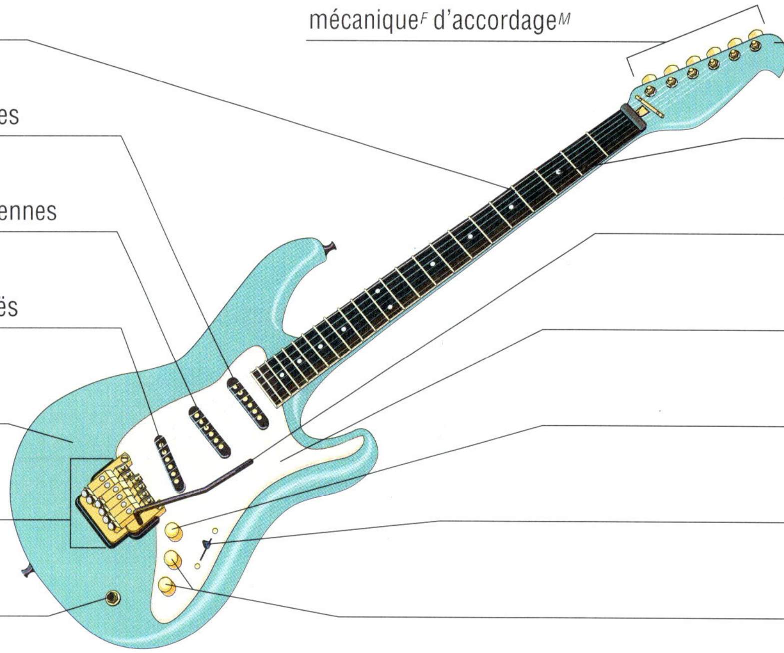

la batterie[F]

l'orchestre*M*

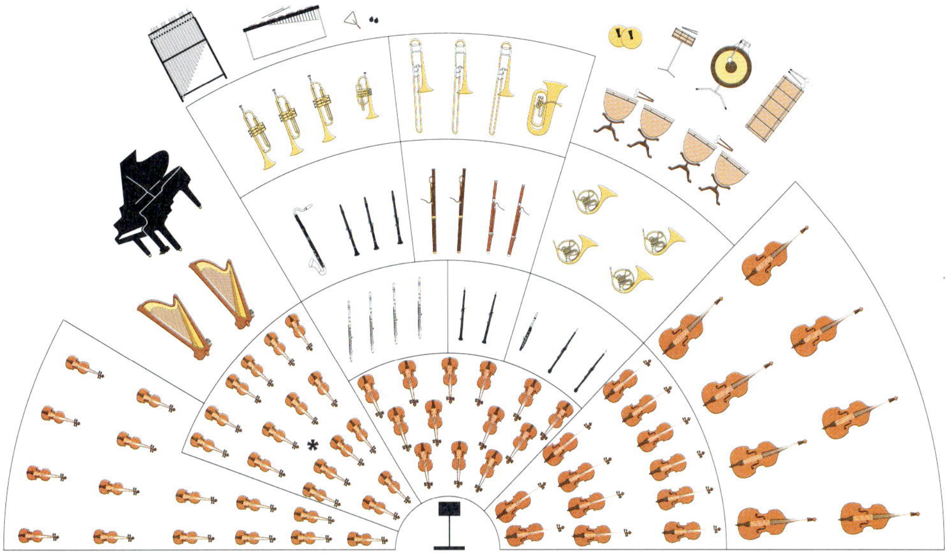

- pupitre*M* du chef*M* d'orchestre*M*
- premier violon*M*
- second violon*M*
- alto*M*
- violoncelle*M*
- contrebasse*F*
- flûte*F*
- hautbois*M*
- piccolo*M*
- cor*M* anglais
- clarinette*F* basse
- clarinette*F*
- contrebasson*M*
- basson*M*
- cor*M* d'harmonie*F*
- trompette*F*
- cornet*M*
- trombone*M*
- tuba*M*
- timbale*F*
- carillon*M* tubulaire
- xylophone*M*
- triangle*M*
- castagnettes*F*
- cymbales*F*
- caisse*F* claire
- gong*M*
- grosse caisse*F*
- harpe*F*
- piano*M*

le football[M]

terrain[M] de jeu[M]

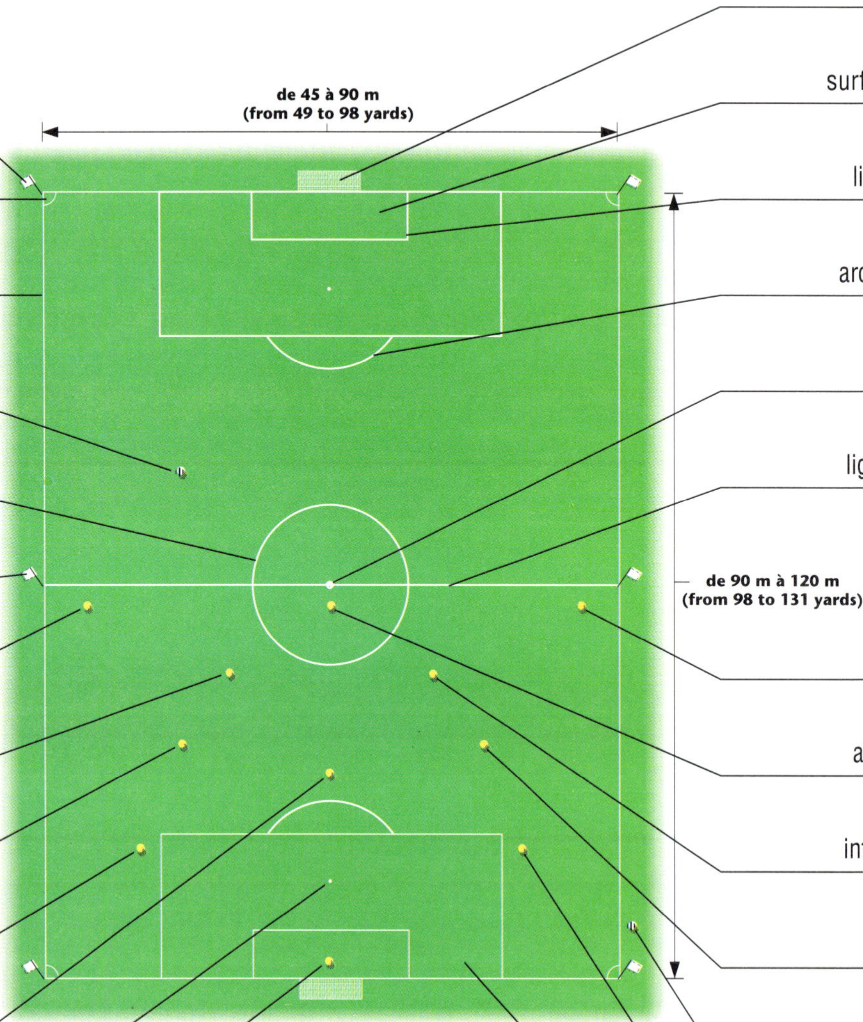

ballon[M] de football[M]

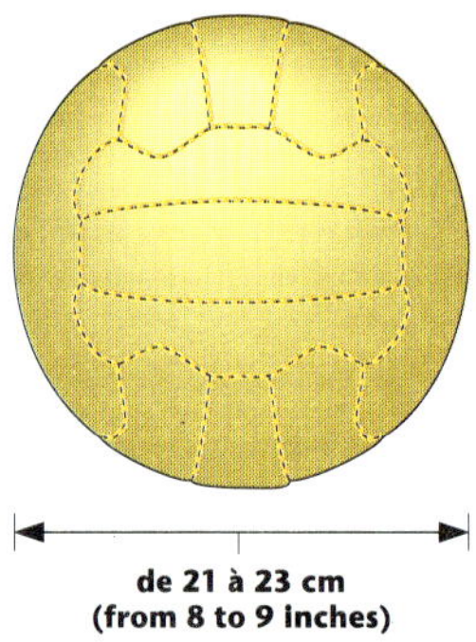

le rugby[M]

terrain[M] de jeu[M]

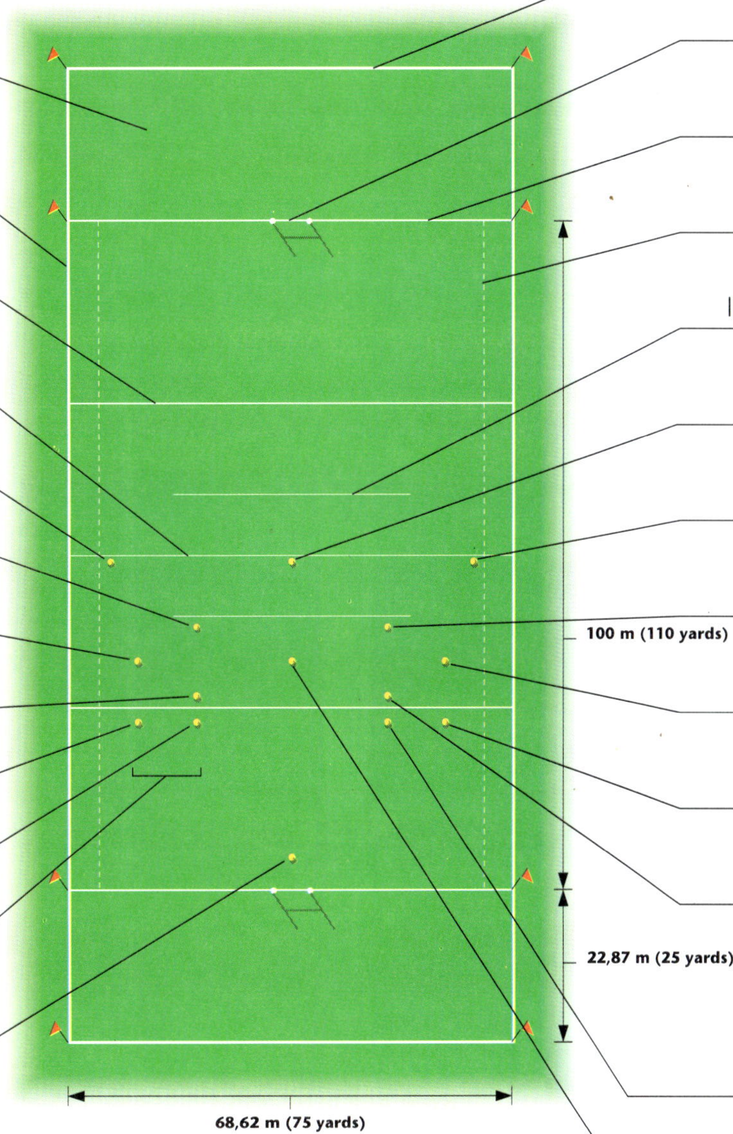

ballon[M] de rugby[M]

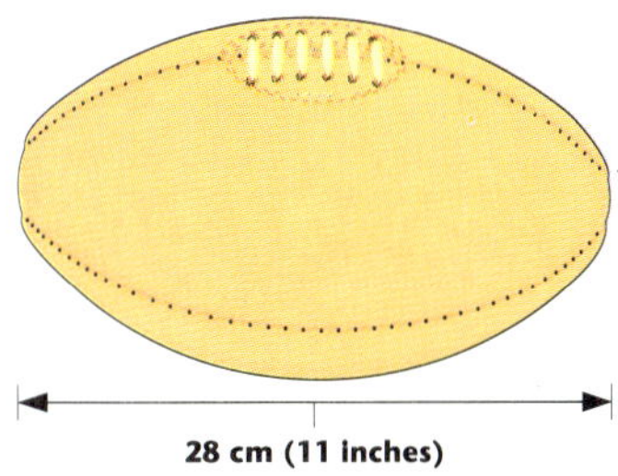

le football[M] américain

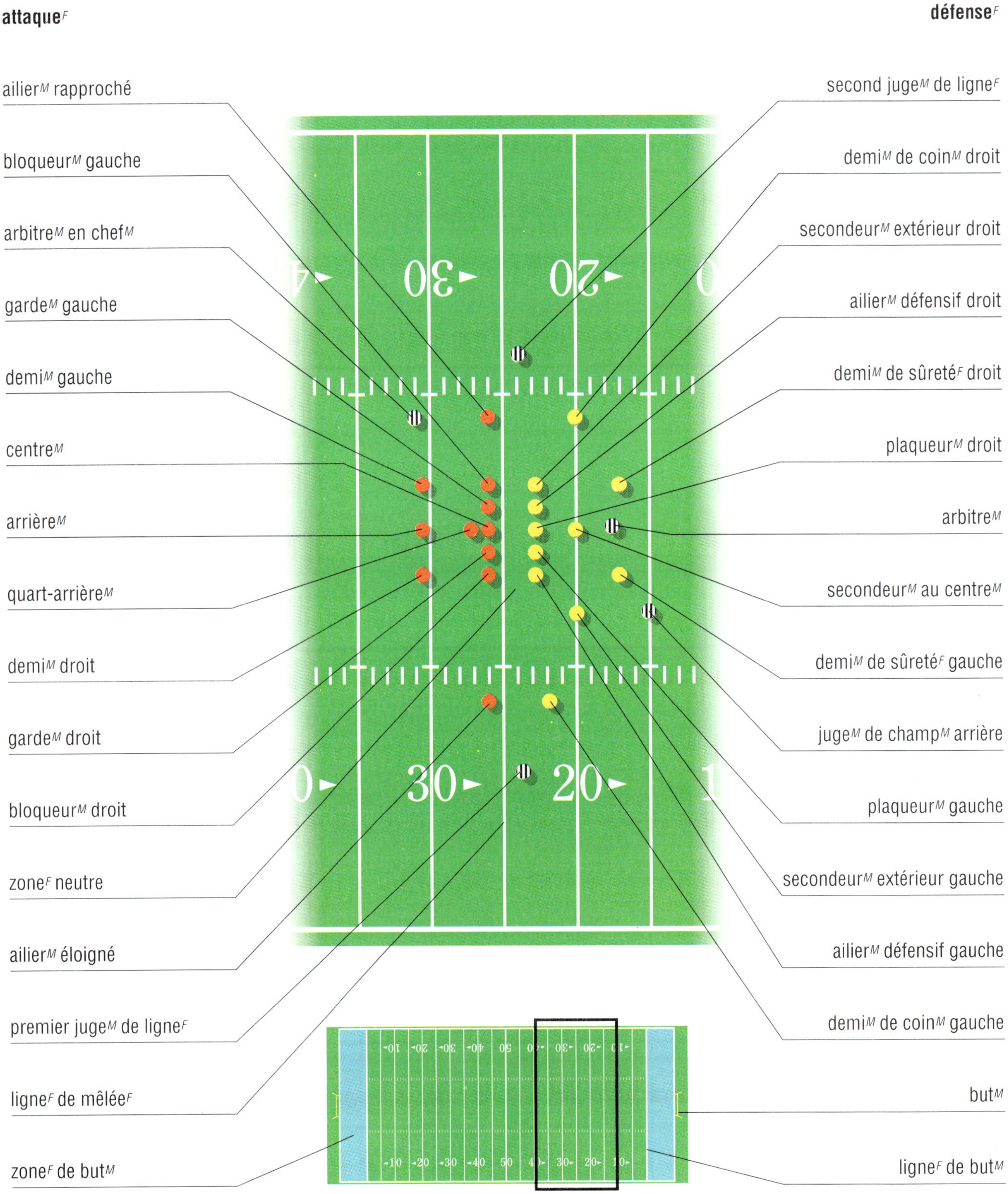

le footballM américain

uniformeM

équipementM de protectionF

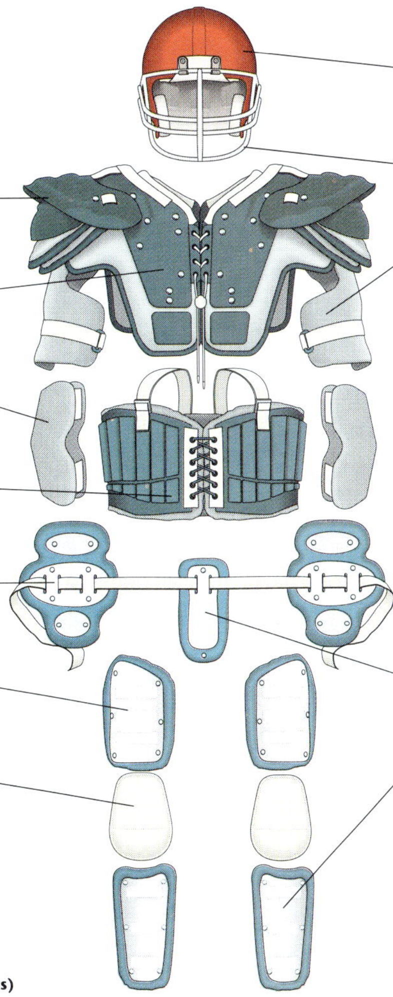

ballonM de footballM

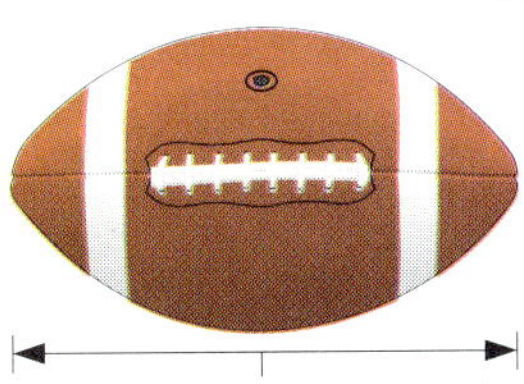

le base-ball*M*

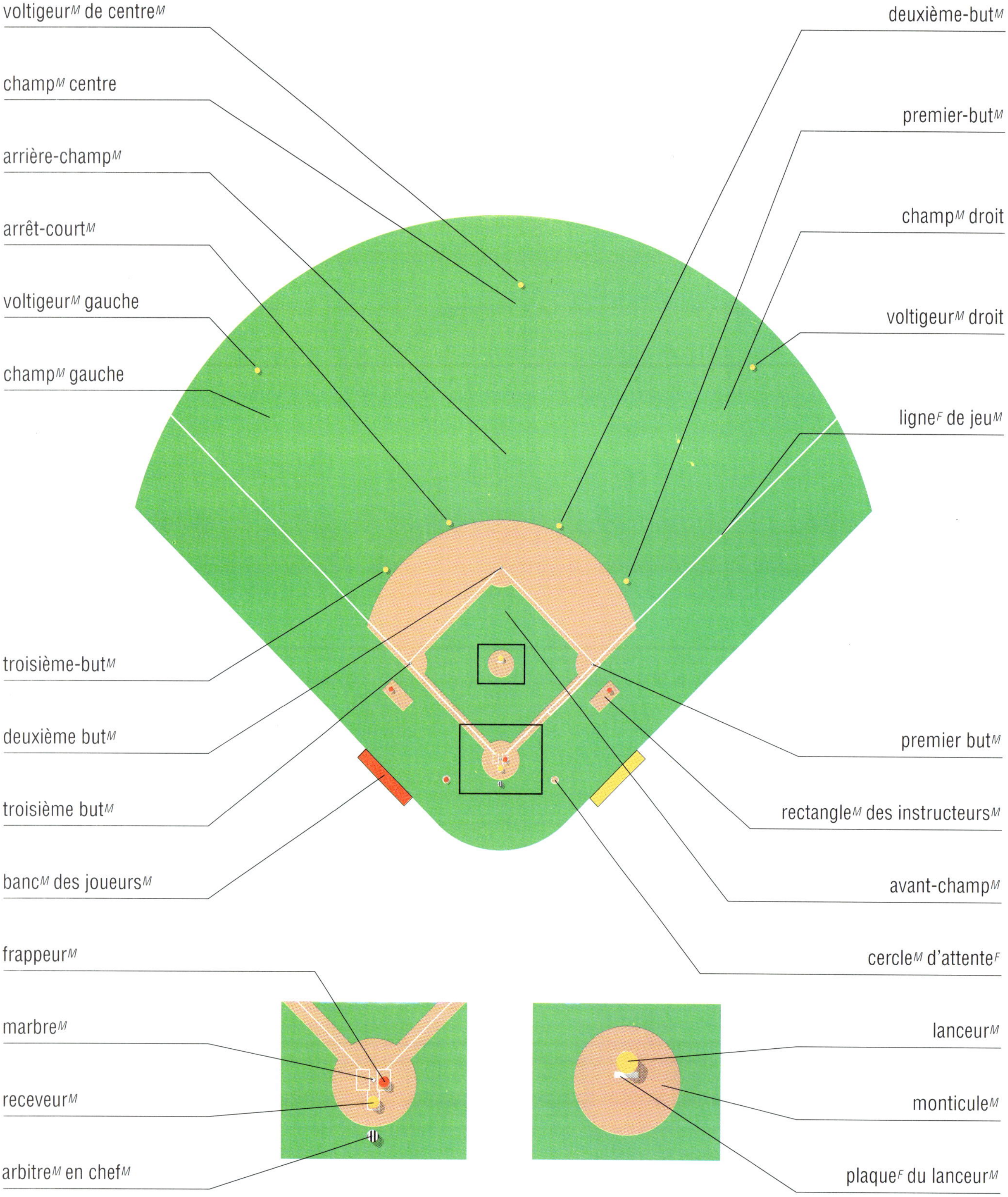

le base-ball[M]

le cricket[M]

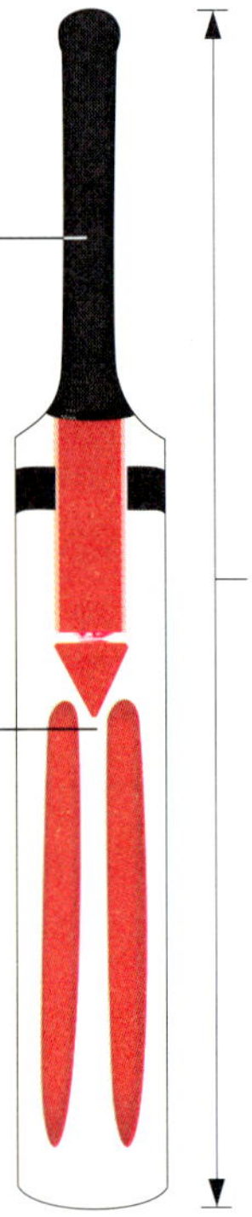
batte[F]
manche[M]
plat[M]
96,5 cm (38 inches)

balle[F]
de 7 à 7,3 cm
(from 2.8 to 2.86 inches)
couture[F]
enveloppe[F]

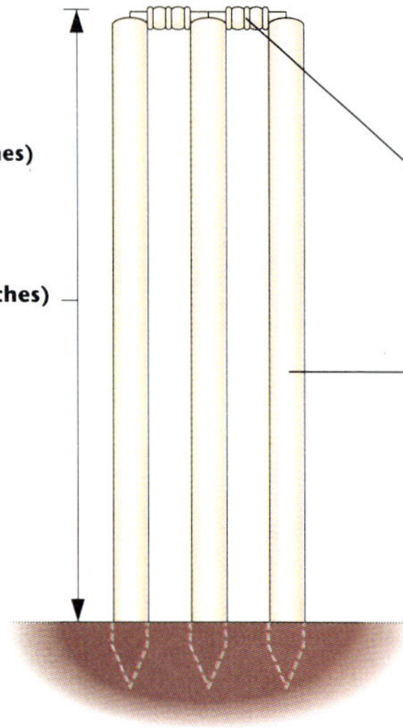
guichet[M]
71,1 cm (28 inches)
barrette[F]
piquet[M]

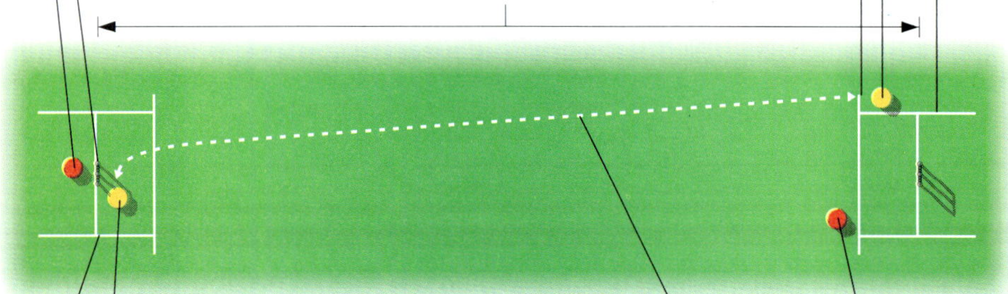
livrée[F]
20,12 m (22 yards)
piquet[M]
garde-guichet[M]
ligne[F] de retrait[M]
batteur[M]
limite[F] du batteur[M]
batteur[M] de relais[M]
limite[F] de retour[M]
lanceur[M]
course[F]

le hockey*M* sur gazon*M*

terrain*M* de jeu*M*

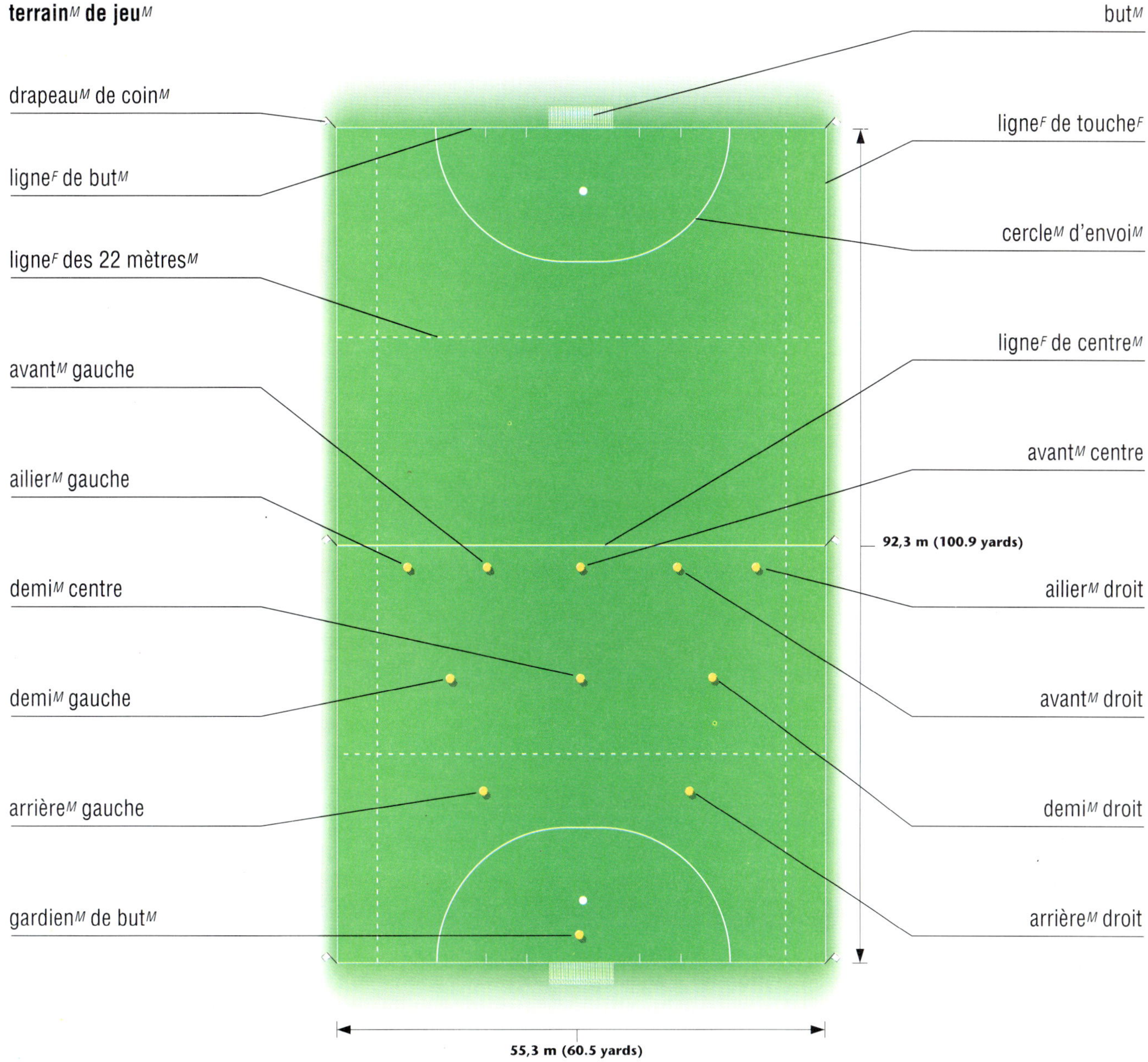

crosse*F*

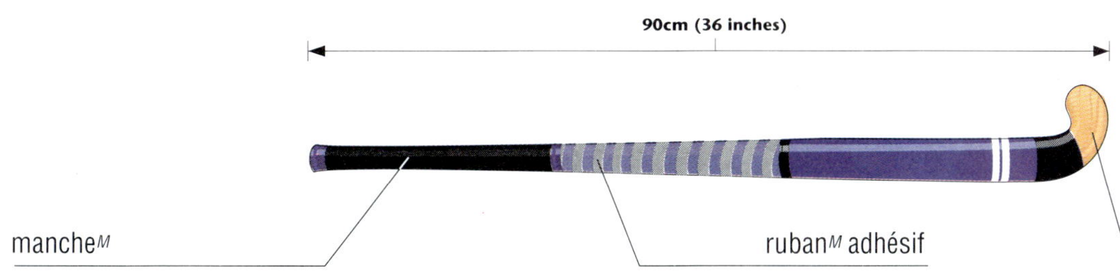

balle*F*

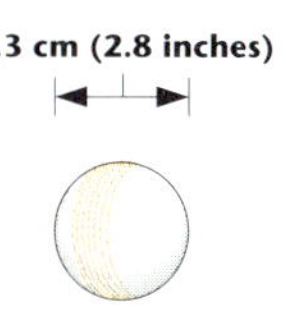

le hockey[M] sur glace[F]

patinoire[F]

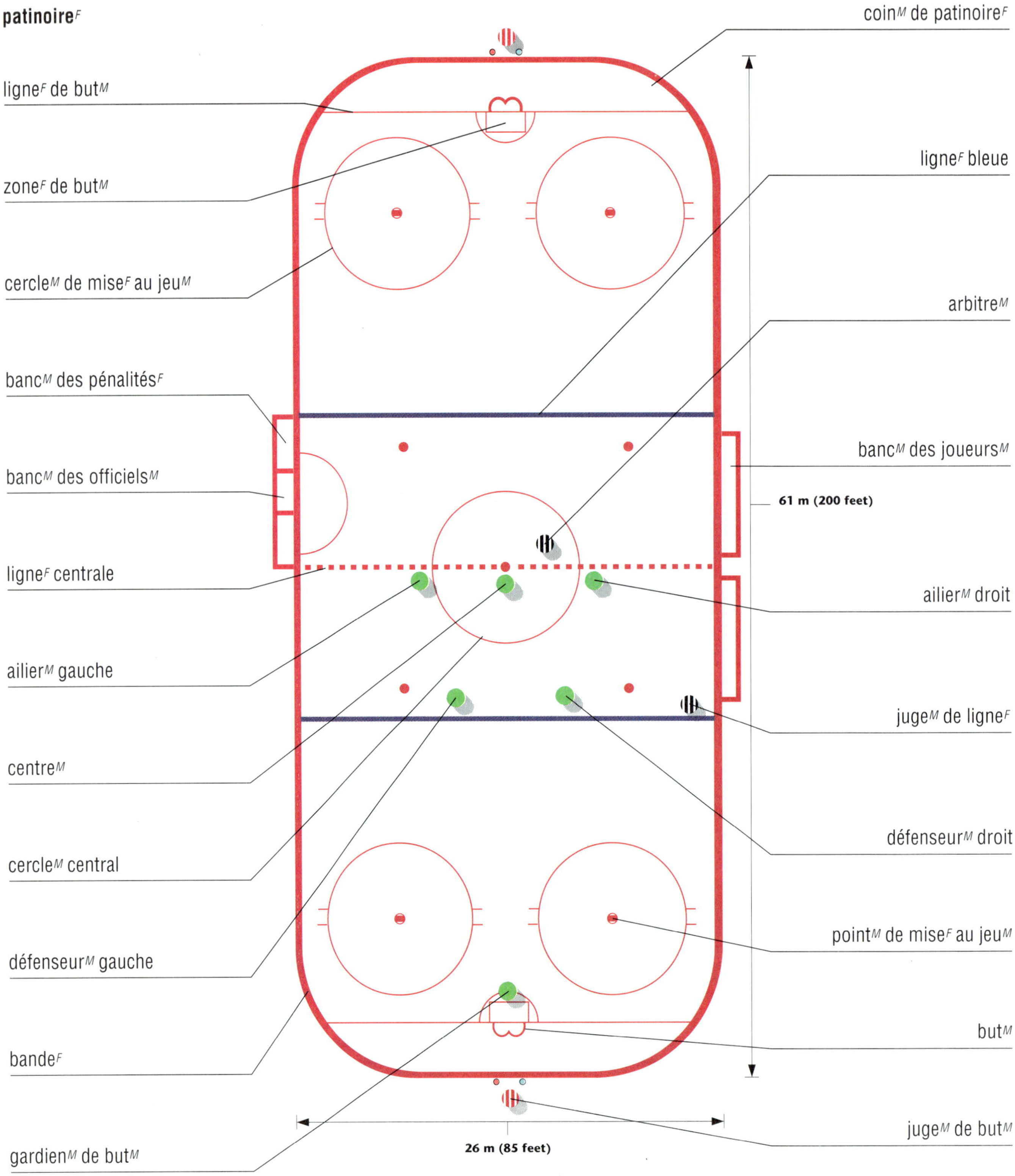

le hockey[M] sur glace[F]

hockeyeur[M]

gardien[M] de but[M]

bâton[M] de joueur[M]

rondelle[F]

le patinage[M]

patin[M] à roulettes[F]

patin[M] de figure[F]

patin[M] de course[F]

patin[M] de hockey[M]

le basket-ball*M*

terrain*M* de jeu*M*

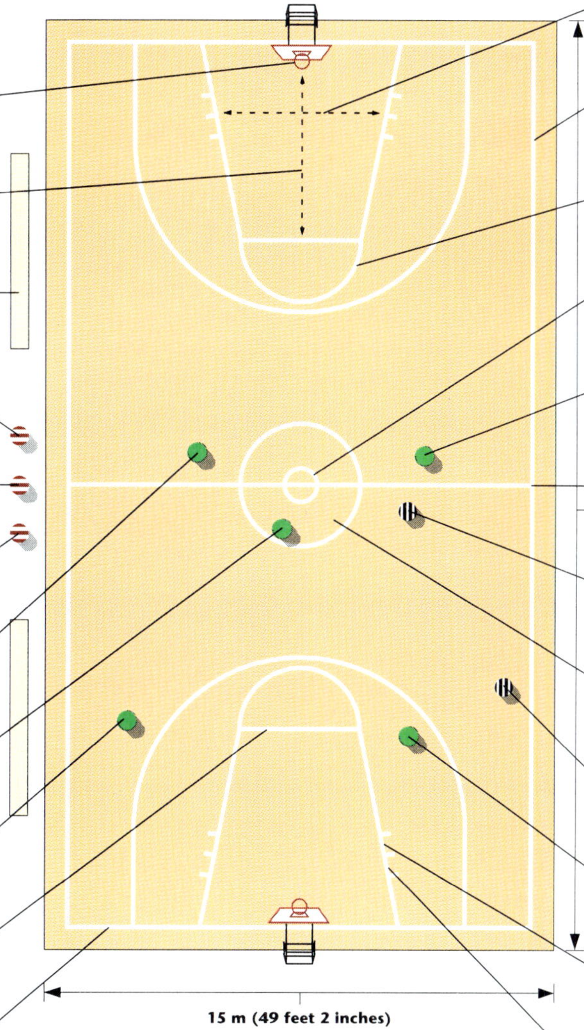

panier*M*

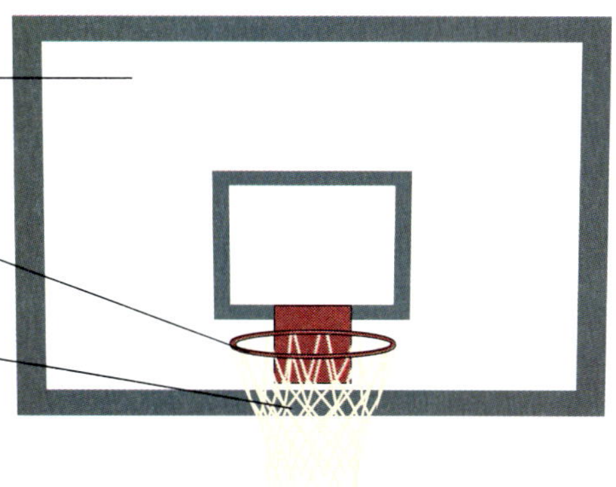

ballon*M*

le tennis[M]

terrain[M]

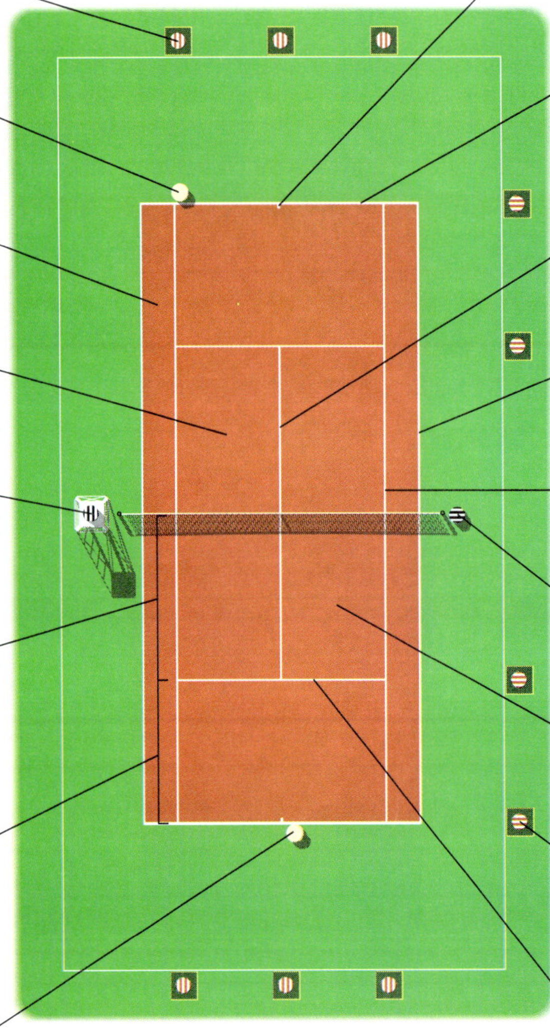

filet[M]

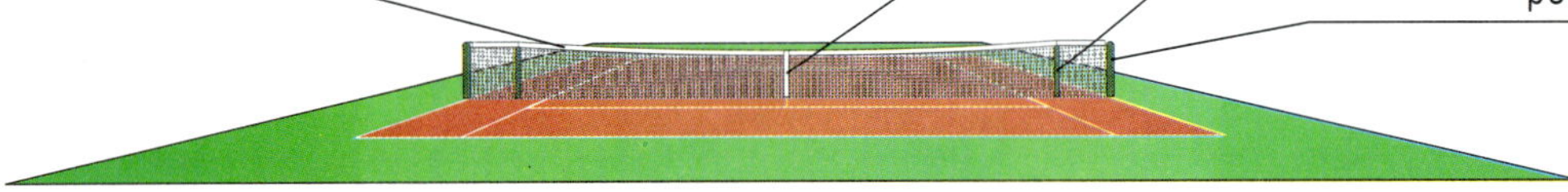

le tennis[M]

joueuse[F] de tennis[M]

raquette[F] de tennis[M]

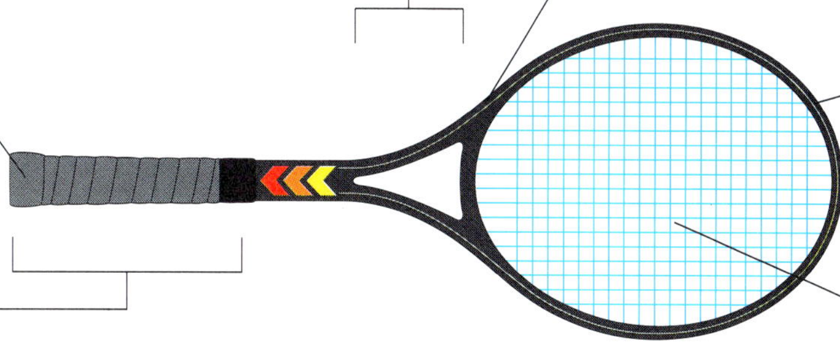

balle[F] de tennis[M]

le ski M alpin

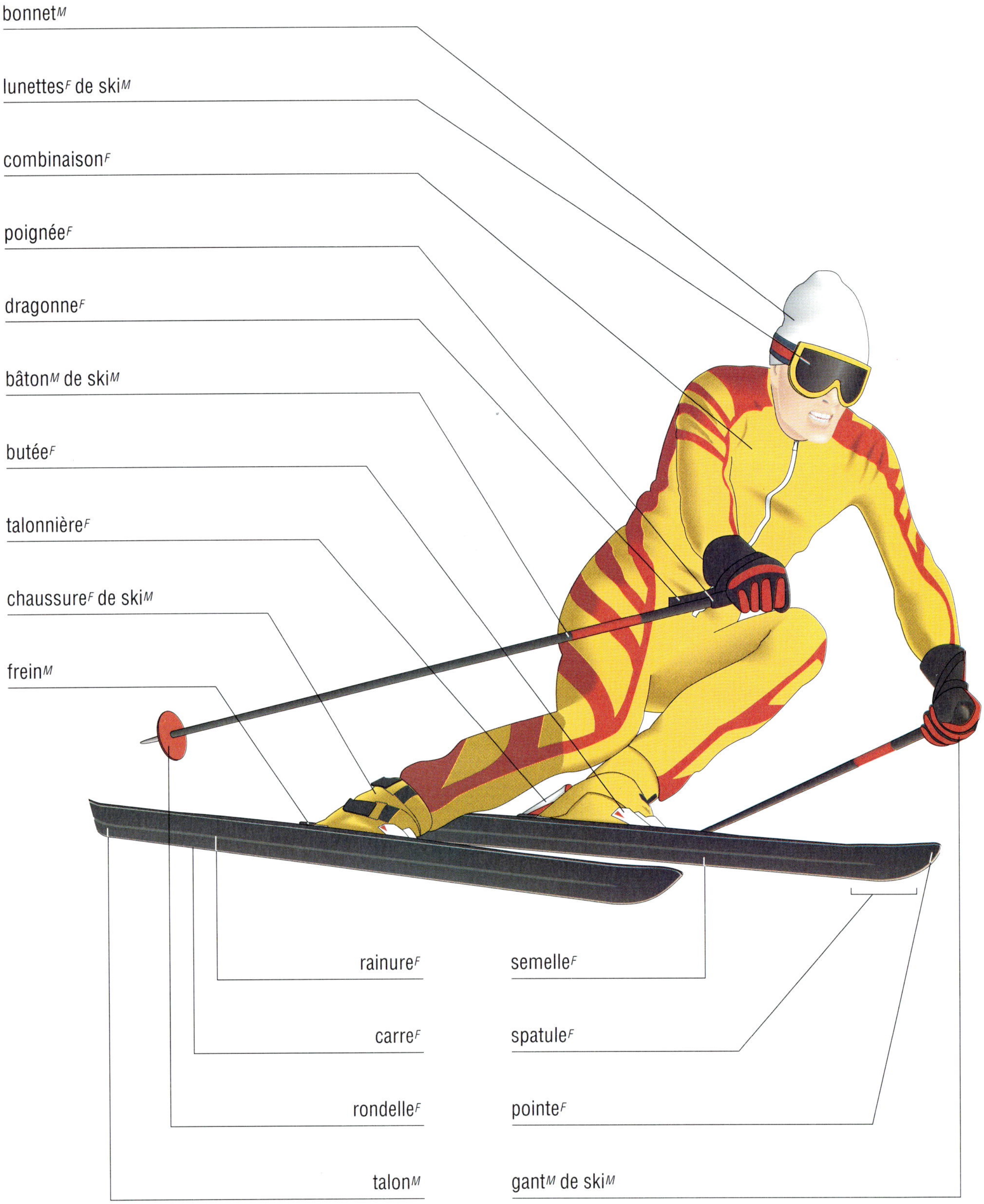

le ski[M] de fond[M]

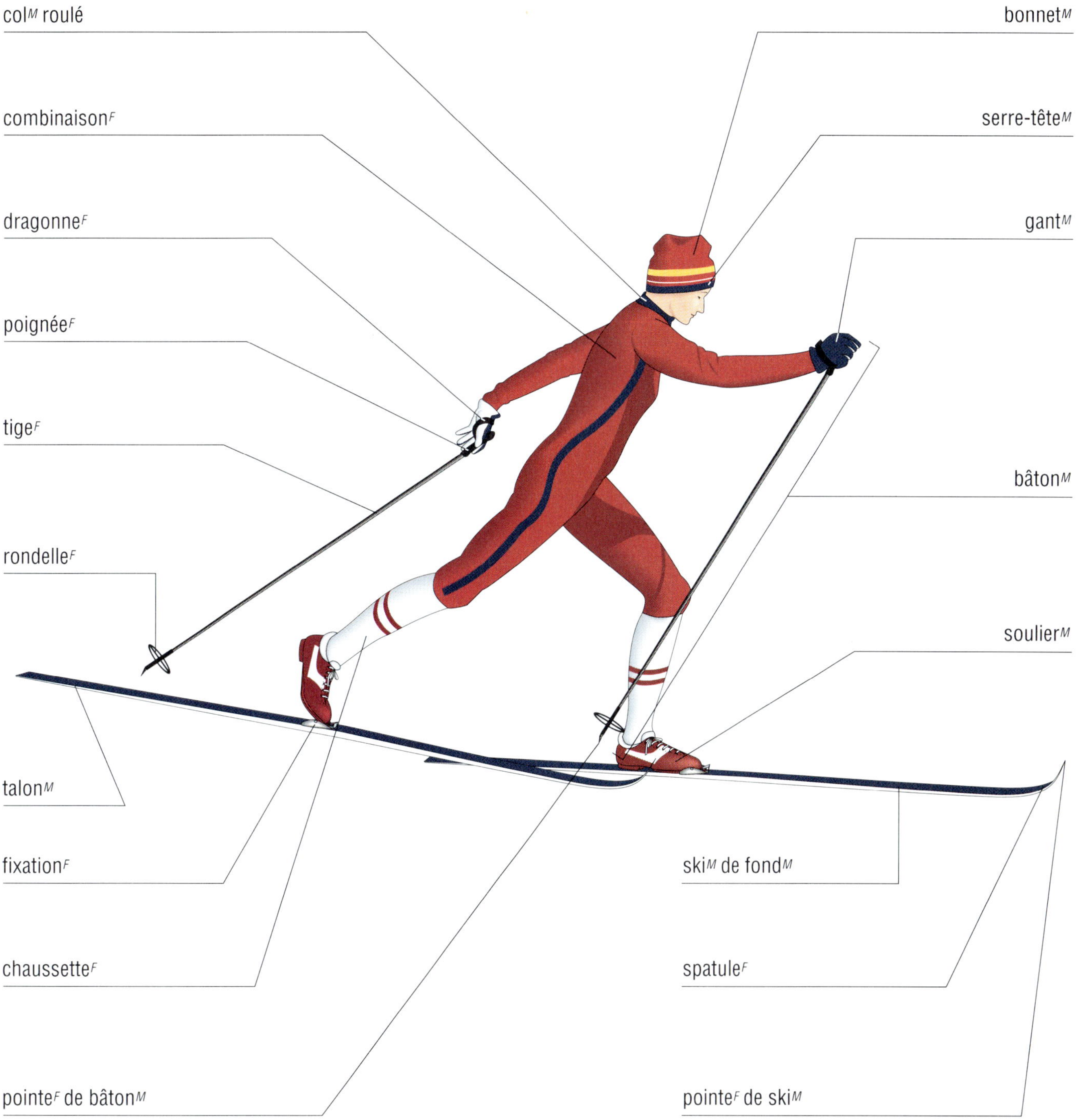

le plongeonM

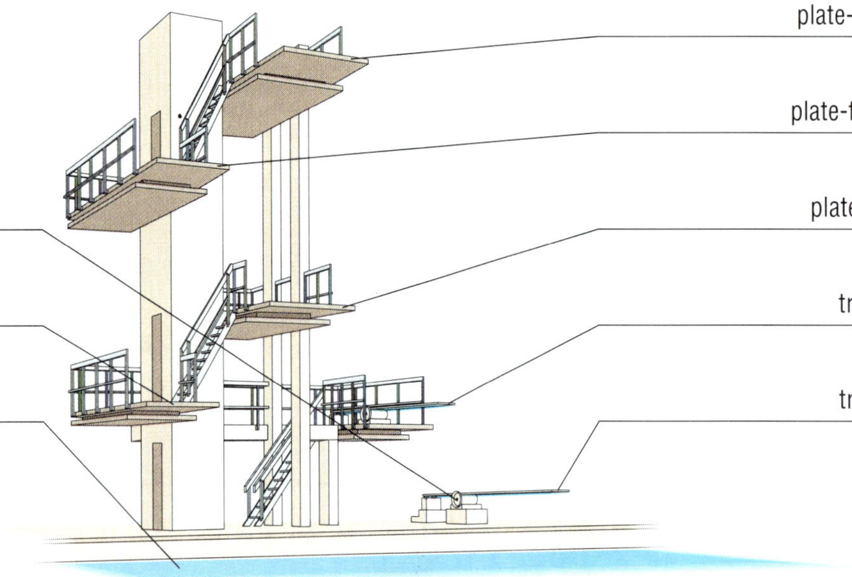

la natationF

piscineF

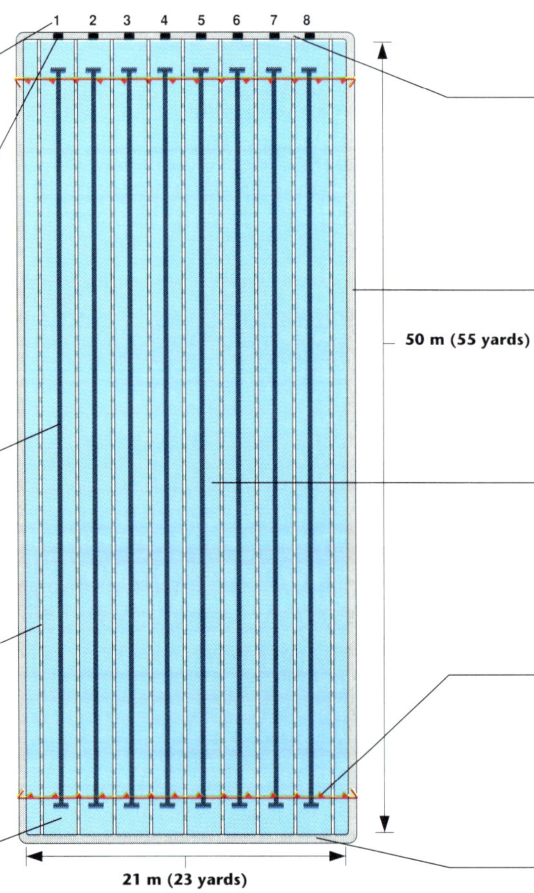

la plongée*F* sous-marine

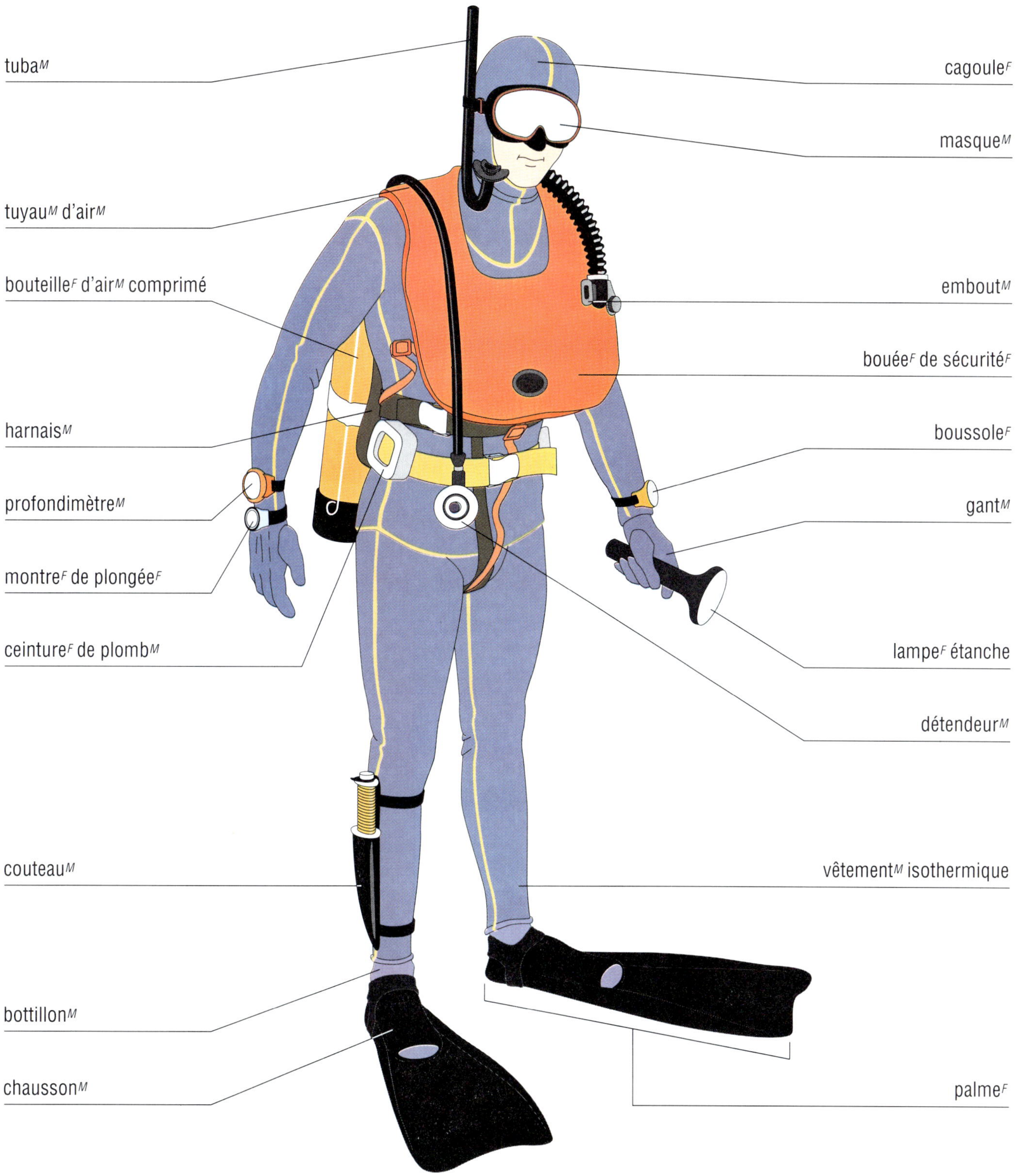

la plancheF à voileF

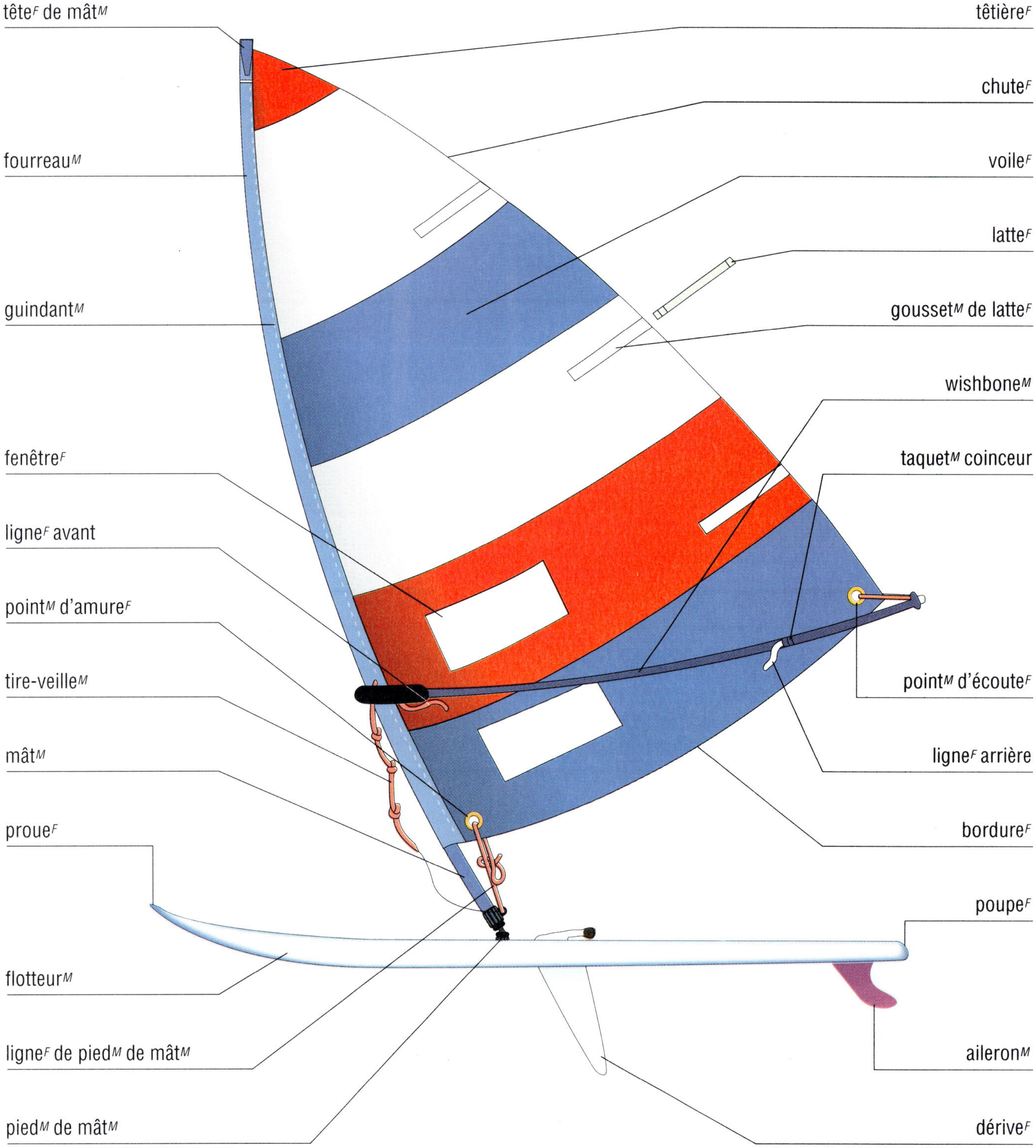

le jeu*M* de fléchettes*F*

le tir*M* à l'arc*M*

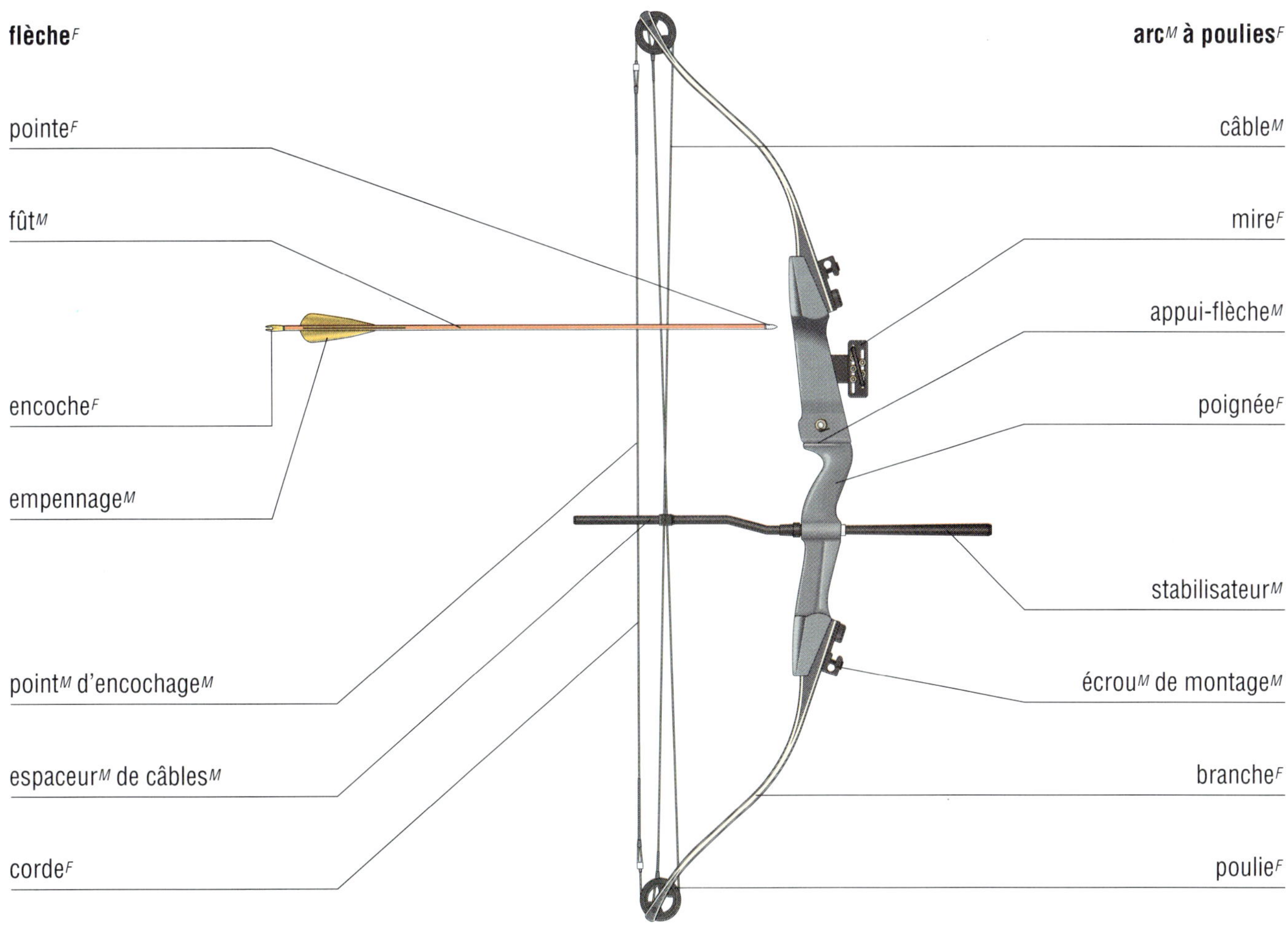

le matériel[M] de camping[M]

tente[F]

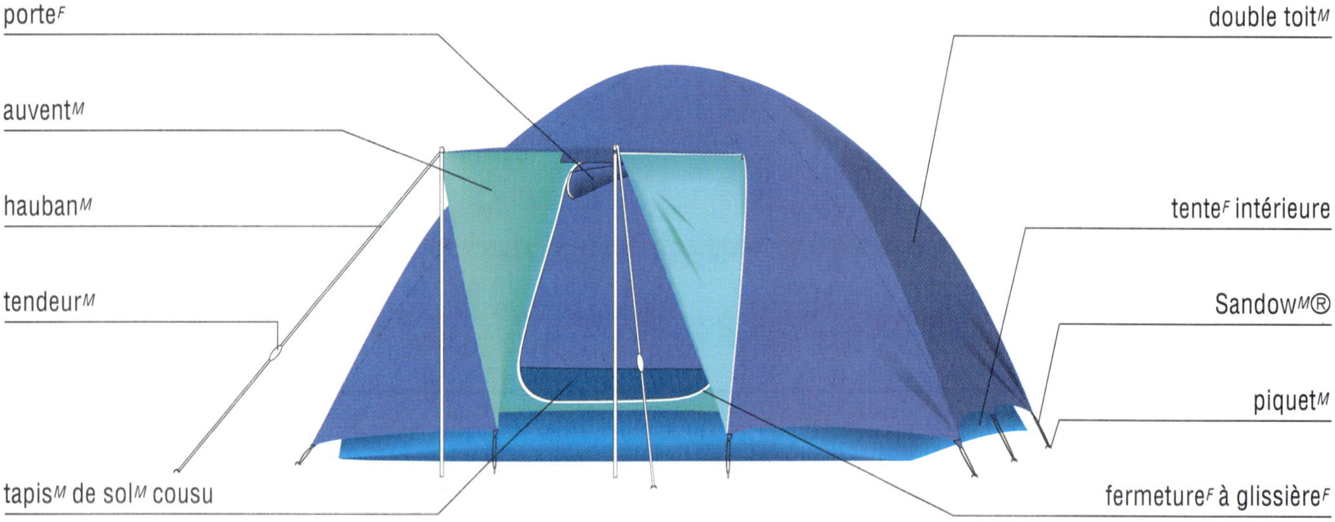

tente[F] familiale

le matériel[M] de camping[M]

couteau[M] suisse

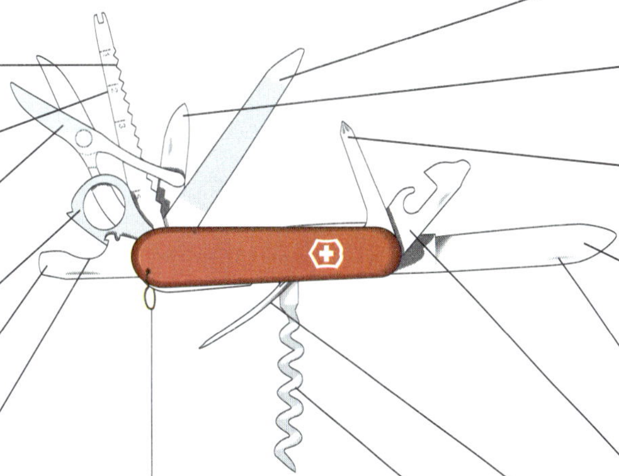

sac[M] à dos[M]

sac[M] de couchage[M]

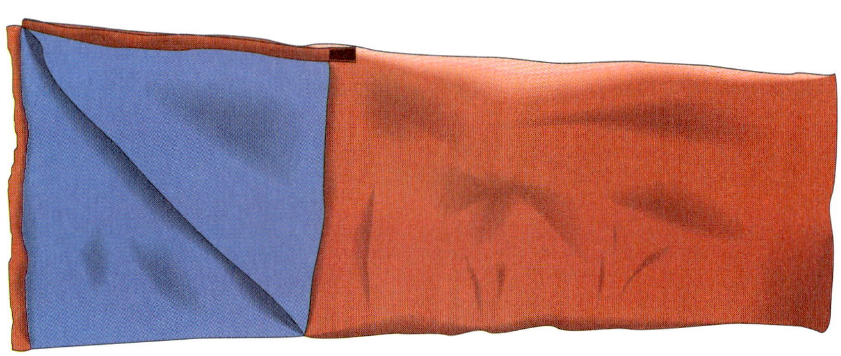

les jeux*M*

le jacquet*M*

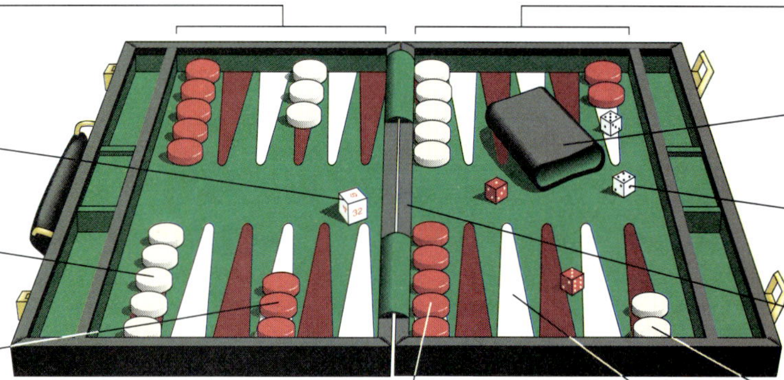

les dominos*M*

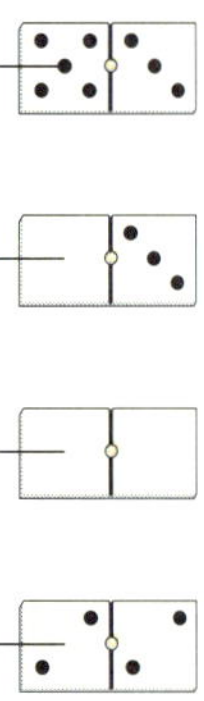

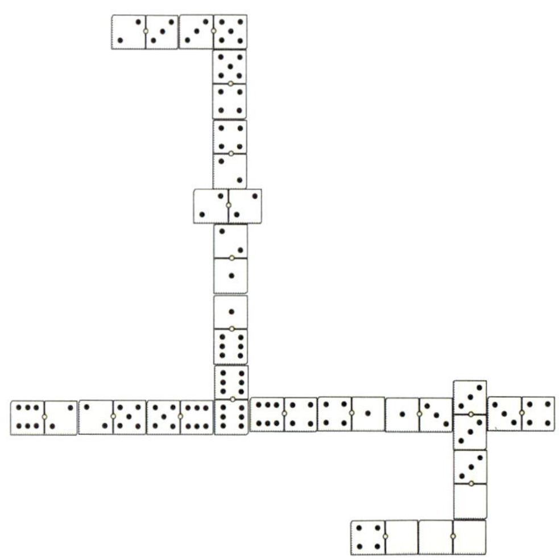

les cartes*F*

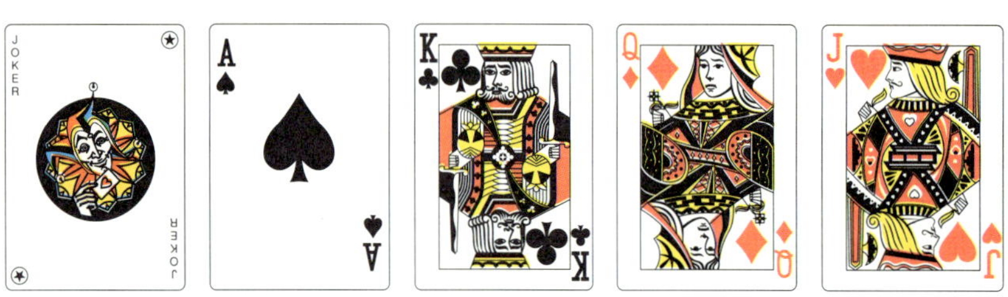

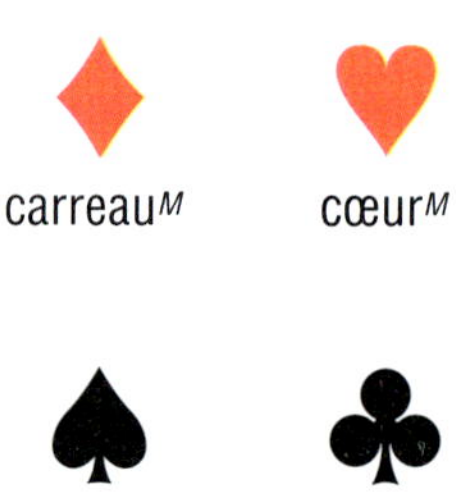

la mesure*F* du temps*M*

cadran*M* solaire

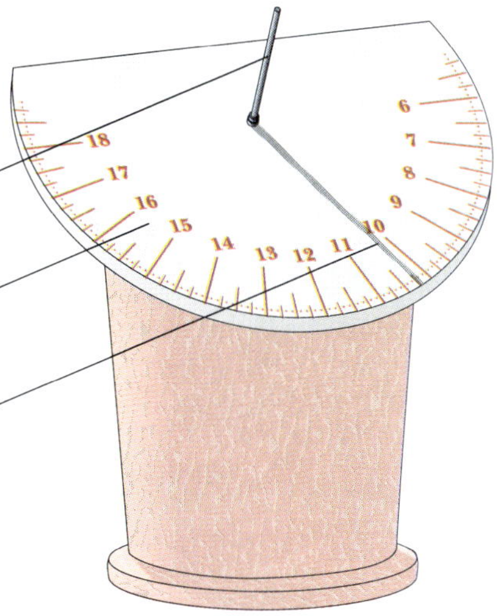

sablier*M*

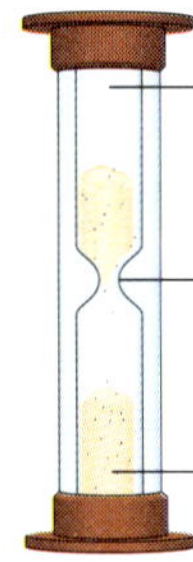

minuteur*M*

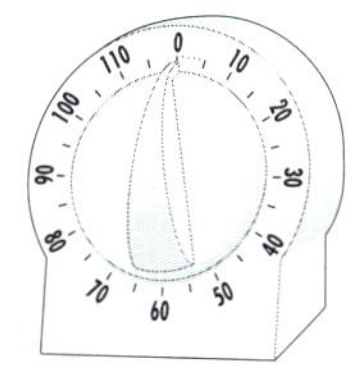

chronomètre*M*

montre*F* à affichage*M* analogique

montre*F* à affichage*M* numérique

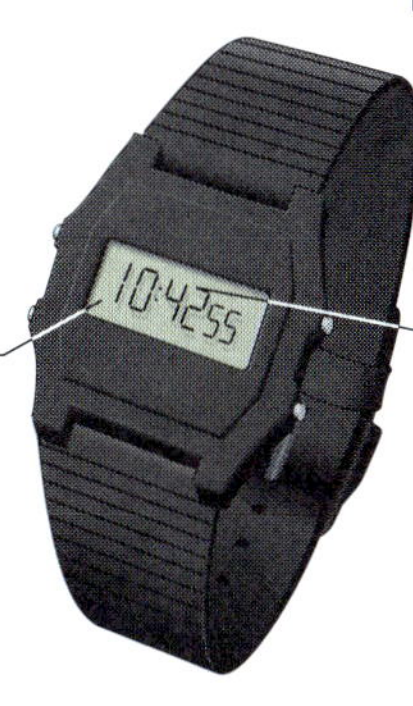

LES APPAREILS DE MESURE

la mesure*F* de la masse*F*

balance*F* de Roberval

balance*F* électronique

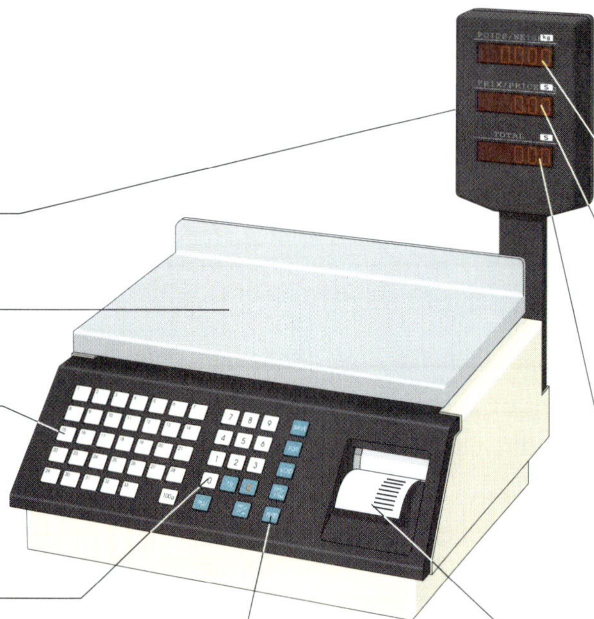

pèse-personne*M*

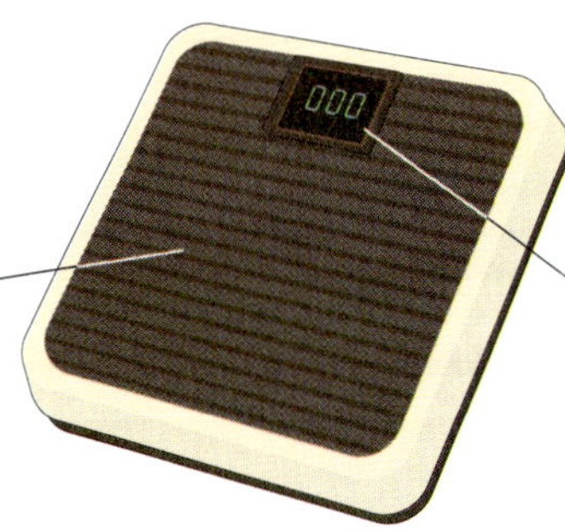

la mesure[F] de la température[F]

thermomètre[M]

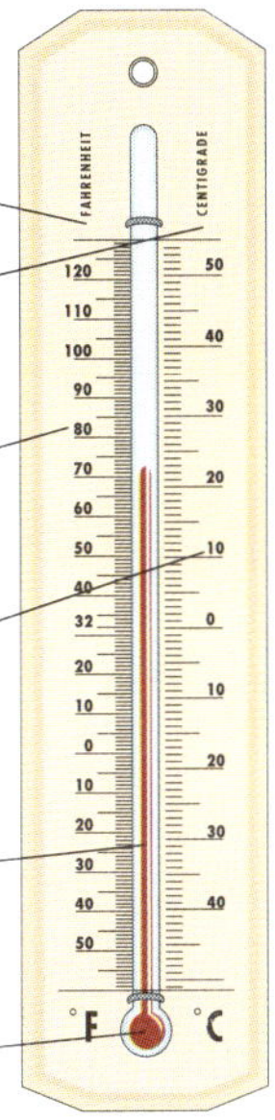

thermomètre[M] médical

thermostat[M] d'ambiance[F]

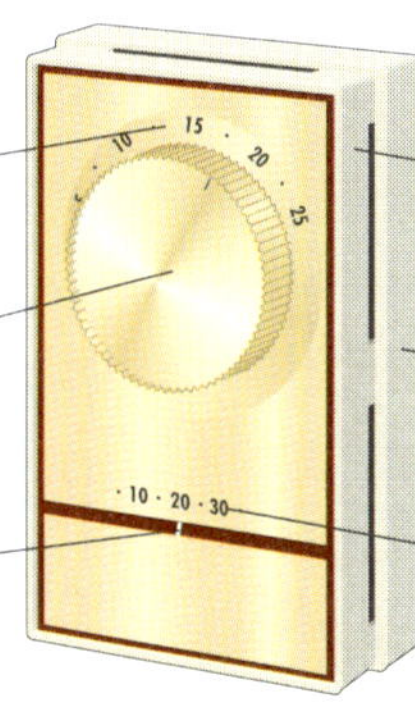

la mesure[F] de la longueur[F]

mètre[M] à ruban[M]

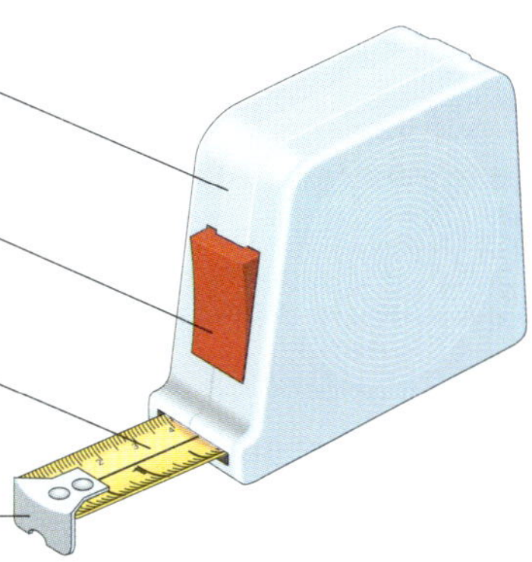

la mesure[F] de la distance[F]

podomètre[M]

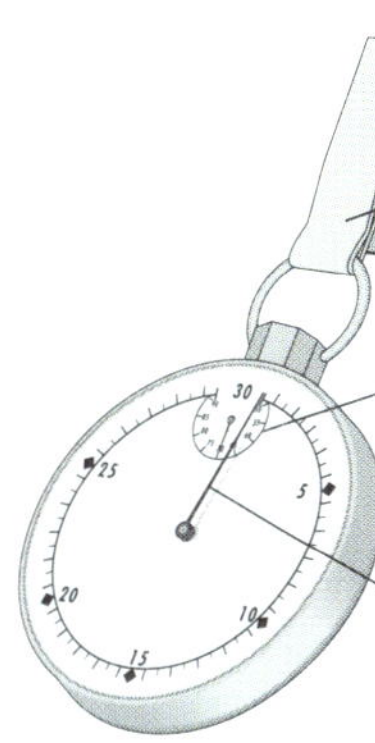

LES APPAREILS DE VISION

les jumelles[F]

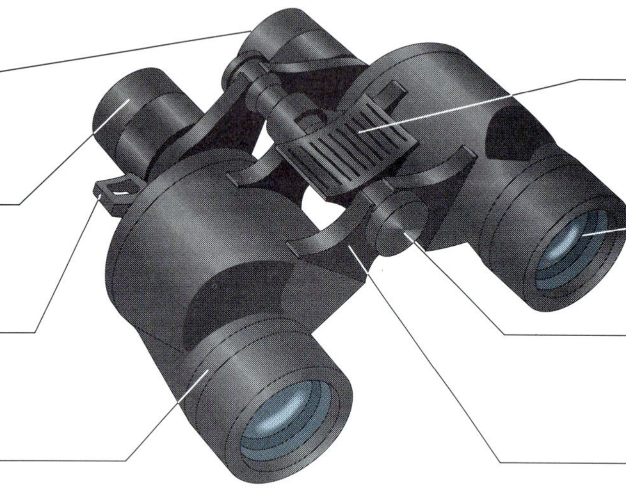

le microscope[M] binoculaire

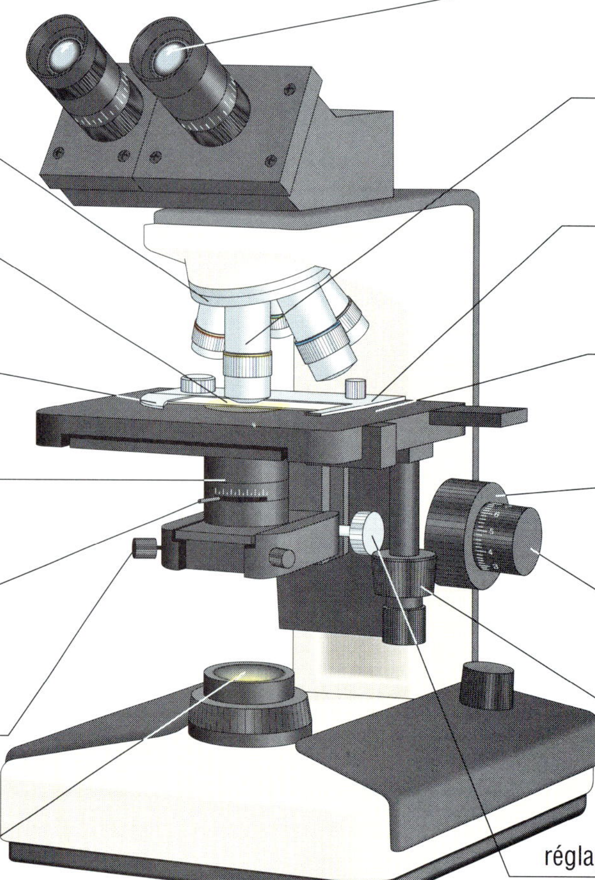

le télescopeM

la lunetteF astronomique

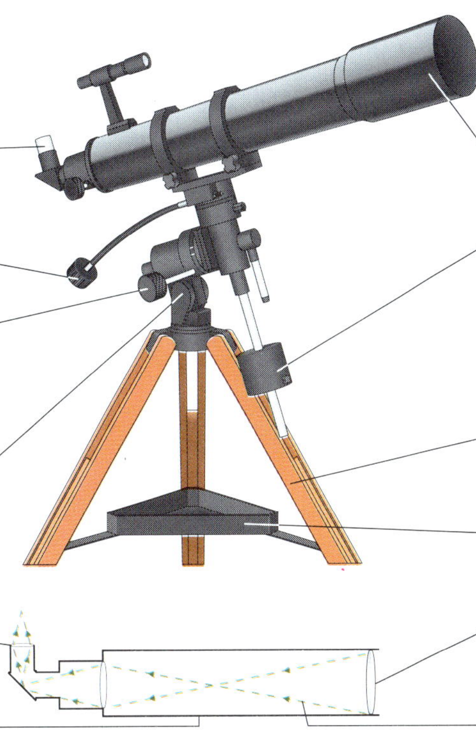

les véhicules *M* d'incendie *M*

la grande échelle *F*

extincteur *M*

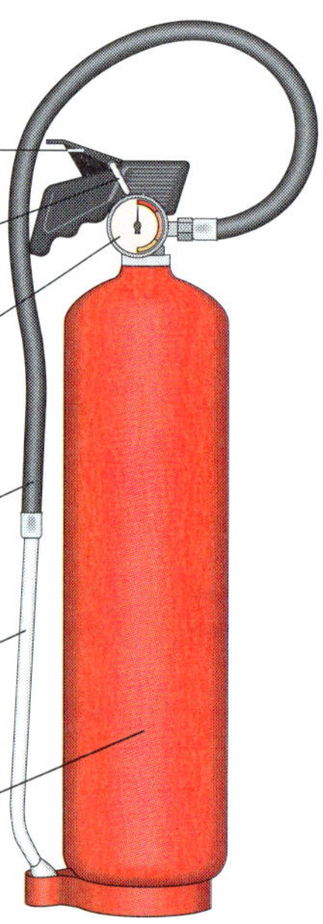

hachette *F*

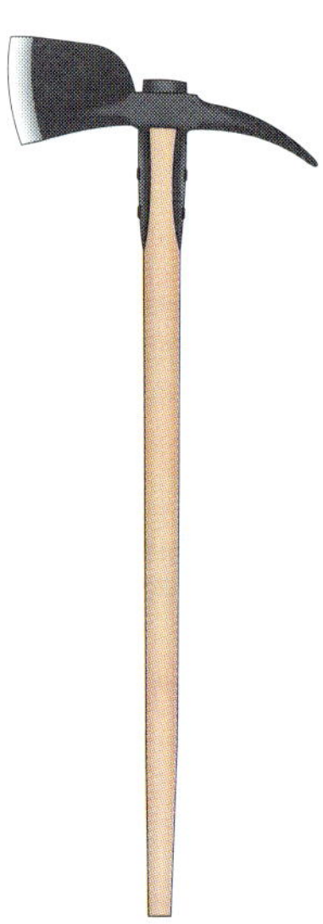

casque *M* de pompier *M*

lance *F*

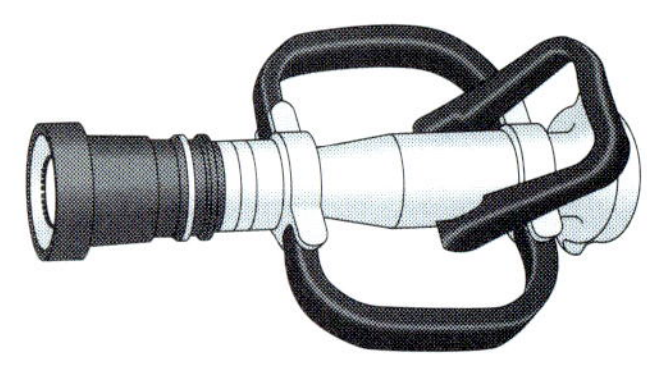

les véhicules*M* d'incendie*M*

le fourgon-pompe*M*

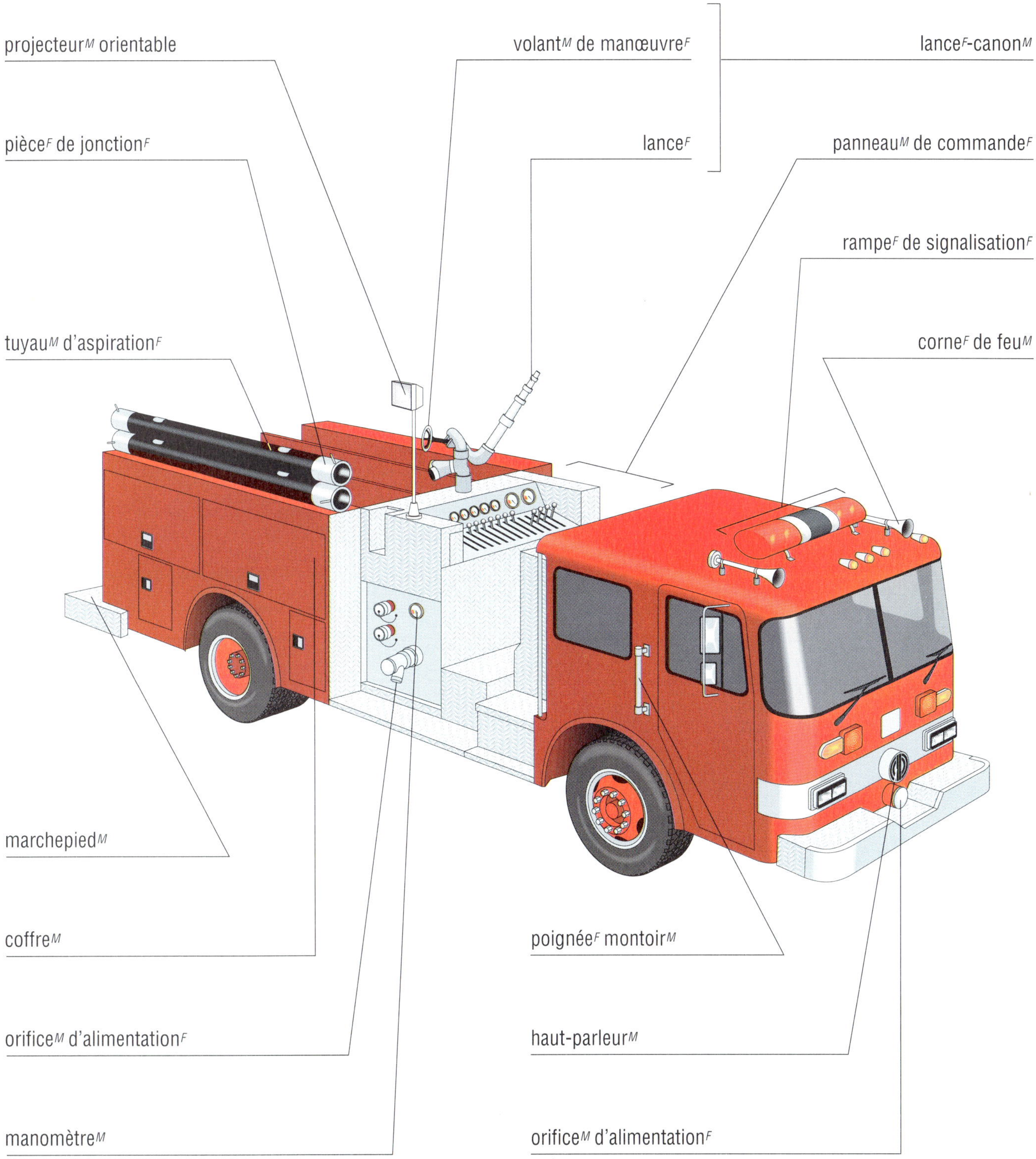

la manutention[F]

grue[F] à tour[F]

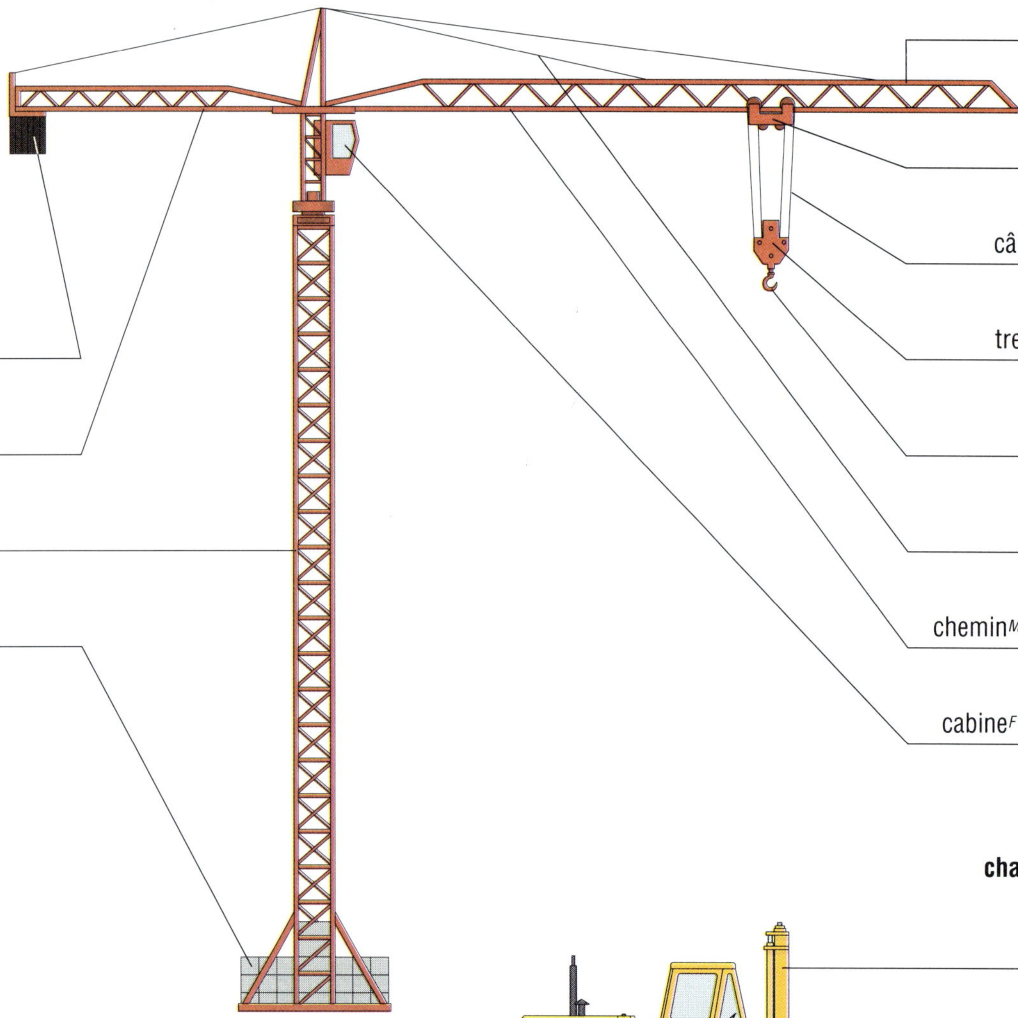

chariot[M] élévateur

grue[F] sur porteur[M]

le bouteur[M]

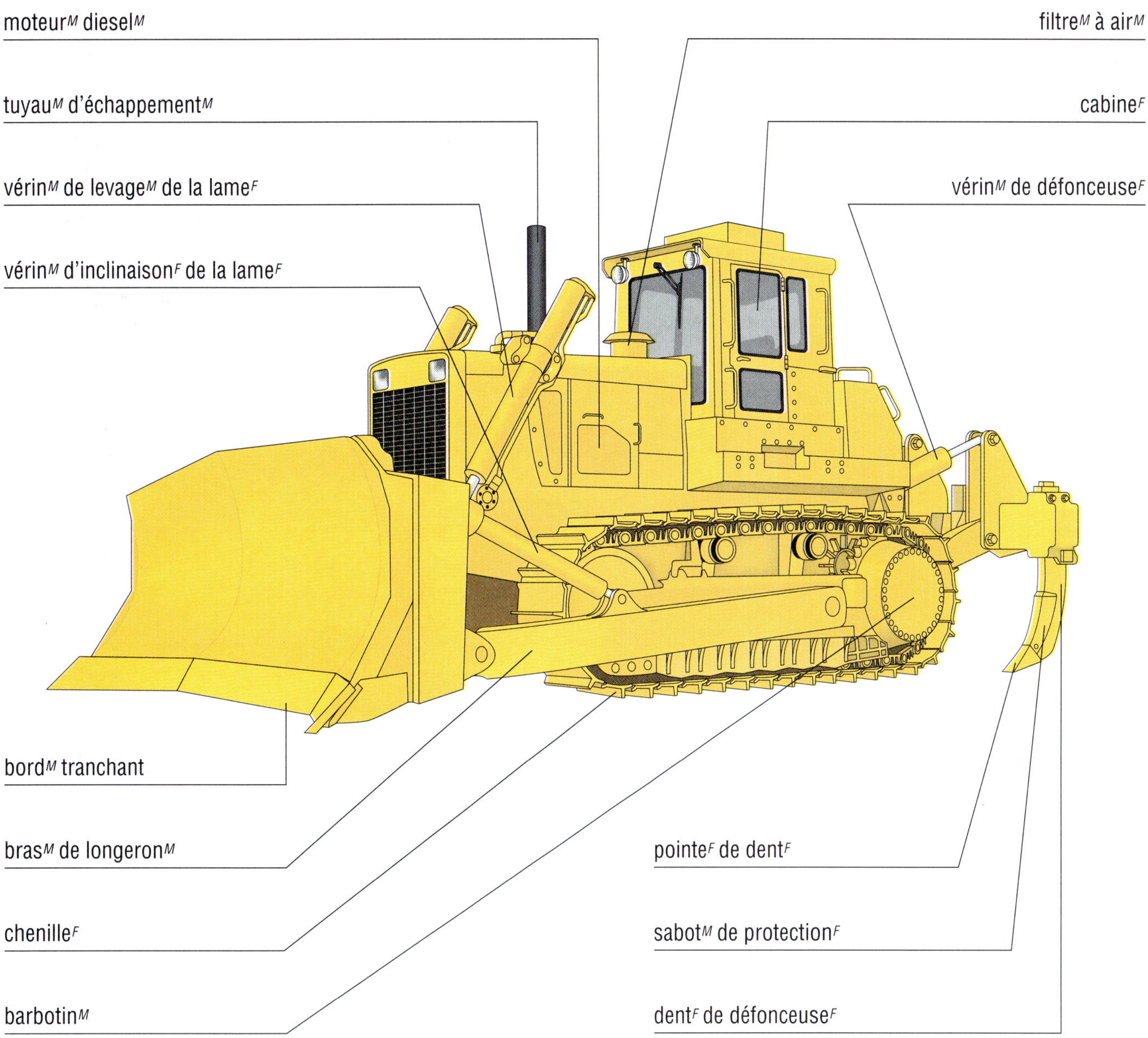

lame[F]

tracteur[M] à chenilles[F]

défonceuse[F]

la chargeuse-pelleteuseF

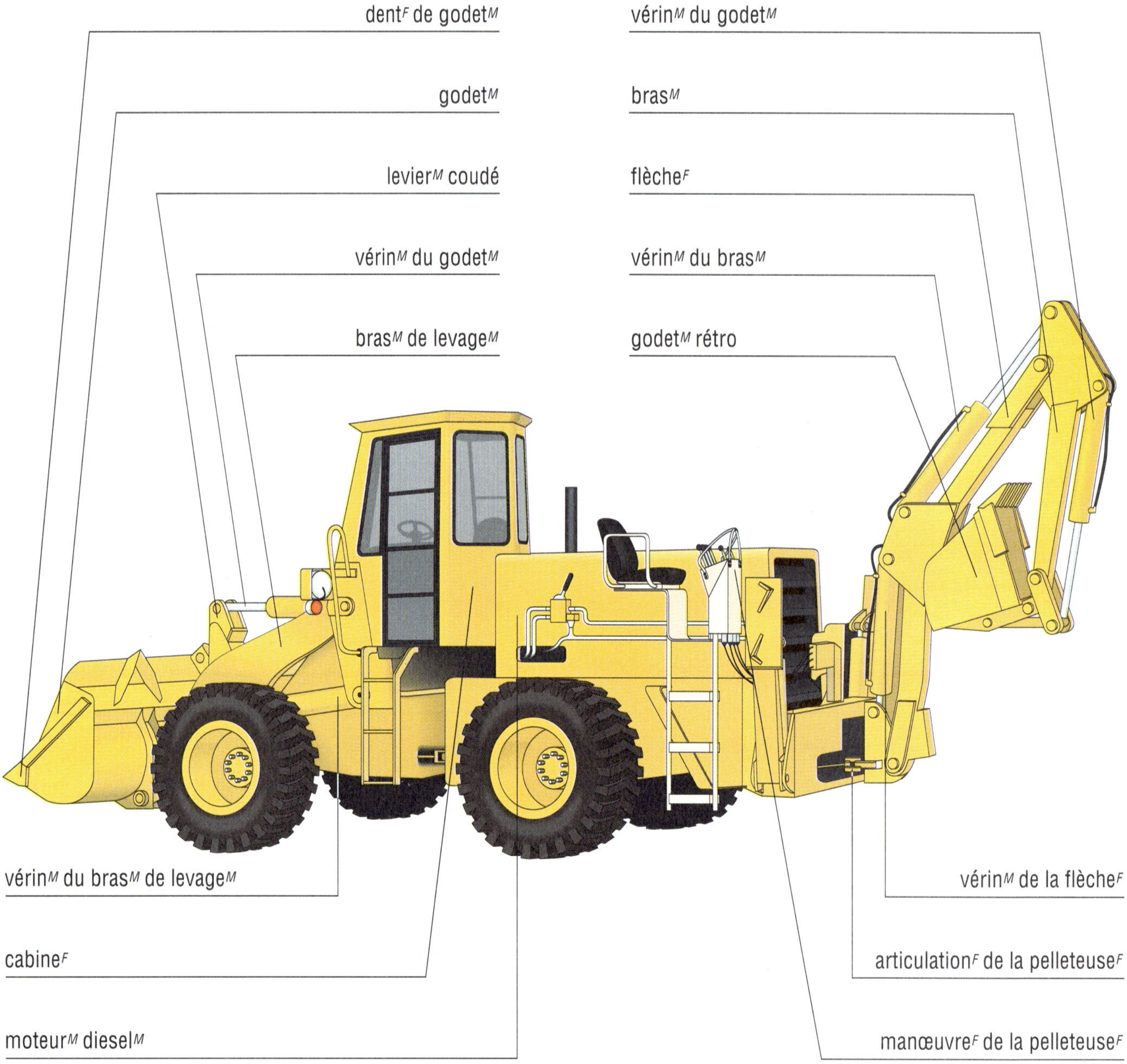

chargeuseF frontale

tracteurM

pelleteuseF

le camion[M]-benne[F]

la pelle[F] hydraulique

symboles[M] d'usage[M] courant

téléphone[M]

renseignements[M]

handicapés[M]

défense[F] de fumer

toilettes[F]

poste[M] de carburant[M]

restaurant[M]

hôpital[M]

matières[F] toxiques

matières[F] inflammables

matières[F] explosives

danger[M] électrique

principaux signaux[M] routiers

limitation[F] de vitesse[F]

stationnement[M] interdit

sens[M] interdit

stop[M]

direction[F] obligatoire

piste[F] cyclable

virage[M] à droite[F]

céder le passage[M]

école[F]

annonce[F] de feux[M]

danger[M]

passage[M] pour piétons[M]

INDEX

°C 143.
°F 143.
25 points(m) 137.
50 points(m) 137.

A

abat-jour(m) 63.
abattant(m) 60.
abdomen(m) 24, 25, 26.
abeille(f) 25.
abricot(m) 43.
accès(m) au garage(m) 56.
accotoir(m) 61.
addition(f) 74.
addition(f) en mémoire(f) 74.
aérateur(m) de toit(m) 93.
aérateur(m) latéral 93.
affichage(m) 74.
affichage(m) des données(f) 89.
afficheur(m) 142.
afficheur(m) prix(m) 96.
afficheur(m) totaliseur 96.
afficheur(m) volume(m) 96.
Afrique(f) 12.
agneau(m) 50.
agrafe(f) 72, 83.
agrafes(f) 73.
agrafeuse(f) 73.
agrumes(m) 44.
aide(m)-arbitre(m) 129.
aiguille(f) 13, 141, 142, 143.
aiguille(f) des dixièmes(m) de seconde(f) 141.
aiguille(f) des minutes(f) 141.
aiguillon(m) 25.
ail(m) 41.
aile(f) 22, 24, 90, 104, 107.
aile(f) antérieure 24, 25.
aile(f) de quartier(m) 78.
aile(f) droite 119.
aile(f) du nez(m) 36.
aile(f) gauche 119.
aile(f) postérieure 24, 25.
aileron(m) 136.
ailier(m) défensif droit 120.
ailier(m) défensif gauche 120.
ailier(m) droit 118, 119, 125, 126.
ailier(m) éloigné 120.
ailier(m) gauche 118, 119, 125, 126.
ailier(m) rapproché 120.
aine(f) 31.
aire(f) de ravitaillement(m) 96.
airelle(f) 44.
alimentation(f) solaire 74.
allée(f) 51.
altérations(f) 112.
alto(m) 117.
alvéole(f) 25.
amande(f) 46.
amanite(f) tue-mouches 19.
amanite(f) vireuse 19.
Amérique(f) centrale 12.
Amérique(f) du Nord(m) 12.
Amérique(f) du Sud(m) 12.
amortisseur(m) 95.
amplificateur(m) 89.
ampoule(f) 63.
amygdale(f) 34.
analyseur(m) d'image(f) 89.
ananas(m) 45.
anche(f) 115.
ancre(f) 102.
animaux(m) de la ferme(f) 50.
animaux(m) sauvages 29, 30.
anneau(m) 19, 129, 139.
annonce(f) de feux(m) 152.
annulaire(m) 36.
anse(f) 53.
Antarctique(m) 12.
antenne(f) 24, 25, 26, 86, 90, 104, 111.
antenne(f) radar(m) 102, 103.
antenne(f) radio(f) 103.
antennule(f) 26.
anthère(f) 17.
appareil(m) photographique 87.
appareils(m) électroménagers 68.
appartement(m) du commandant(m) 102.
applique(f) 63.
applique(f) d'extérieur(m) 56.
appui-flèche(m) 137.
arachide(f) 46.
arbalète(f) 109.
arbitre(m) 118, 120, 126, 129, 130.
arbitre(m) en chef(m) 120, 122.
arbre(m) de transmission(f) 105.
arbre(m), les parties(f) d'un 18.
arbrier(m) 109.
arbuste(m) 51.
arc(m) 97, 109.
arc(m) à poulies(f) 137.
arc(m) de cercle(m) 118.
arc-en-ciel(m) 15.
arceau(m) 51.
arche(f) naturelle 13.
archet(m) 114.
Arctique(m) 12.
arête(f) 14.
armature(f) 77, 138.
armature(f) de la clé(f) 112.
armature(f) intégrée 139.
armes(f) blanches 109.
armet(m) 108.
armure(f) 108.
arrache-clou(m) 75.
arrêt(m) 88.
arrêt-court(m) 122.
arrêtoir(m) de chargeur(m) 110.
arrière court(m) 130.
arrière(m) 119, 120.
arrière(m) central 118.
arrière(m) droit 118, 125, 129.
arrière(m) gauche 118, 125, 129.
arrière-champ(m) 122.
arroseur(m) rotatif 53.
arrosoir(m) 53.
artichaut(m) 41.
articulation(f) de la pelleteuse(f) 150.
As(m) 140.
Asie(f) 12.
asperge(f) 39.
assiette(f) à dessert(m) 64.
assiette(f) à salade(f) 64.
assiette(f) creuse 64.
assiette(f) plate 64.
astéroïdes(m) 9.
atelier(m) de mécanique(f) 96.
atmosphère(f) solaire 10.
attache(f) 84, 116.
attache(f) de pavillon(m) 115.
attaque(f) 120.
aubergine(f) 42.
aubier(m) 18.
auriculaire(m) 36.
aurore(f) polaire 11.
Australie(f) 12.
auto-caravane(f) 93.
auto-inversion(f) 86.
autocuiseur(m) 67.
automobile(f) 90, 91.
autruche(f) 30.
auvent(m) 138, 151.
auvent(m) de fenêtre(f) 138.
avance(f) 86.
avance(f) rapide 86, 88.
avant court(m) 130.
avant(m) centre 125.
avant(m) droit 119, 125, 129.
avant(m) gauche 119, 125, 129.
avant-bras(m) 21, 32.
avant-centre(m) 118.
avant-champ(m) 122.
aven(m) 14.
avertisseur(m) 91.
avertisseur(m) sonore 94.
avion(m) long-courrier(m) 104.
avocat(m) 45.
axe(m) du pédalier(m) 99.

B

babines(f) 21.
bâbord(m) 102.
bac(m) 77.
bac(m) à glaçons(m) 70.
bac(m) à herbe(f) 53.
bac(m) à légumes(m) 70.
bac(m) à plante(f) 51.
bac(m) à viande(f) 70.
bague(f) 115.
bague(f) de correction(f) 144.
bague(f) de mise(f) au point(m) 87.
bague(f) de serrage(m) 115.
baguette(f) 79, 114, 116.
baguette(f) épi(m) 37.
baguette(f) parisienne 37.
baies(f) 44.
baignoire(f) 59.
bain-marie(m) 67.
baïonnette(f) 109.
baladeur(m) 86.
balai(m) à feuilles(f) 52.
balance(f) de Roberval 142.
balance(f) électronique 142.
balconnet(m) 70.
baleine(f) 84.
ballast(m) 100.
balle(f) de tennis(m) 131.
balle(f), baseball(m) 123.
balle(f), cricket(m) 124.
balle(f), hockey(m) sur gazon(m) 125.
ballon(m) de football(m) 118, 121.
ballon(m) de rugby(m) 119.
ballon(m), basket-ball(m) 129.
banane(f) 45.
banc(m) des joueurs(m) 122, 126, 129.
banc(m) des officiels(m) 126.
banc(m) des pénalités(f) 126.
bande(f) 126.
bande(f) de filet(m) 130.
bandoulière(f) 84.
banquette(f) 59.
bar(m) 102.
barbe(f) 39.
barbotin(m) 111, 149.
barillet(m) 110.
barquette(f) 48.
barre(f) de mesure(f) 112.
barre(f) de repos(m) des marteaux(m) 113.
barre(f) de retenue(f) 70.
barreau(m) 58, 60.
barrette(f) 124.
base(f) 98.
base-ball(m) 122, 123.
base-ball(m), balle(f) 123.
basket-ball(m) 129.
basket-ball(m), ballon(m) 129.
basket-ball(m), terrain(m) 129.
bassin(m) 51.
bassin(m) de compétition(f) 134.
basson(m) 117.
bâton(m) 127.
bâton(m) de joueur(m) 127.
bâton(m) de ski(m) 132.
bâton(m), baseball(m) 123.
bâton(m), ski(m) de fond(m) 133.
bâtonnet(m) de colle(f) 73.
batraciens(m) 27.
batte(f) 124.
batterie(f) 116.
batterie(f) de cuisine(f) 67.
batteur(m) 124.
batteur(m) de relais(m) 124.
batteur(m) sur socle(m) 68.
bavette(f) 83.
bavette(f) garde-boue(m) 94.
bavolet(m) 79.
bec(m) 22, 65, 115.
bec(m) corné 28.
bécarre(m) 112.
bêche(f) 52.
becs(m), principaux types(m) de 23.
beignet(m) 48.
bémol(m) 112.
benne(f) basculante 151.
béquet(m) 95.
béquille(f) centrale 95.
béquille(f) d'appui(m) 93.
béquille(f) latérale 95.
bergerie(f) 49.
berline(f) 92.
bermuda(m) 83.
bette(f) à carde(f) 39.
betterave(f) 40.
beurrier(m) 64.
bicyclette(f) 98, 99.
bidet(m) 59.
bidon(m) 98.
bille(f) 72.
blanc(m) 140.
blanc(m) de l'œil(m) 35.
blanche(f) 112.
Blancs(m) 140.
bleu(m) 71.
blindage(m) 111.
bloc(m) d'équipement(m) 106.
bloc(m) de départ(m) 134.
bloc(m) essieu(m) 128.
bloc(m)-moteur(m) 68.
bloc-notes(m) 73.
blocage(m) 76.
bloqueur(m) droit 120.
bloqueur(m) gauche 120.
blouson(m) 80.
bocal(m) 115.
bogie(m) 100.
boîte(f) à aquarelle(f) 73.
boîte(f) à gants(m) 91.
boîtier(m) 76, 87, 141, 143.
bol(m) 64, 68.
bol(m) à salade(f) 64.
bonnet(m) 132, 133.
bord(m) 17, 79.
bord(m) tranchant 149.
bord-côte(m) 81, 83.
bordure(f) 136.
bordure(f) d'allée(f) 51.
borne(f) de gonflage(m) 96.
botte(f) 39.
bottillon(m) 135.
bouche(f) 26, 27, 34, 110.
bouche(f) d'air(m) 91.
bouchon(m)-mesure(f) 68.
boucle(f) 79.
boucle(f) de piquet(m) 138.
boucle(f) de réglage(m) 139.
bouclier(m) 90, 127.
bouclier(m) thermique 107.
bouée(f) de sécurité(f) 135.
boulon(m) 76.
bourdalou(m) 79.
bourgeon(m) 17.
bourgeon(m) axillaire 16.
bourgeon(m) terminal 16.
boussole(f) 135.
bout(m) 65.
bout(m) du nez(m) 20.
bouteille(f) d'air(m) comprimé 135.
bouteur(m) 149.
bouton(m) 114.
bouton(m) de blocage(m) 143.
bouton(m) de commande(f) 69.
bouton(m) de mise(f) au point(m) manuelle 87.
bouton(m) de réglage(m) de la température(f) 143.
bouton(m) de remboursement(m) 85.
bouton(m) floral 16.
bouton(m) moleté 77.
bouton(m)-poussoir(m) 72.
bouton(m)-poussoir(m) à impulsion(f) 68.
bouton-pression(m) 80.
boutonnière(f) 81.
braconnière(f) 108.
braguette(f) 80, 83.
brancard(m) 53.
branche(f) 39, 76, 84, 137.
branche(f) maîtresse 18.
bras(m) 20, 32, 53, 150, 151.
bras(m) de levage(m) 150.
bras(m) de longeron(m) 149.
bras(m) télécommandé 107.
brassard(m) 108, 121, 127.
bretelle(f) 83, 139.
bride(f) de fixation(f) 145.
bride(f) de suspension(f) 81.
brocoli(m) 41.
brouette(f) 53.
brouillard(m) 15.
brume(f) 15.
bûche(f) de Noël 48.
bulbe(m) 39.
bureau(m) 96.
but(m) 118, 119, 120, 125, 126.

Les termes en **caractères gras** renvoient à une illustration.

INDEX

butée(f) 97, 132.
bœuf(m) 50.

C

cabine(f) 102, 105, 149, 150, 151.
cabine(f) de commande(f) 148.
cabine(f) de conduite(f) 100.
cabine(f) de douche(f) 59.
câble(m) 76, 137.
câble(m) de commande(f) 99.
câble(m) de frein(m) 98.
câble(m) de levage(m) 148.
câble(m) du clavier(m) 74.
câble(m) porteur 97.
cabriolet(m) 92.
cache-cœur(m) 82.
cadenas(m) 99.
cadran(m) 141, 142.
cadran(m) solaire 141.
cadre(m) 25, 95, 98, 131.
cadre(m) métallique 113.
cafetière(f) filtre(m) 68.
cagoule(f) 135.
cahier(m) 73.
caisse(f) 53, 113, 114.
caisse(f) claire 116.
caisse(f) claire 117.
caisse(f) pleine 116.
caisse(f) roulante 116.
calandre(f) 90, 94.
calculette(f) 74.
cale-pied(m) 98.
calice(m) 17.
Callisto 9.
calotte(f) 22, 79.
cambium(m) 18.
camembert(m) 47.
caméra(f) vidéo 89.
camion(m)-benne(f) 151.
camionnette(f) 92.
camping(m), matériel(m) 138, 139.
canal(m) à venin(m) 28.
canapé(m) 61.
canard(m) 50.
canine(f) 34.
canneberge(f) 44.
canon(m) 20, 110, 111.
canon(m) d'avant-bras(m) 108.
cantaloup(m) 42.
capot(m) 90.
capteur(m) de télécommande(f) 88.
capuchon(m) 72.
carapace(f) 26, 28.
caravane(f) tractée 93.
carde(f) 39.
cardigan(m) 81.
cardon(m) 39.
carénage(m) 95.
carillon(m) tubulaire 117.
carnet(m) 73.
carotte(f) 40.
carpe(m) 33.
carre(f) 128, 132.
carré(m) 71.
carreau(m) 57, 140.
carreau(m) d'arbalète(f) 109.
carrosserie(f) 90.
carrosseries(f), types(m) de 92.
cartes(f) 140.
cartouche(f) 72, 110.
case(f) 54.
casier(m) à beurre(m) 70.
casier(m) à munitions(f) 111.
casier(m) laitier 70.
casque(m) 99.
casque(m) 121, 127.
casque(m) d'écoute(f) 86.
casque(m) de frappeur(m) 123.
casque(m) de pompier(m) 146.
casquette(f) 79.
casserole(f) 67.
cassette(f) 86.
cassette(f) messages(m) 85.
cassis(m) 44.
castagnettes(f) 117.
caténaire(f) 100.
causeuse(f) 61.
céder le passage(m) 152.
ceinture(f) 60, 61, 79, 139.
ceinture(f) de maintien(m) 121, 127.
ceinture(f) de plomb(m) 135.
ceinture(f) élastique 80.
ceinture(f) montée 80, 83.
ceinture(f) sangle(f) 83.
céleri(m) 39.
céleri-rave(m) 40.
cellule(f) photoélectrique 87.
centre(m) 118, 119, 120, 126, 129.
centre(m) droit 119.
centre(m) gauche 119.
céphalothorax(m) 26.
cercle(m) 71, 84.
cercle(m) annuel 18.
cercle(m) central 126, 129.
cercle(m) d'attente(f) 122.
cercle(m) d'envoi(m) 125.
cercle(m) de mise(f) au jeu(m) 126.
cercle(m) restrictif 129.
cerf(m) de Virginie(f) 30.
cerise(f) 43.
chaîne(f) 98, 99.
chaîne(f) de sûreté(f) 93.
chaîne(f) stéréo 89.
chaise(f) 60.
chaloupe(f) de sauvetage(m) 102.
chambranle(m) 57.
chambre(f) 138.
chambre(f) d'expansion(f) 143.
chambre(f) des machines(f) 103.
chambre(f) des torpilles(f) 103.
chameau(m) 30.
champ(m) centre 122.
champ(m) droit 122.
champ(m) gauche 122.
champignon(m) comestible 19.
champignon(m) mortel 19.
champignon(m) vénéneux 19.
champignon(m), les parties(f) d'un 19.
chandail(m) 121.
chandail(m) d'équipe(f) 123.
chandail(m) de dessous(m) 123.
chanfrein(m) 20.
chapeau(m) 19.
chapeau(m) de feutre(m) 79.
chapelle(f) 55.
char(m) d'assaut(m) 111.
charge(f) utile 106.
chargeur(m) 110.
chargeuse(f) frontale 150.
chargeuse-pelleteuse(f) 150.
chariot(m) 144, 148.
chariot(m) élévateur 148.
charlotte(f) 48.
charnière(f) 144.
chasse-pierre(m) 100.
châssis(m) 96, 151.
châssis(m) de bogie(m) 100.
chat(m) 21.
châtaigne(f) 20.
château fort(m) 55.
chatière(f) 56.
chaudière(f) 103.
chaussette(f) 121, 131, 133.
chaussette(f)-étrier(m) 123.
chausson(m) 48, 135.
chaussure(f) 128.
chaussure(f) à crampons(m) 121.
chaussure(f) de ski(m) 132.
chaussure(f) de sport(m) 78.
chaussure(f) de tennis(m) 131.
chemin(m) de ronde(f) 55.
chemin(m) de ronde(f) couvert 55.
chemin(m) de roulement(m) 148.
cheminée(f) 13, 56.
cheminée(f) antisuie 102.
cheminée(f) d'échappement(m) 94.
chemise(f) 80, 131.
chemisette(f) 83.
chemisier(m) classique 82.
chemisiers(m) 82.
chenille(f) 24.
chenille(f) 111, 149.
chercheur(m) 145.
chérimole(f) 45.
cheval(m) 20.
chevalet(m) 113, 114.
chevelu(m) 18.
chevelure(f) 11.
cheveux(m) 32.
cheville(f) 31, 114.
cheville(f) d'accord(m) 113.
chevillier(m) 114.
chèvre(f) 50.
chèvre(m) 47.
chicorée(f) 38.
chien(m) 21.
chien(m) 110.
chope(f) à café(m) 64.
chou(m) à la crème(f) 48.
chou(m) chinois 38.
chou(m) frisé 38.
chou(m) pommé blanc 38.
chou(m) pommé vert 38.
chou-fleur(m) 41.
chou-rave(m) 40.
choux(m) de Bruxelles 38.
chronomètre(m) 141.
chronométreur(m) 129.
chronométreur(m) des 30 secondes(f) 129.
chrysalide(f) 24.
chute(f) 14, 136.
cible(f) 137.
ciboulette(f) 41.
cil(m) 35.
cime(f) 18.
cinéma(m) 102.
cisaille(f) à haies(f) 52.
ciseaux(m) 139.
citron(m) 44.
citrouille(f) 42.
clafoutis(m) 48.
clarinette(f) 117.
clarinette(f) basse 117.
classeur(m) 73.
clavicule(f) 33.
clavier(m) 74, 85, 113.
clavier(m) numérique 142.
clayette(f) 70.
clé(f) 115.
clé(f) à molette(f) 76.
clé(f) d'ut(m) 112.
clé(f) de fa(m) 112.
clé(f) de sol(m) 112.
clés(f) 112.
clignotant(m) 95.
climatiseur(m) 93.
cloison(f) 138, 140.
clôture(f) électrique 49.
clôture(f) en lattis(m) 51.
clou(m) 75.
coach(m) 92.
code(m) des produits(m) 142.
cœur(m) 18, 131, 140.
coffre(m) 90, 146, 147.
coffre(m) à bagages(m) 93.
coffre(m) de rangement(m) 94.
coffret(m) 88.
coiffe(f) 16.
coiffeuse(f) 59.
coin(m) de patinoire(f) 126.
coing(m) 43.
col(m) 14, 78, 80.
col(m) roulé 81.
col(m) roulé 133.
col(m) transformable 79.
collet(m) 16, 65.
colline(f) 14.
colonne(f) 14.
colonne(f) de direction(f) 91.
colonne(f) de mercure(m) 143.
combinaison(f) 132, 133.
combiné(m) 85.
comète(f) 11.
commande(f) d'essuie-glace(m) 91.
commande(f) de marche(f) arrière 87.
commande(f) de marche(f) avant 87.
commande(f) de température(f) 70.
commande(f) de vitesse(f) 68.
commande(f) de volume(m) du haut-parleur(m) 85.
commande(f) du chariot(m) 144.
commandes(f) de chauffage(m) 91.
commissure(f) des lèvres(f) 34.
commutateur(m) 87.
commutateur(m) de sonnerie(f) 85.
compartiment(m) *touriste* 104.
compartiment(m) à fret(m) 104.
compartiment(m) bagages(m) 100.
compartiment(m) de première classe(f) 104.
compartiment(m)-couchette(f) 94.
compte-tours(m) 91.
compteur(m) kilométrique 91.
concombre(m) 42.
condenseur(m) 144.
conduit(m) auditif 35.
cône(m) 13, 71.
cône(m) adventif 13.
congélateur(m) 70.
console(f) centrale 91.
console(f) d'accotoir(m) 61.
constellations(f) 11.
contact(m) 91.
continents(m) 12.
contre-flèche(f) 148.
contrebasse(f) 117.
contrebasson(m) 117.
contrefort(m) 14, 78.
contremarche(f) 58.
contrepoids(m) 145, 148.
contrevent(m) 57.
contrôle(m) de la stéréophonie(f) 86.
contrôles(m) de tonalité(f) 86.
contrôles(m) du lecteur(m) de cassette(f) 86.
coq(m) 50.
coque(f) 93.
coquille(f) 26, 61, 121, 127.
cor(m) anglais 117.
cor(m) d'harmonie(f) 117.
corbeille(f) à pollen(m) 25.
corbeille(f) suspendue 51.
corde(f) 109, 114, 137.
corde(f) de couloir(m) 134.
corde(f) de timbre(m) 116.
corde(f) de tirage(m) 77.
cordes(f) 113.
cordier(m) 114.
cordon(m) 86, 141.
cordon(m) d'alimentation(f) 53.
cordon(m) de combiné(m) 85.
corne(f) de feu(m) 147.
cornes(f) 26.
cornet(m) 117.
cornet(m) à dés(m) 140.
corniche(f) 56, 57.
corolle(f) 17.
corps(m) 115, 137.
corps(m) de garde(f) 55.
corps(m) de ruche(f) 25.
corps(m), vu de dos(m) 32.
corps(m), vu de face(f) 31.
corsage(m)-culotte(f) 82.
côte(f) 33.
cottage cheese(m) 47.
cotte(f) de mailles(f) 108.
cotylédon(m) 16.
cou(m) 28, 31.
couche(f) de cendres(f) 13.
couche(f) de laves(f) 13.
couchette(f) 103.
coude(m) 20, 21, 32.
coudière(f) 121.
coulant(m) 84.
coulée(f) de laves(f) 13.
coulisse(f) d'accord(m) 115.
coulisse(f) d'entrée(f) 25.
coulisse(f) du deuxième piston(m) 115.
coulisse(f) du premier piston(m) 115.
coulisse(f) du troisième piston(m) 115.
couloir(m) 130, 134.
couloir(m) de lancer(m) franc 129.
coupe-bordures(m) 52.
coupe-fil(m) 76.
cour(f) 49, 55.
courge(f) 42.
courgette(f) 42.
couronne(f) 10.
couronne(f) d'orientation(f) 151.

Les termes en **caractères gras** renvoient à une illustration.

INDEX

course(f) 124.
court(m) de service(m) droit 130.
court(m) de service(m) gauche 130.
courtine(f) 55.
coussin(m) carré 62.
coussin(m) cylindrique 62.
coussin(m) d'air(m) 78.
coussinet(m) 21, 128.
couteau(m) 65.
couteau(m) 68, 135.
couteau(m) de combat(m) 109.
couteau(m) suisse 139.
couture(f) 123, 124.
couture(f) d'assemblage(m) 79.
couvercle(m) 59, 67, 68, 143.
couvercle(m) de réservoir(m) 59.
couvercle(m) du chargeur(m) 87.
couvert(m) 65.
couverture(f) 62.
cracker(m) de seigle(m) 37.
cracker(m) scandinave 37.
crampon(m) 78.
cran(m) 80.
cran(m) de mire(f) 110.
crâne(m) 33.
cratère(m) 13.
cravate(f) 80.
crayon(m) 72.
crayon(m) gomme(f) 72.
crémaillère(f) 67, 70.
crème(f) caramel(m) 48.
crème(f) de gruyère(m) 47.
crémier(m) 64.
créneau(m) 55.
crêpe(f) Suzette 48.
cresson(m) de fontaine(f) 38.
crête(f) 14.
creux(m) 65.
cricket(m) 124.
cricket(m), balle(f) 124.
crinière(f) 20.
cristaux(m) de neige(f) 15.
cristaux(m) liquides 141.
croche(f) 112.
crochet(m) 57, 128, 143, 148.
crochet(m) à venin(m) 28.
crochet(m) de petit doigt(m) 115.
crochet(m) de pouce(m) 115.
crocodile(m) 29.
croissant(m) 37.
Croix(f) du Sud(m) 11.
crosse(f) 125.
crosse(f) 110.
croupe(f) 20.
croûte(f) fleurie 47.
croûte(f) lavée 47.
croûte(f) naturelle 47.
crustacé(m) 26.
cube(m) 71.
cubitière(f) 108.
cubitus(m) 33.
cuiller(f) 65.
cuiller(f) à égoutter 66.
cuiller(f) à glace(f) 66.
cuilleron(m) 65.
cuillers(f) doseuses 66.
cuisinière(f) électrique 69.
cuissard(m) 108, 121.
cuisse(f) 20, 21, 32.
culée(f) 97.
culot(m) à baïonnette(f) 63.
culot(m) à vis(f) 63.
culotte(f) 127.
cuvette(f) 59.
cylindre(m) 71.
cymbales(f) 117.

D

dalle(f) 51.
Dame(f) 140.
dames(f) 140.
danablu(m) (bleu(m)) 47.
danger(m) 152.
danger(m) électrique 152.
datte(f) 43.
dé(m) 140.
dé(m) doubleur 140.
débardeur(m) 81.
décapsuleur(m) 66, 139.
déclencheur(m) 87, 89.
défense(f) 120.
défense(f) de fumer 152.
défenseur(m) droit 126.
défenseur(m) gauche 126.
déflecteur(m) 94.
défonceuse(f) 149.
dégageur(m) de fumée(f) 111.
Deimos 9.
demeure(f) seigneuriale 55.
demi(m) centre 125.
demi(m) d'ouverture(f) 119.
demi(m) de coin(m) droit 120.
demi(m) de coin(m) gauche 120.
demi(m) de mêlée(f) 119.
demi(m) de sûreté(f) droit 120.
demi(m) de sûreté(f) gauche 120.
demi(m) droit 118,120,125.
demi(m) gauche 118,120,125.
demi-cercle(m) 129.
demi-pause(f) 112.
demi-soupir(m) 112.
dent(f) 28, 34, 65, 151.
dent(f) de défonceuse(f) 149.
dent(f) de godet(m) 150.
dent(f) de sagesse(f) 34.
dents(f) 75, 128.
denture(f) humaine 34.
dérailleur(m) arrière 98, 99.
dérailleur(m) avant 98, 99.
dérive(f) 105, 136.
dernier croissant(m) 10.
dernier quartier(m) 10.
descente(f) de gouttière(f) 56.
desserts(m) 48.
détendeur(m) 135.
détente(f) 96, 109, 110.
deuxième but(m) 122.
deuxième espace(m) 129.
deuxième étage(m) 106.
deuxième-but(m) 122.
dévidoir(m) 72.
dévidoir(m) sur roues(f) 53.
diapositive(f) 87.
dièse(m) 112.
dindon(m) 50.
direction(f) obligatoire 152.
dispositif(m) de blocage(m) 77.
disquette(f) 74.
distance(f), mesure(f) de la 143.
distributeur(m) d'essence(f) 96.
distributeur(m) d'essence(f) 96.
distributeur(m) de boissons(f) 96.
distributeur(m) de glaçons(m) 96.
division(f) 74.
do(m) 112.
document(m) imprimé 74.
doigt(m) 21, 22, 23, 27, 79, 123.
doigt(m) lobé 23.
doigt(m) palmé 23, 27.
doline(f) 14.
dominos 140.
dormant(m) 57.
dos(m) 20, 21, 22, 32, 65, 75.
dos(m) du nez(m) 36.
dosseret(m) 69, 148.
dossier(m) 60.
dossière(f) 28.
double boutonnage(m) 79.
double croche(f) 112.
double toit(m) 138.
double(m) 140.
double-blanc(m) 140.
double-plateau(m) 99.
doublure(f) 78, 83.
douchette(f) 59.
douve(f) 55.
dragonne(f) 132, 133.
drap(m) 62.
drap-housse(f) 62.
drapeau(m) de centre(m) 118.
drapeau(m) de coin(m) 118, 125.
dune(f) 13.
dynamo(f) 98.

E

écaille(f) 23, 27, 28.
écailleur(m) 139.
échalote(f) (*à maturité* (f)) 41.
échalote(f) nouvelle 41.
échappement(m) diesel(m) 103.
échelle(f) 93, 151.
échelle(f) Celsius 143.
échelle(f) coulissante 77.
échelle(f) de tête(f) 146.
échelle(f) Fahrenheit 143.
échelon(m) 77.
éclair(m) 15.
éclairage(m)/clignotant(m) 91.
éclisse(f) 114.
école(f) 152.
écorce(f) 18.
écoute(f) 85.
écouteur(m) 86.
écoutille(f) 111.
écran(m) 74, 88.
écran(m) de contrôle(m) 87.
écrou(m) 76.
écrou(m) de montage(m) 137.
écumoire(f) 66.
édredon(m) 62.
effacement(m) de mémoire(f) 74.
effacement(m) partiel 74.
effacement(m) total 74.
égaliseur(m) graphique 89.
éjecteur(m) de fouets(m) 68.
éjection(f) 88.
éléphant(m) 29.
élevon(m) 107.
embouchure(f) 115.
embout(m) 127, 135.
embout(m) de baleine(f) 84.
embout(m) gomme(f) 72.
emmental(m) 47.
emmental(m) fondu 47.
empeigne(f) 78.
empennage(m) 137.
empennage(m) de stabilisation(f) 106.
en-but(m) 119.
enceinte(f) acoustique 89.
encoche(f) 137.
encolure(f) 20.
encolure(f) en V 81.
endive(f) 38.
enjoliveur(m) de roue(f) 90.
enregistrement(m) 88.
ensemble(m) de la mécanique(f) 113.
ensemble(m) du chevalet(m) 116.
entonnoir(m) 66.
entre-nœud(m) 16.
entredent(m) 65.
entrée(f) 25.
entrée(f) d'air(m) 105.
entrejambe(m) 60.
entretoise(f) 77.
enveloppe(f) 123, 124.
épaule(f) 20, 21, 31, 131.
épaulière(f) 108, 121, 127.
épée(f) à deux mains(f) 109.
éperon(m) 116.
épi(m) 39.
épinard(m) 38.
épiscope(m) du tireur(m) 111.
équerre(f) 72.
ergot(m) 21.
éruption(f) 10.
escabeau(m) 77.
escalier(m) 58.
escargot(m) 26.
espaceur(m) de câbles(m) 137.
essieu(m) 128.
essoreuse(f) à salade(f) 66.
essuie-glace(m) 90.
estuaire(m) 13.
étable(f) 49.
étage(m) 56.
étamine(f) 17.
étiquette(f) 142.
étoile(f) filante 11.
étoile(f) Polaire 11.
étoiles(f) 11.
étranglement(m) 141, 143.
étrier(m) 95, 109.
étuveuse(f) 67.
Europe 9.
Europe(f) 12.
évent(m) de pignon(m) 56.
extincteur(m) 146.

F

fa(m) 112.
face(f) 65.
facule(f) 10.
faitout(m) 67.
falaise(f) 13, 14.
familiale(f) 92.
fanon(m) 20.
faucille(f) 52.
fauteuil(m) 61.
fauteuil(m) club(m) 61.
fémur(m) 33.
fenêtre(f) 57.
fenêtre(f) 136.
fenêtre(f) de sous-sol(m) 56.
fenêtre(f) en baie(f) 56.
fenêtre(f) en saillie(f) 56.
fenêtre(f) moustiquaire(f) 138.
fenouil(m) 39.
fente(f) 68, 75, 79.
fente(f) à monnaie(f) 85.
fente(f) de vision(f) 108.
fente(f) porte-cartes(m) 84.
ferme(f) 49.
fermeture(f) à glissière(f) 138.
fermeture(f) Velcro® 84.
ferret(m) 78, 84.
fesse(f) 32.
feu(m) anticollision 104.
feu(m) arrière 95, 98.
feu(m) de gabarit(m) 94.
feu(m) de navigation(f) 104.
feu(m) de plaque(f) 92.
feu(m) stop(m) 92.
feuillage(m) 18.
feuille(f) 16, 39.
feuille(f) d'acanthe(f) 61.
feuille(f) de vigne(f) 38.
feuille(f), les parties(f) d'une 17.
feuilles(f) mobiles 73.
feutre(m) d'étouffoir(m) 113.
feux(m) 92.
feux(m) arrière 92.
feux(m) avant 92.
feux(m) clignotants 92.
feux(m) de brouillard(m) 92.
feux(m) de croisement(m) 92.
feux(m) de gabarit(m) 92.
feux(m) de recul(m) 92.
feux(m) de route(f) 92.
feux(m) rouges arrière 92.
feux(m) stop(m) 92.
fèves(f) 39.
fiche(f) 76.
figue(f) de Barbarie 45.
filament(m) 10, 63.
filet(m) 130.
filet(m) 17, 75, 114, 129.
filtre(m) 67.
filtre(m) à air(m) 149.
fixation(f) 133.
flanc(m) 20, 22.
flash(m) électronique 87.
fléau(m) 142.
flèche(f) 137.
flèche(f) 140, 148, 150, 151.
flèche(f) littorale 13.
flèche(f) télescopique 148.
fléchette(f) 137.
fléchettes(f), jeu(m) 137.
fleur(f) 16.
fleur(f), les parties(f) d'une 17.
flexible(m) de distribution(f) 96.
flotteur(m) 136.
flûte(f) 117.
fond(m) d'yeux(m) 65.
football(m) 118.
football(m) américain 120, 121.
football(m) américain, équipement(m) 121.
football(m) américain, uniforme(m) 121.
football(m), ballon(m) 118, 121.
football(m), terrain(m) 118.

Les termes en **caractères gras** renvoient à une illustration.

INDEX

forêt(f) 14.
fossette(f) 28.
fouet(m) 68.
four(m) 69.
fourche(f) 98, 145, 148.
fourche(f) à bêcher 52.
fourche(f) à fleurs(f) 52.
fourche(f) télescopique 95.
fourchette(f) 65.
fourchette(f) 79.
fourgon-pompe(m) 147.
fourgonnette(f) 92.
fournitures(f) scolaires 72, 73.
fourreau(m) 21, 136.
fourreau(m) de la langue(f) 28.
frappeur(m) 123.
frappeur(m) 122.
frein(m) 132.
frein(m) à disque(m) 95.
frein(m) arrière 98.
frein(m) avant 98.
frein(m) de pointe(f) 128.
frette(f) 114, 116.
friteuse(f) 67.
fromages(m) 47.
front(m) 22, 31.
fruit(m) 16.
fruits(m) à noyau(m) 43.
fruits(m) à pépins(m) 43.
fruits(m) tropicaux 45.
fumerolle(f) 13.
fusée(f) 106.
fuselage(m) 104.
fût(m) 75, 137.

G

gâchette(f) 146.
gaine(f) 17.
galaxie(f) 11.
galerie(f) sèche 14.
galet(m) tendeur(m) 99.
galon(m) 79.
gamme(f) 112.
gant(m) 127, 133, 135.
gant(m) attrape-rondelle(m) 127.
gant(m) de bâton(m) 127.
gant(m) de frappeur(m) 123.
gant(m) de receveur(m) 123.
gant(m) de ski(m) 132.
gant(m), base-ball(m) 123.
gantelet(m) 108.
gants(m) 79.
Ganymède 9.
garage(m) 56.
garant(m) 78.
garde(m) droit 120.
garde(m) gauche 120.
garde-boue(m) 95, 98.
garde-corps(m) 77, 97, 100.
garde-guichet(m) 124.
gardien(m) de but(m) 127.
gardien(m) de but(m) 118, 125, 126.
garrot(m) 20, 21.
gastéropode(m) 26.
gâteau(m) 48.
gaufre(f) 48.
gazon(m) 51.
genou(m) 20, 31.
genouillère(f) 108, 121, 123, 127.
germes(m) de soja(m) 39.
geyser(m) 13.
gilet(m) 80.
gilet(m) de laine(f) 81.
girafe(f) 29.
glace(f) 90.
glande(f) à venin(m) 28.
glissière(f) 110.
glissière(f) d'auvent(m) 93.
globe(m) oculaire 27.
glotte(f) 28.
godet(m) 150.
godet(m) chargeur(m) 151.
godet(m) rétro 150.
gombo(m) 42.
gomme(f) 72.
gond(m) 57.
gong(m) 117.
gorge(f) 14, 22, 76.
gorgonzola(m) 47.
gouffre(m) 14.
goupille(f) 146.
gousset(m) 80.
gousset(m) de latte(f) 136.
goût(m), sens(m) du 34.
goutte(f) de pluie(f) 15.
gouttière(f) 56.
gouvernail(m) 102, 107.
gouvernail(m) de direction(f) 103.
gouvernail(m) de plongée(f) arrière 103.
gouvernail(m) de plongée(f) avant 103.
gouverne(f) de direction(f) 104.
gouverne(f) de profondeur(f) 104.
goyave(f) 45.
graduation(f) 143.
grain(m) 39.
grains(m) de soja(m) 39.
grande échelle(f) 146.
grande lame(f) 139.
grange(f) 49.
granulation(f) 10.
grattoir(m) 77.
grêle(f) 15.
grêlon(m) 15.
grenade(f) 45.
grenouillère(f) 83.
grenouille(f) 27.
grève(f) 108.
griffe(f) 21, 22, 24, 28.
griffe(f) à fleurs(f) 52.
griffe(f) porte-accessoires(m) 87, 89.
grille(f) 69.
grille(f) à reine(f) 25.
grille-pain(m) 68.
groseille(f) à grappes(f) 44.
groseille(f) à maquereau(m) 44.
grosse caisse(f) 116.
grosse caisse(f) 117.
grotte(f) 14.
grotte(f) 13.
grue(f) à tour(f) 148.
grue(f) sur porteur(m) 148.
gruyère(m) 47.
guichet(m) 124.
guide(m) 68.
guide-chaîne(m) 99.
guidon(m) 53, 98, 110.
guindant(m) 136.
guitare classique 114.
guitare(f) électrique 116.
gyrophare(m) 146.

H

habitation(f) 49.
hachette(f) 146.
haie(f) 51.
hanche(f) 32.
handicapés(m) 152.
hangar(m) 49.
haricot(m) vert 42.
harnais(m) 135.
harpe(f) 117.
hauban(m) 138.
hausse(f) 25, 114.
haut-parleur(m) 85, 86, 147.
haut-parleur(m) d'aigus(m) 89.
haut-parleur(m) de graves(m) 89.
haut-parleur(m) de médium(m) 89.
hautbois(m) 117.
hélice(f) 102, 103.
hélicoptère(m) 105.
hockey(m) sur gazon(m) 125.
hockey(m) sur gazon(m), balle(f) 125.
hockey(m) sur gazon(m), terrain(m) 125.
hockey(m) sur glace(f) 126, 127.
hockeyeur(m) 127.
homard(m) 26.
hôpital(m) 152.
houppier(m) 18.
housse(f) d'oreiller(m) 62.
hublot(m) 69, 102, 104.
hublot(m) d'observation(f) 107.
huitième(m) de soupir(m) 112.
humérus(m) 33.
hutte(f) 54.

I

igloo(m) 54.
île(f) de sable(m) 13.
îlot(m) rocheux 13.
imprimante(f) 74.
incisives(f) 34.
index(m) 36.
index(m) de composition(f) automatique 85.
indicateur(m) de niveau(m) de carburant(m) 91
indicateur(m) de pression(f) 146.
indicateur(m) de température(f) 91.
indicateur(m) de vitesse(f) 91.
indigo(m) 71.
instruments(m) de bord(m) 91.
instruments(m) de bord(m) 91.
intérieur(m) droit 118.
intérieur(m) gauche 118.
interligne(m) 112.
interrupteur(m) 68, 76.
interrupteur(m) d'alimentation(f) 88.
interrupteur(m) de mise(f) au point(m) automatique 87.
interrupteur(m) disjoncteur(m) 53.
interrupteur(m) du magnétoscope(m) 88.
interrupteur(m) du téléviseur(m) 88.
Io 9.
iris(m) 35.
isba(f) 54.

J

jachère(f) 49.
jack(m) de sortie(f) 116.
jacquet(m) 140.
jambe(f) 20, 32.
jambière(f) 127.
jambière(f) de gardien(m) 127.
jan(m) extérieur 140.
jan(m) intérieur 140.
jante(f) 95, 98.
jardin(m) d'agrément(m) 51.
jardin(m) potager 49.
jarret(m) 20, 21.
jaune(m) 71.
jean(m) 83.
jet(m) d'eau(f) 57.
jeu(m) d'ustensiles(m) 66.
jeu(m) de crayons(m) de couleur(f) 73.
jeux(m) 140.
joint(m) à coulisse(f) 76.
joint(m) magnétique 70.
Joker(m) 140.
joue(f) 21, 31, 75.
juge(m) de but(m) 126.
juge(m) de champ(m) arrière 120.
juge(m) de faute(f) de pieds(m) 130.
juge(m) de filet(m) 130.
juge(m) de ligne(f) 126, 130.
juge(m) de touche(f) 118.
jugulaire(f) 121.
jumelles(f) 144.
jupe(f) droite 82.
jupe(f) plissée 82.
jupe-culotte(f) 82.
jupes(f) 82.
jupette(f) 131.
Jupiter 9.

K

kaki(m) 45.
kangourou(m) 30.
kiosque(m) 96, 103.
kiwi(m) 45.
kumquat(m) 44.

L

la(m) 112.
laboratoire(m) spatial 107.
lac(m) 14.
lacet(m) 78, 123.
lacet(m) de serrage(m) 84.
lagune(f) 13.
laiterie(f) 49.
laitue(f) pommée 38.
lame(f) 149.
lame(f) 65, 75, 127, 128.
lame(f) amovible 77.
lame(f) porte-objet(m) 144.
lamelle(f) 19.
lampadaire(m) 63.
lampe(f) 144.
lampe(f) à incandescence(f) 63.
lampe(f) de table(f) 63.
lampe(f) étanche 135.
lampes(f) témoins(m) 88, 91.
lance(f) 146.
lance(f) 146, 147.
lance(f) à eau(f) 146.
lance(f) d'arrosage(m) 53.
lance(f)-canon(m) 147.
lance-pots(m) fumigènes 111.
lanceur(m) 122, 124.
langue(f) 28, 34.
languette(f) 78, 128.
lanterne(f) 51.
latte(f) 136.
lavabo(m) 59.
lave-auto(m) 96.
lecteur(m) de cassette(f) 86.
lecteur(m) de disque(m) compact 89.
lecteur(m) de disquette(f) 74.
lecture(f) 88.
légumes(m) bulbes(m) 41.
légumes(m) feuilles(f) 38.
légumes(m) fleurs(f) 41.
légumes(m) fruits(m) 42.
légumes(m) graines(f) 39.
légumes(m) racines(f) 40.
légumes(m) tiges(f) 39.
légumes(m) tubercules(m) 40.
légumier(m) 64.
lentille(f) convergente 145.
lentilles(f) 39.
lest(m) 148.
levier(m) coudé 150.
levier(m) d'embrayage(m) 95.
levier(m) de frein(m) à main(f) 91.
levier(m) de hauteur(f) de coupe(f) 53.
levier(m) de vibrato(m) 116.
levier(m) de vitesse(f) 91.
levier(m) de zoom(m) 89.
lèvre(f) 20, 21.
lèvre(f) inférieure 34.
lèvre(f) supérieure 34.
liber(m) 18.
ligne(f) 112.
ligne(f) arrière 136.
ligne(f) avant 136.
ligne(f) bleue 126.
ligne(f) centrale 126.
ligne(f) de ballon(m) mort 119.
ligne(f) de but(m) 118, 119, 120, 125, 126.
ligne(f) de centre(m) 125.
ligne(f) de double(m) 130.
ligne(f) de fond(m) 129, 130, 134.
ligne(f) de jeu(m) 122.
ligne(f) de lancer(m) franc 129.
ligne(f) de mêlée(f) 120.
ligne(f) de pied(m) de mât(m) 136.
ligne(f) de retrait(m) 124.
ligne(f) de service(m) 130.
ligne(f) de simple(m) 130.
ligne(f) de touche(f) 118, 119, 125, 129.
ligne(f) des 10 mètres(m) 119.
ligne(f) des 22 mètres(m) 119, 125.
ligne(f) des 5 mètres(m) 119.
ligne(f) médiane 118, 119, 129.
ligne(f) médiane de service(m) 130.
lignes(f) supplémentaires 112.
limbe(m) 17.
lime(f) à ongles(m) 139.
limitation(f) de vitesse(f) 152.
limite(f) de retour(m) 124.
limite(f) du batteur(m) 124.
limon(m) 58.
limousine(f) 92.
lion(m) 29.
lit(m) 62.
litchi(m) 45.
literie(f) 62.
littoral(m) 13.
livrée(f) 124.
lobe(m) 23, 35.
lobe(m) du nez(m) 36.
locomotive(f) diesel-électrique 100.
logement(m) de la cassette(f) 88.
logement(m) de la vidéocassette(f) 89.
logement(m) de rangement(m) 87.

Les termes en **caractères gras** renvoient à une illustration.

INDEX

logis(m) de domestiques(m) 55.
longueur(f), mesure(f) de la 143.
losange(m) 71.
louche(f) 66.
loupe(f) 139.
luette(f) 34.
lumière(f) 145.
lumière(f) blanche 71.
luminaires(m) 63.
Lune(f) 9.
lune(f) gibbeuse 10.
Lune(f), phases(f) de la 10.
lunette(f) astronomique 145.
lunettes(f) de ski(m) 132.
lunettes(f) de soleil(m) 84.
lunule(f) 36.
lustre(m) 63.

M

mâche(f) 38.
machette(f) 109.
mâchoire(f) fixe 76.
mâchoire(f) incurvée 76.
mâchoire(f) mobile 76.
magma(m) 13.
magnétoscope(m) 88.
maillet(m) 75.
mailloche(f) 116.
main(f) 32, 36.
main(f) courante 58.
maïs(m) 39.
maïs(m) fourrager 49.
maison(f) sur pilotis(m) 54.
maison(f), extérieur(m) d'une 56.
maisons(f) traditionnelles 54.
majeur(m) 36.
mamelon(m) 31.
manche(f) montée 81, 83.
manche(f) raglan(m) 79.
manche(m) 65, 75, 76, 77, 84, 114, 123, 124, 125, 127, 131.
manche(m) à balai(m) 105.
manchette(f) 127.
manchon(m) 77.
manchon(m) de câble(m) 76.
mandarine(f) 44.
mandibule(f) 24, 25, 27.
mandrin(m) 76.
manette(f) 68.
manette(f) de chasse(f) d'eau(f) 59.
manette(f) de dérailleur(m) 98, 99.
mangue(f) 43.
manivelle(f) 99, 109.
manœuvre(f) de la pelleteuse(f) 150.
manomètre(m) 147.
manteaux(m) 82.
manutention(f) 148.
marais(m) salant 13.
marbre(m) 122.
marche(f) 58, 77.
marche(f) de départ(m) 58.
marche(f)/arrêt(m) 74, 86.
marche(f)/arrêt(m)/volume(m) 86.
marchepied(m) 77.
marchepied(m) 94, 100, 105, 147.
marchepied(m) escamotable 93.
marmite(f) 67.
marque(f) centrale 130.
marqueur(m) 72.
marqueur(m) 129.
marron(m) 46.
Mars 9.
marteau(m) 113.
marteau(m) de charpentier(m) 75.
marteau(m) de menuisier(m) 75.
masque(m) 121, 123, 127, 135.
masse(f), mesure(f) de la 142.
massif(m) de fleurs(f) 51.
mât(m) 136.
matelas(m) 62.
matières(f) explosives 152.
matières(f) inflammables 152.
matières(f) toxiques 152.
maxillaire(m) 27.
mécanique(f) d'accordage(m) 116.
mécanisme(m) de clés(f) 115.
mécanisme(m) de mise(f) au point(m) 144.
mécanisme(m) de propulsion(f) 99.
mèche(f) 114.
mélangeur(m) 68.
melon(m) brodé 42.
membrane(f) 89.
membrure(f) inférieure 97.
membrure(f) supérieure 97.
menton(m) 22, 31.
mentonnière(f) 108.
menuiserie(f) 75.
mer(f) de Chine(f) 12.
mer(f) des Antilles(f) 12.
mer(f) Méditerranée(f) 12.
mer(f) Noire 12.
mer(f) Rouge 12.
Mercure 9.
merlon(m) 55.
mesure(f) 112.
mesure(f) de la distance(f) 143.
mesure(f) de la longueur(f) 143.
mesure(f) de la masse(f) 142.
mesure(f) de la température(f) 143.
mesure(f) du temps(m) 141.
métacarpe(m) 33.
métatarse(m) 33.
mètre(m) à ruban(m) 143.
meurtrière(f) 55.
mi(m) 112.
micro(m) de fréquences(f) aiguës 116.
micro(m) de fréquences(f) graves 116.
micro(m) de fréquences(f) moyennes116.
micro-ordinateur(m) 74.
microphone(m) 89.
microprocesseur(m) 74.
microscope(m) binoculaire 144.
mine(f) 72.
minuterie(f) 67.
minuteur(m) 141.
mire(f) 137.
miroir(m) 59.
miroir(m) de courtoisie(f) 91.
miroir(m) plan 145.
miroir(m) primaire parabolique 145.
mise(f) au point(m) 145.
mise(f) en marche(f) 85.
missile(m) 103.
mitrailleuse(f) 111.
mitre(f) 65.
mitron(m) 56.
mode(m) d'entraînement(m) du film(m) 87.
mode(m) d'exposition(f) 87.
module(m) de commande(f) 106.
module(m) de service(m) 106.
module(m) lunaire 106.
moelle(f) 18.
molaires(f) 34.
molette(f) 76.
mollet(m) 32.
montagne(f) 14.
montant(m) 57, 60, 77, 128.
monticule(m) 122.
montre(f) 91.
montre(f) de plongée(f) 135.
montres(f) à affichage(m) analogique 141.
montres(f) à affichage(m) numérique 141.
monture(f) 76.
morille(f) 19.
mors(m) 76.
moteur(m) 53, 95, 111, 151.
moteur(m) de manœuvre(f) 107.
moteur(m) diesel(m) 149, 150, 151.
moteur(m) F-1 106.
moteur(m) J-2 106.
moteurs(m) 107.
moteurs(m) principaux 107.
motif(m) 83.
moto(f) 95.
motrice(f) 100.
mouchoir(m) 83.
moufle(f) 109.
moulure(f) de protection(f) 93.
moustache(f) 22.
moustaches(f) 21.
mouton(m) 50.
moyeu(m) 98.
moyeu(m) du rotor(m) 105.
multiplication(f) 74.
munster(m) 47.
mur(m) 138.
mur(m) d'enceinte(f) 55.
mur(m) d'extrémité(f) 134.
mur(m) de virage(m) 134.
mur(m) latéral 134.
museau(m) 21, 27.
myrtille(f) 44.

N

nageoire(f) anale 27.
nageoire(f) pectorale 27.
nageoire(f) ventrale 27.
nappe(f) phréatique 14.
narine(f) 22, 27, 28, 36.
naseau(m) 20.
natation(f) 134.
navet(m) 40.
navette(f) spatiale 107.
nébuleuse(f) 11.
nectarine(f) 43.
nèfle(f) du Japon 43.
neige(f) 15.
neiges(f) éternelles 14.
Neptune 9.
nervure(f) 24, 151.
nervure(f) principale 17.
nervure(f) secondaire 17.
nez(m) 36, 104.
nid(m) à couvain(m) 25.
niveau(m) d'eau(f) 68.
nœud(m) 16.
noire(f) 112.
Noirs(m) 140.
noisette(f) 46.
noix(f) 46.
noix(f) 46, 109.
noix(f) de cajou(m) 46.
noix(f) de coco(m) 46.
noix(f) de pacane(f) 46.
noix(f) du Brésil(m) 46.
nombril(m) 31.
notation(f) musicale 112.
nouvelle lune(f) 10.
noyau(m) 10, 11.
nuage(m) 15.
nuage(m) de cendres(f) 13.
numéro(m) de couloir(m) 134.
numéro(m) de joueur(m) 121.
nuque(f) 22, 32.

O

objectif(m) 87, 144.
objectif(m) zoom(m) 89.
objets(m) personnels 84.
océan(m) Atlantique 12.
océan(m) Indien 12.
océan(m) Pacifique 12.
Océanie(f) 12.
oculaire(m) 144, 145.
odorat(m), sens(m) de l' 36.
œil(m) 22, 26, 28, 35, 75.
œil(m) composé 24, 25.
œil(m) simple 24, 25.
œillet(m) 78, 84, 128.
œilleton(m) 89.
œufrier(m) 70.
office(m) 104.
oie(f) 50.
oignon(m) 41.
oignon(m) d'Espagne 41.
oiseau(m) 22.
oiseau(m) aquatique 23.
oiseau(m) aquatique 23.
oiseau(m) de proie(f) 23.
oiseau(m) de proie(f) 23.
oiseau(m) échassier(m) 23.
oiseau(m) granivore 23.
oiseau(m) insectivore 23.
oiseau(m) percheur 23.
olive(f) 43.
ombre(f) 141.
omoplate(f) 32, 33.
ongle(m) 36.
onglet(m) 139.
opercule(m) 27.
orange(f) 44.
orangé(m) 71.
orchestre(m) 117.
oreille(f) 35, 60.
oreiller(m) 62.
orifice(m) d'alimentation(f) 147.
orifice(m) de l'intestin(m) 26.
orifice(m) de remplissage(m) 94.
orifice(m) du gosier(m) 34.
orifice(m) du poumon(m) 26.
orifice(m) génital 26.
orteil(m) 31.
os(m) iliaque 33.
oseille(f) 38.
ouïe(f) 114.
ouïe(f), sens(m) de l' 35.
ourlet(m) 35.
ours(m) polaire 30.
outillage(m) 52, 53, 76.
ouverture(f) du barillet(m) 110.
ouvre-boîtes(m) 66, 139.
ovaire(m) 17.
ovule(m) 17.

P

pain(m) 37.
pain(m) *chapati* indien 37.
pain(m) *naan* indien 37.
pain(m) *pumpernickel* 37.
pain(m) *tchallah* juif 37.
pain(m) au lait(m) 37.
pain(m) azyme 37.
pain(m) bâtard(m) 37.
pain(m) blanc 37.
pain(m) complet 37.
pain(m) de blé(m) entier 37.
pain(m) de campagne(f) 37.
pain(m) de maïs(m) américain 37.
pain(m) de mie(f) 37.
pain(m) de seigle(m) allemand 37.
pain(m) de seigle(m) danois 37.
pain(m) de seigle(m) noir 37.
pain(m) de seigle(m)/graines(f) de carvi(m) 37
pain(m) grec 37.
pain(m) irlandais 37.
pain(m) noir russe 37.
pain(m) parisien 37.
pain(m) pita(m) 37.
pain(m) pita(m)/graines(f) de sésame(m) 37.
pale(f) 105.
paletot(m) 82.
palier(m) 58.
palme(f) 135.
palmette(f) 61.
palmure(f) 23, 27.
palpe(m) labial 24.
pamplemousse(m) 44.
pan(m) de chemise(f) 80.
panais(m) 40.
panier(m) 129.
panier(m) 67, 123, 129.
panier(m) de projection(f) 87.
panier(m)/filtre(m) 68.
panneau(m) 57, 129.
panneau(m) d'affichage(m) 88.
panneau(m) de commande(f) 147.
pantalon(m) 80.
pantalon(m) 121, 123.
pantographe(m) 100.
papaye(f) 45.
papillon(m) 24.
paquebot(m) 102.
parallélépipède(m) 71.
parallélogramme(m) 71.
parapet(m) 55.
parapluie(m) 84.
paratonnerre(m) 56.
parc(m) à échelles(f) 146.
pardessus(m) 82.
pare-brise(m) 90, 95.
pare-chocs(m) 90.
pare-soleil(m) 89, 91, 93, 145.
parmesan(m) 47.
passage(m) inférieur 97.
passage(m) pour piétons(m) 152.
passage(m) supérieur 97.
passant(m) 79.
passant(m) tunnel(m) 80.
passe-sangle(m) 139.
passerelle(f) 55, 103.
passerelle(f) de navigation(f) 102.
passoire(f) 66.

Les termes en **caractères gras** renvoient à une illustration.

pastèque(f) 42.
patate(f) 40.
pâte(f) cuite 47.
pâte(f) fondue 47.
pâte(f) fraîche 47.
pâte(f) molle 47.
pâte(f) persillée 47.
patère(f) 61.
patin(m) 105, 127.
patin(m) à roulettes(f) 128.
patin(m) antidérapant 77.
patin(m) de chenille(f) 111.
patin(m) de course(f) 128.
patin(m) de figure(f) 128.
patin(m) de hockey(m) 128.
patinage(m) 128.
patinoire(f) 126.
patte(f) 22, 28, 123.
patte(f) antérieure 24, 25.
patte(f) avant 21.
patte(f) boutonnée 80.
patte(f) d'épaule(f) 79.
patte(f) de boutonnage(m) 83.
patte(f) de serrage(m) 79.
patte(f) médiane 24, 25.
patte(f) postérieure 24, 25, 27.
pattes(f) 24.
pattes(f) ambulatoires 26.
pattes(f) natatoires 26.
pattes(f) ventouses(f) 24.
pattes(f), principaux types(m) de 23.
pattes(f)-mâchoires(f) 26.
pâturage(m) 49.
paturon(m) 20.
paume(f) 36, 123.
paupière(f) 28.
paupière(f) inférieure 27, 35.
paupière(f) supérieure 27, 35.
pause(f) 112.
pause(f)/arrêt(m) sur l'image(f) 88.
pavillon(m) 35, 115.
peau(f) 27.
peau(f) de batterie(f) 116.
peau(f) de timbre(m) 116.
pêche(f) 43.
pédale(f) 98, 99, 116.
pédale(f) d'accélérateur(m) 91.
pédale(f) de débrayage(m) 91.
pédale(f) de frein(m) 91.
pédale(f) de sourdine(f) 113.
pédale(f) douce 113.
pédale(f) forte 113.
pédoncule(m) 17.
peinture(f) 77.
pelle(f) 52, 66.
pelle(f) hydraulique 151.
pelleteuse(f) 150.
pénis(m) 31.
perceuse(f) électrique 76.
perforation(f) 78.
pergola(f) 51.
périscope(m) 103.
péroné(m) 33.
perron(m) 56.
persienne(f) 57.
pèse-personne(m) 142.
pétales(m) 17.
petit bois(m) 57.
petit montant(m) 57.
petit-suisse(m) 47.
petite lame(f) 139.
Petite Ourse(f) 11.
petits pois(m) 39.
phare(m) 90, 95, 100, 111.
phare(m) central 100.
phare(m) d'atterrissage(m) 105.
phases(f) de la Lune(f) 10.
Phobos 9.
phoque(m) 30.
piano(m) 117.
piano(m) droit 113.
pic(m) 14.
piccolo(m) 117.
pichet(m) 64.
pièce(f) de jonction(f) 147.
pied(m) 19, 22, 26, 32, 39, 53, 60, 62, 63, 116
pied(m) arrière 60.
pied(m) avant 60.
pied(m) de fixation(f) 87.
pied(m) de lit(m) 62.
pied(m) de mât(m) 136.
pied-de-biche(m) 61.
piétement(m) 60.
pignon(m) 46, 56.
pilastre(m) 58.
pile(f) 89, 97.
pilier(m) droit 119.
pilier(m) gauche 119.
pilon(m) 66.
piment(m) 42.
pince(f) 76.
pince(f) 26, 66, 83, 143.
pince-notes(m) 73.
pinceau(m) 77.
pinceau(m) 73.
pique(m) 140.
piquet(m) 124, 138.
piscine(f) 134.
piscine(f) 102.
pissenlit(m) 38.
pistache(f) 46.
piste(f) cyclable 152.
pistil(m) 17.
pistolet(m) 110.
pistolet(m) de distribution(f) 96.
pistons(m) 115.
pivot(m) 128, 134.
plafonnier(m) 63.
plage(f) 13.
planche(f) à voile(f) 136.
planche(f) de vol(m) 25.
planètes(f) du système(m) solaire 9.
plante(f) grimpante 51.
plante(f), les parties(f) d'une 16.
plaque(f) 28.
plaque(f) chauffante 68.
plaque(f) d'instructions(f) 76.
plaque(f) de protection(f) 116.
plaque(f) du lanceur(m) 122.
plaque(f) signalétique 76.
plaqueur(m) droit 120.
plaqueur(m) gauche 120.
plastron(m) 28, 108, 121, 123, 127.
plat(m) 124.
plat(m) à poisson(m) 64.
plat(m) de dos(m) 61.
plat(m) ovale 64.
plate-bande(f) 51.
plate-forme(f) 77, 128, 142.
plate-forme(f) de 10 m 134.
plate-forme(f) de 3 m 134.
plate-forme(f) de 5 m 134.
plate-forme(f) de 7,5 m 134.
plateau(m) 14, 60, 142, 145.
plateau(m) de clavier(m) 113.
plateau(m) tournant 68.
platine(f) 144.
platine(f) cassette(f) 89.
platine(f) tourne-disque(m) 89.
plats(m) à four(m) 67.
pleine lune(f) 10.
pli(m) 80.
plinthe(f) 58.
plongée(f) sous-marine 135.
plongeon(m) 134.
pluie(f) 15.
plume(f) 22.
Pluton 9.
pneu(m) 98.
poche(f) 80, 83.
poche(f) à rabat(m) 80.
poche(f) billet(m) 84.
poche(f) cavalière 83.
poche(f) frontale 84.
poche(f) gilet(m) 80.
poche(f) gousset(m) 83.
poche(f) passepoilée 81.
poche(f) plaquée 83.
poche(f) poitrine(f) 83.
poche(f) raglan(m) 79.
poche(f) repose-bras 80.
pochette(f) 80.
podomètre(m) 143.
poêle(f) à frire 67.
poids(m) 142.
poignard(m) 109.
poignée(f) 68, 69, 70, 75, 84, 86, 93, 95, 114, 131, 132, 133, 137.
poignée(f) auxiliaire 76.
poignée(f) de frein(m) 98.
poignée(f) de porte(f) 57, 90.
poignée(f) montoir(m) 94, 147.
poignée(f) pistolet(m) 76.
poignet(m) 21, 32, 36.
poignet(m) de chemise(f) 80.
poils(m) absorbants 16.
poinçon(m) 139.
point(m) 140.
point(m) d'amure(f) 136.
point(m) d'écoute(f) 136.
point(m) d'encochage(m) 137.
point(m) de mise(f) au jeu(m) 126.
point(m) de penalty(m) 118.
pointe(f) 13, 17, 26, 39, 65, 75, 114, 128, 132, 137.
pointe(f) de bâton(m) 133.
pointe(f) de dent(f) 149.
pointe(f) de ski(m) 133.
poire(f) 43.
poireau(m) 41.
pois(m) chiches 39.
pois(m) mange-tout 39.
poisson(m) 27.
poitrail(m) 20.
poitrine(f) 22, 31.
poivrière(f) 64.
poivron(m) 42.
polo(m) 81.
pomme(f) 43, 53.
pomme(f) de douche(f) 59.
pomme(f) de terre(f) 40.
pommeau(m) 123.
pompe(f) 98.
pont(m) 84, 144.
pont(m) "bain(m) de soleil(m)" 102.
pont(m) à poutre(f) simple 97.
pont(m) arrière 102.
pont(m) avant 102.
pont(m) cantilever 97.
pont(m) du réacteur(m) 103.
pont(m) en arc(m) 97.
pont(m) supérieur 104.
pont(m) suspendu 97.
pont-levis(m) 55.
pont-promenade(m) 102.
pontet(m) 110.
ponts(m) 97.
porc(m) 50.
porcherie(f) 49.
porte(f) 70, 93, 104, 138.
porte(f) coulissante 59.
porte(f) de la soute(f) 107.
porte(f) étagère(f) 70.
porte(f) extérieure 57.
porte-bagages(m) 93, 98.
porte-bidon(m) 98.
porte-gomme(m) 72.
porte-mine(m) 72.
porte-monnaie(m) 84.
porte-monnaie(m) 84.
porte-rouleau(m) 59.
porte-savon(m) 59.
porte-serviettes(m) 59.
portée(f) 112.
portefeuille(m) 84.
portière(f) 90.
poste(m) à clavier(m) 85.
poste(m) de carburant(m) 152.
poste(m) de commandement(m) 111.
poste(m) de contrôle(m) 103.
poste(m) de pilotage(m) 104, 105, 107, 111.
poste(m) sans cordon(m) 85.
poste(m) téléphonique 85.
postillon(m) 140.
pot(m) d'échappement(m) 95.
poteau(m) de double(m) 130.
poteau(m) de simple(m) 130.
potence(f) 98.
potiron(m) 42.
pouce(m) 22, 23, 36, 79, 123.
poulailler(m) 49.
poulaine(f) 108.
poule(f) 50.
poulie(f) 77, 109, 137.
poupe(f) 102, 136.
pourcentage(m) 74.
pousse(f) 16.
poussin(m) 50.
poussoir(m) d'arrêt(m) 141.
poussoir(m) de mise(f) en marche(f) 141.
poussoir(m) de remise(f) à zéro(m) 141.
poutre(f) cantilever 97.
poutre(f) de queue(f) 105.
poutre(f) de rigidité(f) 97.
poutre(f) suspendue 97.
prairie(f) 49.
préblindage(m) 111.
premier but(m) 122.
premier croissant(m) 10.
premier espace(m) 129.
premier étage(m) 106.
premier juge(m) de ligne(f) 120.
premier quartier(m) 10.
premier violon(m) 117.
premier-but(m) 122.
première nageoire(f) dorsale 27.
prémolaires(f) 34.
presse-agrumes(m) 66.
pression(f) 83.
pression(f) à l'entrejambe(m) 83.
prise(f) chronométrée 69.
prise(f) de télécommande(f) 87.
prise(f) du casque(m) 86.
prise(f) électrique 93.
prisme(m) 71.
prix(m) à l'unité(f) 142.
prix(m) à payer 142.
profiterole(f) 48.
profondimètre(m) 135.
programmateur(m) 69.
projecteur(m) de diapositives(f) 87.
projecteur(m) orientable 146, 147.
projection(f) volcanique 13.
propulseur(m) d'étrave(f) 102.
protège-côtes(m) 121.
protège-coude(m) 127.
protège-gorge(m) 123, 127.
protège-matelas(m) 62.
protège-tendon(m) 128.
protège-tibia(m) 121, 123.
protubérance(f) 10.
proue(f) 102, 136.
prune(f) 43.
pubis(m) 31.
punaises(f) 73.
pupille(f) 35.
pupille(f) verticale 28.
pupitre(m) du chef(m) d'orchestre(m) 117.
pylône(m) 97.
pyramide(f) 71.

Q

quadruple croche(f) 112.
quart(m) de soupir(m) 112.
quart-arrière(m) 120.
quartier(m) 78.
queue(f) 17, 20, 21, 22, 26, 27, 28, 104.
queue(f) de gaz(m) 11.
queue(f) de poussières(f) 11.

R

rabat(m) 84, 139.
raccord(m) de robinet(m) 53.
raccord(m) de signalisation(f) 93.
racine(f) 16.
racine(f) 16.
racine(f) carrée 74.
racine(f) du nez(m) 36.
racine(f) pivotante 18.
racine(f) principale 16.
racine(f) secondaire 16.
racines(f) 18.
radar(m) 104.
radicelle(f) 16.
radio(f) 86.
radiocassette(f) 86.
radis(m) 40.
radius(m) 33.
raifort(m) 40.

Les termes en **caractères gras** renvoient à une illustration.

INDEX

rail(m) 100.
rainure(f) 109, 132.
raisin(m) 44.
ralenti(m) 88.
rameau(m) 16, 18.
ramequin(m) 64.
ramille(f) 18.
rampe(f) 58.
rampe(f) d'éclairage(m) 63.
rampe(f) de signalisation(f) 147.
ramure(f) 18.
râpe(f) 66.
rapière(f) 109.
rappel(m) de mémoire(f) 74.
raquette(f) de tennis(m) 131.
ras-de-cou(m) 81.
râteau(m) 52.
ravier(m) 64.
rayon(m) 18, 84, 98.
rayon(m) de miel(m) 25.
rayon(m) épineux 27.
rayon(m) mou 27.
ré(m) 112.
réacteur(m) 103.
rebobinage(m) 87, 88.
rebord(m) 69.
réceptacle(m) 17.
receveur(m) 123.
receveur(m) 122.
recherche(f) des canaux(m) 88.
récipient(m) 68.
rectangle(m) 71.
rectangle(m) des instructeurs(m) 122.
réflecteur(m) 87.
réfrigérateur(m) 70.
réfrigérateur(m) 70.
réglage(m) de la tonalité(f) 116.
réglage(m) du diaphragme(m) 144.
réglage(m) du four(m) 69.
réglage(m) du pas(m) 143.
réglage(m) du volume(m) 86, 88, 116.
réglage(m) du zoom(m) 144.
réglage(m) en hauteur(f) 87.
réglage(m) en hauteur(f) du condenseur(m) 144.
réglage(m) micrométrique de l'azimut(m) 145.
réglage(m) micrométrique de la latitude(f) 145.
réglages(m) du viseur(m) électronique 89.
règle(f) graduée 72.
règle(f) graduée 139.
régulateur(m) de pression(f) 67.
reins(m) 20, 32.
rejet(m) 18.
relanceur(m) 130.
remise(f) 51.
remorque(f) 94, 100.
renfort(m) de pointe(f) 128.
renseignements(m) 152.
repère(m) de touche(f) 114, 116.
repère(m) de virage(m) de dos(m) 134.
repose-pied(m) 95.
réservoir(m) 68, 143, 146.
réservoir(m) à carburant(m) 105.
réservoir(m) à essence(f) 90, 95.
réservoir(m) d'hydrogène(m) liquide 106.
réservoir(m) d'oxygène(m) liquide 106.
réservoir(m) de carburant(m) 94, 100, 111.
réservoir(m) de chasse(f) d'eau(f) 59.
réservoir(m) de kérosène(m) 106.
réservoir(m) de mercure(m) 143.
réservoir(m) magmatique 13.
réservoir(m) propane(m) 93.
réservoirs(m) 107.
restaurant(m) 152.
retour(m) rapide 86.
rétroviseur(m) 91, 94, 95.
rétroviseur(m) extérieur 90.
revers(m) 80.
revolver(m) 110.
rez-de-chaussée(m) 56.
rhinocéros(m) 29.
rhubarbe(f) 39.
ricotta(f) 47.
rinceau(m) 61.
rivet(m) 128.
rivière(f) souterraine 14.
robinet(m) 59.
rocaille(f) 51.
Roi(m) 140.
romaine(f) 38.
rond(m) central 118.
ronde(f) 112.
rondelle(f) 127.
rondelle(f) 132, 133.
rosace(f) 114.
rosée(f) 15.
rotor(m) anticouple 105.
rotule(f) 33, 76.
roue(f) 53, 90, 111.
roue(f) libre 99.
rouge(m) 71.
roulé(m) 48.
rouleau(m) 77.
roulement(m) à billes(f) 128.
roulette(f) 128.
ruban(m) 143.
ruban(m) adhésif 72.
ruban(m) adhésif 123, 125.
ruche(f) 25.
rugby(m) 119.
rugby(m), ballon(m) 119.
rugby(m), terrain(m) 119.
rutabaga(m) 40.

S

sable(m) 141.
sablier(m) 141.
sabot(m) 20.
sabot(m) de protection(f) 149.
sabre(m) 109.
sac(m) à dos(m) 139.
sac(m) à main(f) 84.
sac(m) de couchage(m) 139.
sacoche(f) 99.
salade(f) de fruits(m) 48.
saladier(m) 64.
salière(f) 64.
salle(f) à manger 102.
salle(f) de bains(m) 59.
salle(f) de bal(m) 102.
salle(f) de jeux(m) 102.
salle(f) des machines(f) 102.
salopette(f) 83.
salsifis(m) 40.
Sandow(m)® 138.
sangle(f) 130.
sangle(f) de compression(f) 139.
sangle(f) de fermeture(f) 139.
sas(m) 107.
sas(m) d'accès(m) arrière 103.
Saturne 9.
saucière(f) 64.
saxophone(m) 115.
scarole(f) 38.
schnorchel(m) hissable 103.
scie(f) égoïne(f) 75.
score(m) doublé 137.
score(m) triplé 137.
scorsonère(f) 40.
sébile(f) de remboursement(m) 85.
second juge(m) de ligne(f) 120.
second violon(m) 117.
seconde nageoire(f) dorsale 27.
secondeur(m) au centre(m) 120.
secondeur(m) extérieur droit 120.
secondeur(m) extérieur gauche 120.
segment(m) abdominal 24.
sein(m) 31.
seizième(m) de soupir(m) 112.
séjour(m) 138.
sélecteur(m) de canaux(m) 88.
sélecteur(m) de durée(f) de l'annonce(f) 85.
sélecteur(m) de durée(f) du message(m) 85.
sélecteur(m) de fonctions(f) 87.
sélecteur(m) de micro(m) 116.
sélecteur(m) de stations(f) 86.
sélecteur(m) de vitesse(f) 95.
sélecteur(m) télé(f)/vidéo(f) 88.
sélecteurs(m) de mode(m) 86.
selle(f) 84, 98.
selle(f) biplace 95.
selle(f) de rail(m) 100.
sellette(f) d'attelage(m) 94.
semelle(f) 128, 132.
semelle(f) antidérapante 83.
semelle(f) d'usure(f) 78.
semelle(f) de chargeur(m) 110.
semelle(f) intercalaire 78.
semi-remorque(f) 94.
sens(m) interdit 152.
sensibilité(f) du film(m) 87.
sépales(m) 17.
serpent(m) venimeux 28.
serpentin(m) 69.
serre(f) 23, 49.
serre-joint(m) 76.
serre-poignet(m) 131.
serre-tête(m) 86, 131, 133.
serrure(f) 57, 90.
serveur(m) 130.
service(m) d'entretien(m) 96.
seuil(m) 57.
sexe(m) 31.
si(m) 112.
siège(m) 60, 61.
signaux(m) routiers, principaux 152.
sillet(m) 113, 114.
sillon(m) 36.
silo(m)-couloir(m) 49.
silo(m)-tour(f) 49.
siphon(m) 14.
ski(m) alpin 132.
ski(m) de fond(m) 133.
ski(m) de fond(m) 133.
socle(m) 68, 96, 142, 143.
soie(f) 65.
soies(f) 77.
sol(m) 112.
Soleil(m) 10.
Soleil(m) 9.
soleret(m) 108.
sommet(m) 14.
sommier(m) 62, 113.
sorbet(m) 48.
sortie(f) 25.
souche(f) 18.
souche(f) 56.
soucoupe(f) 64.
soufflé(m) 48.
soufflet(m) 84.
soulier(m) 133.
soulier(m) à crampons(m) 123.
soupape(f) 67.
soupape(f) d'évacuation(f) 115.
soupière(f) 64.
soupir(m) 112.
sourcil(m) 35.
sourcils(m) 21.
souris(f) 74.
sous-marin(m) 103.
sous-sol(m) 56.
sous-taie(f) 62.
soustraction(f) 74.
soustraction(f) en mémoire(f) 74.
soute(f) à bagages(m) 105.
spatule(f) 66, 132, 133.
spectre(m) solaire 71.
sphère(f) 71.
sphère(f) d'hélium(m) 106.
spicule(m) 10.
spores(f) 19.
squelette(m) 33.
stabilisateur(m) 105, 137, 146, 148, 151.
stabilisateur(m) de roulis(m) 102.
stalactite(f) 14.
stalagmite(f) 14.
station-service(f) 96.
stationnement(m) interdit 152.
sternum(m) 33.
stigmate(m) 17, 24.
stilton(m) 47.
stipule(f) 17.
stop(m) 21, 152.
style(m) 17, 141.
stylo(m) à bille(f) 72.
stylo(m) à plume(f) 72.
sucrier(m) 64.
support(m) 63, 116.
support(m) de fixation(f) 145.
support(m) de pouce(m) 115.
surface(f) de but(m) 118.
surface(f) de coin(m) 118.
surface(f) de cuisson(f) 69.
surface(f) de frappe(f) 123.
surface(f) de l'eau(f) 134.
surface(f) de réparation(f) 118.
surface(f) solaire 10.
surfaces(f) 71.
surligneur(m) 72.
surpiqûre(f) 78, 83.
suspension(f) 63.
suspente(f) 97.
symboles(m) d'usage(m) courant 152.
système(m) audio 91.
système(m) solaire, planètes(f) du 9.

T

tabatière(f) 56.
table(f) à abattants(m) 60.
table(f) d'harmonie(f) 113, 114.
tableau(m) de bord(m) 91.
tableau(m) de bord(m) 95.
tablette(f) 77.
tablette(f) d'appui(m) 57.
tablette(f) de verre(m) 70.
tablier(m) 97.
tache(f) 10.
taie(f) d'oreiller(m) 62.
taille(f) 32.
taille-crayon(m) 73.
talon(m) 32, 78, 114, 123, 127, 131, 132, 133.
talonneur(m) 119.
talonnière(f) 132.
tamis(m) 131.
tapis(m) de sol(m) cousu 138.
taquet(m) coinceur 136.
tarse(m) 33.
tarte(f) 48.
tartelette(f) 48.
tasse(f) à café(m) 64.
tasse(f) à thé(m) 64.
tassette(f) 108.
tee-shirt(m) 83.
T.G.V. 100.
télécommande(f) 88.
télécommande(f) 87.
téléphone(m) 152.
téléphone(m) cellulaire portatif 85.
téléphone(m) public 85.
téléphone(m)-répondeur(m) 85.
télescope(m) 145.
téléviseur(m) 88.
témoin(m) d'ouverture(f) de porte(f) 91.
témoin(m) de ceinture(f) de sécurité(f) 91.
témoin(m) de charge(f) 91.
témoin(m) de niveau(m) d'huile(f) 91.
température(f) désirée 143.
température(f) réelle 143.
température(f), mesure(f) de la 143.
temps(m) 15.
temps(m), mesure(f) du 141.
tendeur(m) 138.
tendeur(m) de timbre(m) 116.
tennis(m) 130, 131.
tennis(m), balle(f) 131.
tennis(m), joueuse(f) 131.
tennis(m), terrain(m) 130.
tente(f) 138.
tente(f) familiale 138.
tente(f) intérieure 138.
terrasse(f) 51.
terrasse(f) extérieure 102.
Terre(f) 9.
tête(f) 21.
tête(f) 11, 24, 25, 26, 32, 75, 76, 114, 116, 125, 131.
tête(f) basculante 68.
tête(f) d'attelage(m) 93, 100.
tête(f) de frappe(f) 75.
tête(f) de lit(m) 62.
tête(f) de mât(m) 136.
tête(f) du rotor(m) 105.
têtes(f) 75.
têtière(f) 136.
théière(f) 64.
thermomètre(m) 143.
thermomètre(m) médical 143.
thermostat(m) 67, 68.

Les termes en **caractères gras** renvoient à une illustration.

INDEX

thermostat(m) d'ambiance(f) 143.
thorax(m) 24, 31.
tibia(m) 33.
tige(f) 16.
tige(f) 16, 39, 75, 128, 133, 143.
tige(f) de selle(f) 98.
tige(f) filetée 76.
timbale(f) 117.
timon(m) 93.
tipi(m) 54.
tir(m) à l'arc(m) 137.
tirant(m) 148.
tire-bouchon(m) 66, 139.
tire-racines(m) 52.
tire-veille(m) 136.
tiroir(m) 60, 69.
Titan 9.
toile(f) 84.
toilette(f) 59.
toilettes(f) 152.
toit(m) 25, 56.
toit(m) ouvrant 90.
toiture(f) 25.
tomate(f) 42.
tomme(f) au raisin(m) 47.
tondeuse(f) à gazon(m) 53.
topinambour(m) 40.
torpille(f) 103.
torrent(m) 14.
tortue(f) 28.
totalisateur(m) journalier 91.
touche(f) 113, 114.
touche(f) d'enregistrement(m) 89.
touche(f) de décimale(f) 74.
touche(f) de fonction(f) 142.
touche(f) de résultat(m) 74.
touche(f) de sélection(f) manuelle 87.
touche(f) numérique 74.
toucher(m), sens(m) du 36.
touches(f) de préréglage(m) 88.
tour(f) 148.
tour(f) de flanquement(m) 55.
tour(f) de guet(m) 55.
tour(f) de sauvetage(m) 106.
tour(m) de coquille(f) 26.
tourelle(f) 146, 151.
tourelle(f) mobile 111.
tourelle(f) porte-objectif(m) 144.
tournevis(m) 75.
tournevis(m) 139.
tournevis(m) cruciforme 139.
tours(f) d'angle(m) 55.
tracteur(m) 94, 150.
tracteur(m) 94.
tracteur(m) à chenilles(f) 149.
train(m) à grande vitesse(f) (T.G.V.) 100.
train(m) d'atterrissage(m) avant 104.
train(m) d'atterrissage(m) principal 104.
train(m) routier 94.
tranchant(m) 65.
transplantoir(m) 52.
trapèze(m) 71.
travée(f) centrale 97.
travée(f) latérale 97.
traverse(f) 60, 100.
traverse(f) inférieure 57.
traverse(f) intermédiaire 57.
traverse(f) supérieure 57.
traversin(m) 62.
trèfle(m) 140.
treillis(m) 51.
tremplin(m) de 1 m 134.
tremplin(m) de 3 m 134.
trench(m) 79.
trépied(m) 116, 145.
tréteau(m) 60.
treuil(m) de levage(m) 148.
triangle(m) 71, 117.
tribord(m) 102.
tricots(m) 81.
tringle(f) de pédale(f) 113.
tringle(f) de tension(f) 116.
triple croche(f) 112.
Triton 9.
trois-portes(f) 92.
trois-quarts(m) 119.
troisième but(m) 122.
troisième étage(m) 106.
troisième-but(m) 122.
trombone(m) 117.
trombones(m) 72.
trompe(f) 24.
trompette(f) 115.
trompette(f) 117.
tronc(m) 18, 32.
tronc(m), coupe(f) du 18.
trop-plein(m) 59.
trotteuse(f) 141.
truffe(f) 21.
truie(f) 50.
tuba(m) 117, 135.
tube(m) 144, 145.
tube(m) capillaire 143.
tube(m) de verre(m) 141.
tube(m) lance-missiles(m) 103.
tuner(m) 89.
tunnel(m) de communication(f) 107.
turbine(f) 103.
turboréacteur(m) 104.
tuteur(m) 51.
tuyau(m) 146.
tuyau(m) d'air(m) 135.
tuyau(m) d'arrosage(m) 53.
tuyau(m) d'aspiration(f) 147.
tuyau(m) d'échappement(m) 149.
tuyère(f) 105, 106.
tympan(m) 27, 28.
type(m) de carburant(m) 96.

U

unité(f) centrale 74.
Uranus 9.
ustensiles(m) de cuisine(f) 66.

V

vache(f) 50.
vaisselle(f) 64.
Valet(m) 140, 144.
valeur(f) des notes(f) 112.
valeur(f) des segments(m) 137.
valeur(f) des silences(m) 112.
vallée(f) 14.
valve(f) 98.
veau(m) 50.
véhicule(m) tout-terrain(m) 92.
véhicules(m) d'incendie(m) 146, 147.
ventilateur(m) des radiateurs(m) 100.
ventre(m) 20, 22, 31.
Vénus 9.
verger(m) 49.
vérin(m) d'inclinaison(f) de la lame(f) 149.
vérin(m) de défonceuse(f) 149.
vérin(m) de dressage(m) 146, 148.
vérin(m) de la flèche(f) 150, 151.
vérin(m) de levage(m) de la lame(f) 149.
vérin(m) du bras(m) 150, 151.
vérin(m) du bras(m) de levage(m) 150.
vérin(m) du godet(m) 150, 151.
vérin(m) hydraulique 93.
verre(m) teinté 84.
versant(m) 14.
verseuse(f) 68.
vert(m) 71.
vertèbre(f) 33.
veste(f) 82.
veste(f) droite 80.
veste(f) droite 80.
vêtement(m) isothermique 135.
vêtements(m) d'enfant(m) 83.
vêtements(m) d'homme(m) 79, 80.
vêtements(m) de femme(f) 82.
violet(m) 71.
violon(m) 114.
violoncelle(m) 117.
virage(m) à droite(f) 152.
virole(f) 65, 77.
vis(f) 75.
vis(f) 114.
vis(f) de blocage(m) (azimut(m)) 145.
vis(f) de blocage(m) (latitude(f)) 145.
vis(f) de centrage(m) du condenseur(m) 144.
vis(f) de serrage(m) 76.
vis(f) de tension(f) 116.
vis(f) macrométrique 144.
vis(f) micrométrique 144.
visage(m) 31.
viseur(m) électronique 89.
viseur(m) périscopique 111.
visière(f) 79.
Voie(f) lactée 11.
voile(f) 136.
voile(m) du palais(m) 34.
voiture(f) 100.
voiture(f) sport 92.
volant(m) 62, 91.
volant(m) de manœuvre(f) 147.
volcan(m) 13.
volcan(m) au repos(m) 13.
volet(m) 107.
voltigeur(m) de centre(m) 122.
voltigeur(m) droit 122.
voltigeur(m) gauche 122.
volumes(m) 71.
volute(f) 61, 114.
volve(f) 19.
voûte(f) du palais(m) 34.
voyant(m) 67, 68, 69.
voyant(m) de mise(f) en circuit(m) 85.
voyant(m) de réception(f) de messages(m) 85.
vue(f), sens(m) de la 35.

W

wagon(m) à bestiaux(m) 101.
wagon(m) couvert 101.
wagon(m) de queue(f) 101.
wagon(m) plat 101.
wagon(m) plat à parois(f) 101.
wagon(m) plat surbaissé 101.
wagon(m) porte-automobiles(m) 101.
wagon(m) porte-conteneurs(m) 101.
wagon(m) rail(m)-route(f) 101.
wagon(m) réfrigérant 101.
wagon-citerne(m) 101.
wagon-tombereau(m) 101.
wagon-trémie(m) 101.
wagons(m), types(m) de 101.
wigwam(m) 54.
wishbone(m) 136.

X

xylophone(m) 117.

Y

yourte(f) 54.

Z

zèbre(m) 29.
zone(f) de but(m) 120, 126.
zone(f) de convection(f) 10.
zone(f) de radiation(f) 10.
zone(f) neutre 120.
zone(f) réservée 129.

0889:1.1.1:CE-CE